화상석 속의 신화와 역사

국립중앙도서관 출판시도서목록(CIP)

화상석 속의 신화와 역사 / 전호태 지음.
서울 : 소와당, 2009
  p. ; cm

참고문헌과 색인 수록
ISBN 978-89-93820-01-0 03910 : ₩22000

중국사[中國史]
한(국명)[漢]

912.032-KDC4
951.01-DDC21   CIP2009001314

화상석 속의 신화와 역사

2009년 5월 15일 1판 1쇄

지은이 : 전호태

펴낸이 : 柳炯植
펴낸곳 : (주)소와당笑臥堂
신고번호 : 제313-2008-5호
주소 : (121-250) 서울시 마포구 성산동 274-2 비에스 빌딩 5층
전화 : (070)7585-9639
팩스 : (050)5115-9639
전자우편 : sowadang@gmail.com

저작권자와 맺은 협약에 따라 인지를 생략합니다.

값은 뒤표지에 적혀 있습니다.
잘못 만든 책은 서점에서 바꾸어 드립니다.

ISBN 978-89-93820-01-0 03910

화상석 속의
신화와 역사

전호태 지음

소
와
당

책을 열며

 창조적 사고가 중요하다고들 한다. 우뇌 개발의 중요성이 이야기되기도 한다. 디지털 콘텐츠의 시대라는 선언에 막연히 고개를 끄덕거리며 공감을 표하는 모습도 보인다. 그러나 막상 '어떻게, 무엇에 대한, 무엇을'이라는 질문을 던지면 모두들 막연하거나 난감한 표정을 짓는다.
 역사적 상상력이 그 출발점이 될 수는 없을까. 유물 유적으로부터 과거를 읽어내고 그것을 미래에 투사해내는 것은 어떨까. 이미 지난 시공간이지만 그 속에 담겼던 진지한 고민과 노력, 정성을 오늘과 닿게 한다면 그것이 내일의 시공간을 채워 나갈 싹, 꽃, 열매의 자양분이 되어주지 않을까.
 화상석, 화상전은 고분벽화처럼 역사 속의 화석, 혹은 옛 시대의 필름이나 사진과 비슷한 유물이다. 중국 한대, 특히 후한 시대에는 화상석, 화상전으로 장식된 사당과 무덤이 크게 유행하였다. 가산을 탕진하더라도 남은 자들이 돌아가신 이의 사당과 무덤을 화려하고 거창하게 장식하는 것이 시대 사조였다. 때로 거만금이 들어간 사당과 무덤은 남은 이들의 출세를 보장하는 수단이기도 했다. 효성과 충성이 동일시되는 시대, 이웃과 마을, 유생들의 평가, 추천으로 벼슬자리 나가는 것이

가능했던 시대에 수만 전에서 수십만 전의 비용이 들어가는 화상석 사당과 무덤의 축조는 부모 형제에게 지극한 효성과 사랑을 보였다는 살아 있는 증거였다.

한대에 적극적인 농지 개발이 이루어져 두터운 호강지주층이 형성된 산동과 사천, 황실의 고향이자 세력 있는 가문들의 출신지로 국가로부터 여러 가지 혜택을 집중적으로 받았던 하남의 남양, 신야 일대에는 후한 시대에 화상석 사당과 무덤이 집중 조성되었다. 삼국~위·진 시대의 의도적인 파괴와 새 기념물 건축을 위한 폐기자재로서의 재활용에도 불구하고 '돌에 새겨지고, 돌을 다듬고 깎아낸 뒤 채색하거나 벽돌로 구워 색을 입혀 사당과 무덤의 부재로 사용' 했던 까닭에 화상석과 화상전의 상당수는 1700~1800년 뒤에도 그 세부 형상과 내용을 후인에게 전할 수 있게 되었다.

화상석, 화상전은 한대에는 사람들의 의식주를 비롯하여 생활의 여러 측면과 의식·관념 세계의 면면을 그대로 담아내는 캔버스나 마찬가지였다. 일상에 쓰이는 소소한 기구부터 저택이나 망루, 전쟁에 쓰이던 무기와 무장 용구, 화장하고 음식을 장만하며 연회를 즐기는 모습, 각종 놀이와 운동 장면, 가축과 야생 짐승들, 논밭과 산천초목, 노래와 춤, 음식으로 신을 기쁘게 하려는 순간, 귀신과 선인, 문명신과 창조신, 상상 속의 온갖 생명체와 하늘의 별자리, 신화 전설과 역사 속의 인물들까지 한 시대와 사회를 읽어낼 수 있는 수많은 형체와 장면들이 화상석과 화상전에 묘사되었다. 2000년 가까운 시간이 흐른 뒤 어떤 것에는 희미하게, 다른 어떤 것에는 뚜렷하게, 때로는 온전하게, 때로는 크고 작은 상처를 입은 채, 많은 화가와 석공들이 애써 그려냈던 그 세계가 우리 앞에 차분히 그 모습을 드러낸 것이다.

　이미 적지 않은 시간이 흐른 뒤여서 너무나 익숙하고 당연시되던 한 시대의 모습과 생각들이 지금은 낯설고 쉽게 알 수 없는 것이 되고 말았다. 먼지 앉은 오랜 문헌을 뒤지고, 앞뒤 시기의 비슷한 다른 장면들과 비교하면서 해석의 고리를 찾아내지 않으면 이해할 수도 설명할 수도 없는 것들이 많아졌다. 필자는 선학들이 복원해낸 고리들을 다시 짚어보기도 하고 아직 재구성 중이거나 여전히 알려지지 않은 이야기 사이를 잇거나 새로 찾아내기도 하면서 한대에 '익숙하고 당연했던' 것들을 우리 시대에도 공감하고 공유하고자 했다. 중국 화상석과 고분 벽화에 대한 전문 연구서에 뒤이어 풀어서 함께 읽는 글모음을 내기로 마음먹고 구상한 것도 이 때문이다. 2년여의 구상과 글쓰기 끝에 마침내 첫 번째 작업을 마무리하였고 이제 그 결과물을 세상에 내놓는다.

　많이 풀어내지도 못하였고 초고 상태에서 더 다듬지도 못하였다. 읽는 이들의 격려와 도움말에 힘입어 두 번째 작업이 시작될 수도 있지 않을까 기대해본다. 늘 글쓰기에 정신이 쏠린 아빠를 너그러이 이해해주는 두 아이 혜전, 혜준, 그런 남편 두둔에 바쁜 아내 연희, 모두 고마워요! 다양한 사진 자료를 기꺼이 제공해준 고려대학교 최종택 교수, 시장성 없는 화상석 책을 두말없이 내기로 한 류형식 사장, 최고의 소와당 편집팀, 고맙소.

2009년 봄 문수산 기슭에서 전호태

차례

책을 열며 04

01
─ 신들의 공간

1. 음양 조화를 위한 만남의 신 _ 고매 13
2. 해와 달이 된 오누이 _ 복희와 여와 20
3. 부질없는 여행일까? 세상 이 끝에서 저 끝으로 _ 서왕모와 동왕공 27
4. 쟁기에 걸리는 별빛 _ 견우와 직녀 37
5. 강의 주인, 바다의 지배자 _ 하백과 용왕 45
6. 우레와 벼락으로 알리는 행차 _ 뇌신과 전신 53
7. 빛보다 빠른 화살 _ 명궁 예 62
8. 귀신 잡는 사람들 _ 신다와 울루 71

02
──불사의 꿈

1. 함부로 들어오지 마시오 _ 포수함환 　　　　　　83
2. 어깨에 돋은 날개 _ 우인 　　　　　　　　　　　92
3. 땅속에서 하늘 위까지 _ 우주나무 　　　　　　 102
4. 하늘을 받쳐 들까, 땅을 받쳐 들까 _ 우주역사와 거북 　111
5. 우주의 운행을 논하는 자리 _ 육박 　　　　　 118
6. 재생의 소망을 담은 결정(結晶) _ 옥벽 　　　　126
7. 불사(不死)를 기원하는 푸닥거리 _ 건고 　　　 134
8. 불사의 비밀이 담긴 그릇 _ 약절구 　　　　　 144
9. 선계로의 긴 여행 _ 승선행렬 　　　　　　　 153

03
──시대의 나침반

1. 뱀과 거북이 만들어낸 우주 질서 _ 현무 　　　 163
2. 금빛 닭에서 붉은빛 공작으로 _ 봉황과 주작 　 171

8

3. 용호쟁벽(龍虎爭璧)? 용호벽사(龍虎辟邪)! _ 청룡과 백호　　181
4. 불덩어리인가, 얼음덩어리인가 _ 해와 달　　188
5. 달이 차고 이지러지기까지 _ 명협　　195
6. 성인의 현현인가, 불사(不死)의 성취인가 _ 목연리　　204

04
── 역사의 불빛

1. 나와 너의 영원한 갈등 _ 호한 전쟁　　215
2. 천하 패권을 인정받으려면? _ 승정!　　224
3. 누구를 위한 천하일통인가? _ 자객 형가　　232
4. 천하 명검보다 무서운 복숭아 두 개 _ 이도살삼사　　240
5. 절개를 지키렵니다 _ 과부 양고행　　248
6. 풍요로운 가을을 꿈꾸며 _ 야합　　256
7. 날마다 극진히 _ 제사　　263

05
─즐거운 세상

1. 올이 가늘수록 고급 _ 옷감과 직기	275
2. 좀 더 아름답게 비추어다오 _ 동경	284
3. 구경만으로도 즐거운 곳 _ 시장	293
4. 땅속에 가득한 흰 보석 _ 소금	302
5. 마음부터 배부른 곳 _ 부엌	310
6. 고된 하루를 잊게 하는 음료 _ 술	318
7. 부단한 노력, 신기한 재주 _ 교예	326
8. 신이 내려준 소리 _ 연주	334
9. 절박한 뜀박질, 거친 숨소리 _ 사냥	342
도판 목록	350
참고 문헌	361
찾아보기	365

01
신들의 공간

1 ─── 음양 조화를 위한 만남의 신_
고매

그림 하나. 산동 기남한묘(沂南漢墓) 묘문 동쪽 기둥의 화상은 위에 한 인물이 인신사미(人身蛇尾)의 남녀를 두 팔로 싸안은 장면과, 아래에 양끝은 넓고 가운데는 좁은 대(臺) 위에 앉아 머리에 승(勝)을 꽂은 사람과, 역시 같은 형상의 대 위에 앉아 약절구질을 하는 두 선인, 세 갈래로 뻗어 오른 대의 아래쪽에 서 있는 청룡으로 구성된 장면으로 이루어졌다. 위의 가운데 인물은 세모꼴로 접은 천을 머리에 썼으며 양 어깨 뒤에는 남녀 창조신 복희와 여와를 나타내는 곱자와 그림쇠, 곧 규구(規矩)가 솟아 있다. 인신사미의 두 남녀는 두 손을 모아 쥔 채 얌전한 모습으로 가운데 인물의 두 팔에 안겨 있다. 위의 좌우 모서리에는 새가 한 마리씩 표현되었는데, 몸을 반씩 드러냈을 뿐이다.**그림1-1**

그림 둘. 하남 남양(南陽) 출토 한화상석에는 머리에 상투를 한 근육질의 남자가 팔짱을 낀 채 앞으로 나오고 있고, 이 남자의 겨드랑이에는 인신사미인 두 사람의 꼬리 부분이 끼어 있다. 마주 본 자세의 두 인신사미인 가운데 왼쪽은 남자, 오른쪽은 여자로 보인다.**그림1-2**

첫 그림의 아래쪽 중심인물은, 마주 보는 서쪽 기둥 화상 같은 위치

 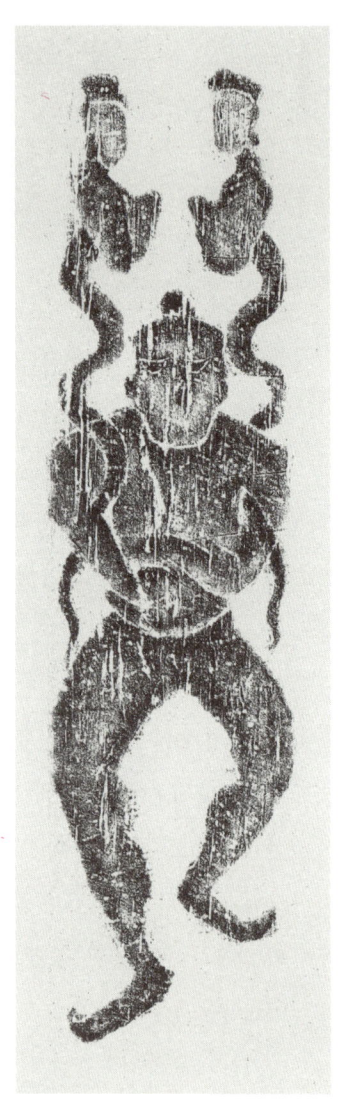

그림1-1 산동 기남 북채1호한묘 묘문 동입주
화상석: 고매와 복희, 여와

그림1-2 하남 남양 출토 한화상석
탁본: 고매와 복희, 여와

의 인물이 서왕모(西王母)로 상정됨을 고려하면 동왕공(東王公)이 틀림없다. 문제는 위쪽의 인물들이다. 곱자와 그림쇠가 등장하는 것을 감안하면 인신사미의 두 남녀는 복희와 여와로 상정되어도 무리가 아니다. 비록 규구를 직접 손에 들고 있지는 않을지라도 남녀 인신사미인과 같이 묘사되는 곱자와 그림쇠가 복희, 여와라는 오누이신과 떼려야 뗄 수 없는 기물인 까닭이다. 그러면 이들을 두 팔로 싸안고 있는 인물의 정체는 무엇일까. 복희, 여와가 인류 창조의 남매신으로 숭배받았던 사실을 감안하면 어떤 신과 연결시켜야 할지 애매해진다. 어쨌든 이 신은 여성적 외양을 지니고 있다.

둘째 그림의 두 인신사미인도 복희와 여와로 상정된다. 남녀라는 성적 특징이 뚜렷하고 이들이 서로를 마주 보고 있는 자세라면 일반적인 보조신격으로 규정할 이유가 없기 때문이다. 한대 화상석에서 복희와 여와를 나타낼 때 흔히 적용되는 묘사법이 여기에도 보이는 까닭이다. 마주 보는 한 쌍의 인신사미인은 비록 곱자와 그림쇠를 몸에 지니고 있지 않을지라도 복희, 여와 이외의 신격으로 상정될 이유가 없다. 역시 남은 문제는 두 남녀신의 꼬리를 팔에 끼고 있는 거대한 몸집의 남자가 누구인가이다.

머리에 상투가 있고 상체가 특히 우람한 하남 남양 화상석의 거인은 보통 반고(盤高)로 해석된다.[1] 반고는 중국의 신화 전설에서 천지개

---

1 中國美術全集編輯委員會編, 『中國美術全集』 繪畫編18, 畫像石·畫像磚(文物出版社, 1989), p.44 牛天偉의 圖128 및 p.49 李陣廣의 圖142 解說.

벽을 상징하는 신적 존재이다. 깊은 혼돈 속에서 출현한 이 거인은 우주의 음과 양을 나누어 하늘과 땅이 있게 하고, 죽은 뒤 그 몸에서 바람과 구름, 해와 달, 우레, 산, 강, 길, 별과 초목, 돌과 보석, 비와 호수를 냈다.[2] 하늘과 땅을 포함하여 천지와 그 안에 있는 모든 것이 반고의 출현 및 죽음으로 말미암아 생겨났다. 따라서 음과 양을 대표하는 복희와 여와 역시 반고로부터 나지 않았겠느냐는 해석이 제기되고 있는 것이다. 다른 시각에서는 천지 및 만물 창조와 관련된 신적 존재들이 한 화면에 표현되었다는 해석도 있다. 과연 그럴까. 신화 전설에 근거하면 반고와 복희, 여와가 서로 마주치거나 이어질 실마리는 어디에서도 찾을 수 없기 때문이다. 중국의 신화 전설에서도 반고 신화는 다른 신적 존재들과 엮이지 않는 매우 독자적인 줄거리를 지니고 있다. 신화 내용상으로도 다른 신화와 맺어질 만한 요소를 지니지 않고 있다.

고대 중국에는 풍요와 다산을 주관하는 고매라는 신이 숭배되었다. 이 신에 대한 제의는 상림(桑林)에서 이루어졌다. 고매(高禖)는 사(社)의 신이기도 했다. 상림의 가장 큰 나무를 신성시하여 그 둘레에 구획을 만든 뒤 이를 사로 규정하고 이곳에서 제사 지냈기 때문이다. 고매에게 제사를 지내면서 사람들은 비가 적절히 내려 작물이 잘 자라고 이로 말미암아 추수가 풍성하기를 빌었다. 아이를 많이 낳아 일손이 부족하지 않기를 바랐다. 상림에서는 음탕한 춤과 음악을 배경으로 남녀

---

[2] 袁珂, 『中國神話傳說辭典』(上海辭書出版社, 1985), p.14 및 劉城淮, 『中國上古神話』(上海文藝出版社, 1988), pp.199~205 참조.

간 집단적인 연애가 이루어지고 성행위도 펼쳐졌다. 천지가 감응하여 비를 내리고 대지가 봄의 기운을 되찾게 하기 위해서이다. 고매는 이 모든 것을 주관하는 신격이었다.

이런 점에서 고매는 대지 모신에 해당하는 존재였다.[3] 그런데 중국의 신화 전설에서 대지 모신적 성격을 뚜렷이 드러낸 여신은 여와이다. 만물을 창조하였을 뿐 아니라 사람까지 만들어낸 여신 여와는 모든 신들의 어머니이기도 했다. 여와 역시 풍요와 다산의 주관자이다. 결국 고매와 여와는 동일한 신의 다른 이름인 셈이다.[4]

여기서 주목되는 것은 고대 중국의 민간에서는 고매를 남녀를 맺어주는 매파(媒婆)의 신으로 숭배하였다는 사실이다. 사람들은 고매가 나서지 않으면 어떤 혼사도 이루어지기 어렵다고 믿었다. 대지 모신이 매파의 신으로 역할이 축소되고 신격도 떨어진 것이다. 국가가 주관하는 제사의 대상이 되어 한 해의 풍작 여부를 좌우함으로써 나라의 운명에 영향을 미칠 정도의 전능한 존재가 아닌 것이다. 역사의 진행이 신화 전설에 영향을 미쳐 대지 모신을 매파의 신으로 바꾸어버린 경우에 해당한다.

역사 속에서 신격의 변화는 자주 이루어졌다. 원시 모신, 대지 모신이 신화를 바꾸어 나가는 역사의 힘으로 말미암아 신격이 바뀌고, 역

---

3 李成九,「中國古代의 求雨習俗과 徙市」『古代中國의 理解』 5(서울대학교 동양사연구실 편, 지식산업사, 2001).
4 이를 가장 일찍 지적한 이의 한 사람이 陳夢家이며 고매신=여와설은 오늘날 일반적으로 수용되는 견해가 되었다.(陳夢家,「商代的神話與巫術」『燕京學報』 20, 1936).

그림1-3 산동 등주 용양진 고묘촌 출토 한화상석: 고매와 복희, 여와

할을 새로 부여받는 경우가 많았다. 조상신으로서 남신이 숭배되면 여신은 그 배우자가 되어 보조 역할을 맡는 것이 그 대표적 사례에 속한다. 대지 모신 여와도 자신을 모체로 삼아 새로 등장한 남신 복희의 배우자가 되었다. 두 남녀신은 남매로 상정되었고, 여와가 이루었던 모든 창조 활동은 복희와 맺어진 뒤 함께 행한 일이 되었다. 여와의 또 하나의 얼굴인 신 고매는 여전히 풍요, 다산, 강우를 주관하되 후토(后土)와 같은 남신으로 인식되어 숭배되기도 하였다. 후토는 전설적인 명군 하우(夏禹)가 신으로 재생하면서 지니게 된 이름이다. 결국 여와는 복희와 여와라는 남매신으로 재탄생한 반면, 고매는 상황에 따라 여신이기도 하고 남신이기도 한 신격이 된 것이다.**그림1-3, 4**

그림1-4 하남 당하 침직창 출토 한화상석 탁본: 고매와 복희, 여와

    신들이 겪은 이런 역사를 감안하면서 위의 두 그림을 다시 보자. 산동 기남한묘의 남녀 인신사미인을 껴안아 맺어주려는 인물은 여신으로서의 고매로 보아야 할 것이다. 복희와 여와로 분리된 자신의 또 다른 모습을 되짚어보면서 남녀를 잇는 존재로서의 역할을 하고 있는 셈이다. 하남 남양 화상석의 거인은 남신으로서의 고매로 해석된다. 그 역할은 마찬가지로 남녀를 맺어주는 데 있으며 그 남녀는 자신의 또 하나의 모습에서 비롯된 남매신 복희와 여와이다. 결국 두 그림 모두 동일한 신의 여러 모습이자 신화가 겪은 역사의 한 장면으로 볼 수 있다.

2 해와 달이 된 오누이_ 복희와 여와

이야기 하나. 세상이 온통 물에 잠겼다. 살아남은 사람이라고는 호리병 위에 올라탄 채 물 위를 떠도는 오누이뿐이다. 대홍수가 끝난 뒤 오누이는 하늘의 뜻을 좇아 부부의 연(緣)을 맺는다. 이 오누이 부부로 말미암아 세상에 다시금 인간의 씨가 퍼진다.

이야기 둘. 떡과 엄마를 모두 먹어버린 호랑이가 오누이마저 잡아먹으려고 산골짝 깊은 오두막으로 찾아온다. 치마 사이로 드러난 꼬리를 보고 엄마로 변장한 호랑이의 정체를 알아챈 두 아이는 나무로 올라가 숨는다. 하늘로부터 내려온 튼튼한 동아줄을 타고 두 아이는 하늘로 올라가고 썩은 동아줄을 붙잡고 오누이의 뒤를 쫓으려 했던 호랑이는 수수밭에 떨어져 죽는다. 부끄러움을 많이 타는 여동생은 해가 되고, 씩씩하고 용감했던 오빠는 달이 된다.

첫째 이야기는 중국에 널리 알려진 전설이고, 둘째 이야기는 한국의 어린이라면 누구나 한번쯤 들은 전래 동화이다. 한 오누이는 대홍수 뒤 인간세계를 재창조하는 역할을 담당하였고, 다른 오누이는 해와 달이 되어 자연 만물의 생육과 번성이 계속될 수 있게 하였다. 두 오누이

그림2-1 사천 숭경 출토
한화상전: 복희형 해신과
여와형 달신

이야기는 이들이 이들에 대한 신화 전설이 회자되던 세상을 처음 연 사람들이라는 뜻을 담고 있다.

　중국 한대의 화상석·화상전에서는 한국과 중국의 오누이들 이야기를 하나로 모아 표현한 듯이 보이는 장면이 자주 발견된다. 해와 달을 머리 위로 올려 든 복희형 해신, 여와형 달신의 모습을 담은 화상석이 그것이다. 그림2-1 사천(四川) 화상전에서 특히 자주 발견되는 복희형 해신과 여와형 달신은 만물을 창조하고, 세상에 질서를 부여했다는 복희와 여와에서 비롯된 신들이다.[5] 대지 모신 여와가 그림쇠와 곱자

5　전호태, 『중국 화상석과 고분벽화 연구』(솔, 2007) 제4장 참조.

그림2-2 섬서 수덕 출토 한화상석: 동왕공, 서왕모와 해, 달

를 든 복희와 여와로 분리되고, 한 쌍의 창조신 복희와 여와가 음양의 정수로 알려진 해와 달의 관리자이자 그 자체이기도 한 해신과 달신이 된 것이다.

　중국의 신화 전설에서 해신과 달신으로 알려진 신이 복희, 여와만은 아니다. 각각 해와 달을 낳았다는 점에서 상희(常羲)와 희화(羲和)도 해신과 달신으로 여겨진다. 화상석이나 고분벽화에서 이들이 표현된 사례를 찾아보기도 그리 어렵지 않다. 동왕공과 서왕모도 해신, 달신으로서의 이미지를 강하게 지니고 있다. 해와 달을 상징하는 존재들이 동왕공과 서왕모 곁에 표현될 뿐 아니라 세상의 동쪽 끝과 서쪽 끝에 산다는 두 신의 곁에는 당연한 듯이 해와 달이 묘사된다.그림2-2 동왕공과 서왕모가 해, 달 자체로 인식되지는 않았다 하더라도 음양의 정수를 관리하는 신으로 여겨지기도 한다는 점에서 두 신은 해신, 달신에 가장

가까운 신격이라고 해도 무리는 아닐 것이다.

한대 화상석이나 고분벽화에서 해와 달은 사람의 머리를 한 큰 새의 가슴이나, 새의 발을 지닌 사람들의 가슴에 안겨 하늘을 가로질러 날아가고 있다. 그림2-3 아무런 상징물도 지니지 않은 채 둥근 원의 모습으로 허공에 떠 있기도 하고, 세발까마귀와 아홉꼬리여우, 달두꺼비와 옥토끼, 계수나무를 담은 원이 되어 창공에 붙박여 있기도 한다. 때때로 불꽃으로 둘러싸인 원으로 그려지기도 하고, 붉거나 희게 채색된 원으로 묘사되기도 한다.

하늘에 떠 있는 해와 달은 원래의 형태를 그대로 지니고 있지만, 그것을 쳐다보는 사람들의 눈길은 때에 따라, 지역에 따라 이처럼 다른 것이다. 보는 눈길을 담고 있는 마음이나 눈빛에 배인 생각이 어떤지에 따라 사물의 모습이 달라지고, 그것에 부여되는 의미도 바뀜을 알 수

그림2-3 섬서 신목 대보당 96SDM11호한묘 묘문 우문주 화상석: 옥수형 달신

있다. 해와 달에 부여되는 의미도 시대와 지역, 보는 사람들이 다르면 달라질 수밖에 없었던 것이다.

복희형 해신과 여와형 달신은 해와 달을 음양의 정수로 보면서 음양 교합을 우주 질서 회복과 생명 창조의 원리로 인식한 데에서 비롯된 존재들이다. 화상석에 등장하는 두 신인 해신과 달신의 만남은 복희와 여와의 결합, 두 오누이신의 성적 교합을 우주적 창조 행위로 보고 그 영향이 인간세계에 미치기를 기원하는 제의적 표현의 결과이자 형상화의 좋은 사례라고 할 수 있다. 위는 사람이고 아래는 용이나 뱀인 두 신이 화상석 속에서 꼬리를 얽은 자세로 해와 달을 받쳐 들고 있는 경우가 많은 것도 제의에 담긴 현실적 소망 때문이라고 하겠다. 그림2-4 화상석 사당과 무덤이 유행하던 시대의 사람들에게 해신과 달신의 상호 교접은 이 세상에 다산과 풍요를 가져오고, 우주 만물의 질서에 흐트러짐이 없게 하기 위한 성스러운 행위로 받아들여졌다.

자연 세계에서 해와 달은 한 하늘 안에 있어도 떨어져 있을 수밖에 없고, 만나기도 어렵다. 한쪽이 뜨면 다른 하나는 지고, 하나가 이쪽에 있을 때 다른 하나는 건너편에 있다. 하나가 빛을 낼 때 다른 하나는 빛을 잃으며, 한쪽은 뜨겁고 다른 하나는 차갑다. 하나는 늘

그림2-4 사천 낙산 애묘 출토 한대 석관 화상: 복희형 해신과 여와형 달신

그대로이지만, 다른 한쪽은 이지러졌다가 채워지기를 반복한다. 고대 중국인들은 너무나도 다른 것처럼 보이는 두 별에서 대립과 갈등을 읽기보다는 조화와 균형을 찾으려 했고, 극단적 차이를 드러내는 두 세계의 상징으로 인식하기보다는 제3의 창조물을 만들어낼 수 있는 두 가지 요소로 받아들이고자 했다. 음과 양의 만남, 일신과 월신의 교접이 만들어내는 새로운 세계, 회복된 질서가 그것이다. 한화상석의 복희형 해신과 여와형 달신은 고대 중국인이 우주와 자연 만물을 보는 이러한 시각이 빚어낸 신화적 걸작 가운데 하나라고 할 수 있다. 첫째 이야기와 같은 내용의 무가(巫歌)가 한국에도 있고, 둘째 이야기와 같은 전설이 중국에도 있음을 감안하면, 두 극단의 창조적 만남을 형상화한 한화상석의 해신, 달신을 동아시아가 공유하던 신화 세계의 한 부분으로 보아도 무리는 아닐 것이다.

3 부질없는 여행일까?
세상 이 끝에서 저 끝으로_
서왕모와 동왕공

자료 하나. 서쪽으로 350리에 옥산(玉山)이 있다. 서왕모가 사는 곳이다. 서왕모는 그 생김이 사람과 같지만 표범 꼬리를 지녔고 이빨은 호랑이의 그것과 같다. 휘파람 소리를 잘 내며 더부룩한 머리에 머리꾸미개를 꽂았다. 하늘의 재앙과 다섯 가지 형벌을 주관한다.[6]

자료 둘. 효무황제(孝武皇帝)가 장생(長生)의 술법을 좋아하여 항시 명산대택(名山大澤)에 제사 지내며 신선을 구하였다. …문득 보니 서왕모가 자줏빛 구름수레를 타고 아홉 가지 빛깔이 얼룩진 용을 몰고 있었다. …모두 궁전 아래에 도착한 후 서왕모는 두 시녀의 부축을 받아 전에 올랐다. 시녀들은 나이가 16, 17세쯤 되었는데, 푸른 비단 웃옷을 입었다. 아름다운 눈동자로 예쁘게 쳐다보니 신령스런 자태가 맑게 피어나는 것이 참으로 미인이었다. 왕모가 전에 올라 동쪽을 향하여 앉았다. 황금빛 치마를 입었는데 무늬가 선명하고 빛나는 자태가 기품이 있었다. 아름다운 인끈을 띠고 허리에는 빛살도 가를 듯한 칼을 찼다. 머리

---

[6] 玉山是西王母所居也 西王母其狀女人 豹尾虎齒而善嘯 蓬髮勝 是司天之厲及五殘. 『山海經』「西山經」

에는 태화비녀를 꽂고 구슬관을 썼으며 봉황무늬가 있는 신을 신었다. 살펴보건대 나이는 서른쯤 되었고 몸매도 적당하며 천부적인 자태를 그 안에 감추고 있었다. 용모도 비할 데 없이 빼어나 참으로 절세미인이었다.[7]

첫 번째 글은 『산해경(山海經)』에, 두 번째 글은 『한무내전(漢武內傳)』에 언급되었다. 모두 서왕모의 용모와 자태에 관한 것이다. 진한(秦漢) 시기의 기록에서 서왕모는 무시무시한 모습을 한 재앙의 주관자이다. 그림3-1 그러나 위진(魏晉)대의 저술에서 이 여신은 서른 전후로 보이는 절세미인으로 역시 아름답기 그지없는 소녀들의 시중을 받는 존재이다. 그림3-2 옥산의 서왕모는 아무도 가까이 하고 싶지 않은, 그런 까닭에 고독할 수밖에 없는 반인반수(半人半獸) 형상의 형벌의 신인 반면 한무제를 찾아온 여신은 현세의 제왕과 사랑을 나눌 수 있는 아리따운 여인이자 황제에게 3000년을 살게 하는 복숭아를 건네줄 수도 있는 불사(不死)의 주관자이기도 하다. 비록 불사의 신이지만 서왕모는 수백 년 만에 자신의 이미지뿐 아니라 실제 모습마저 완전히 바꾸어버린 특별한 경우에 속하는 존재라고 하겠다. 서울 장안의 명성이 자자한 성형 전문의라도 이렇게 성격까지 바꾸기는 어려울 것 같다. 아니 불가

---

7 孝武皇帝好長生之術 常祭名山大澤 以求神仙 元鳳元年甲子… 至七月七日 王母暫來也… 王母唯扶二侍女上殿 侍女年可十六七 服靑綾之袿 容眸流盼 神姿淸發 眞美人也 王母上殿 東向坐 着黃錦合屬 文采鮮明 光儀淑穆 帶靈飛大綬 腰分頭之劍 頭上大華結 戴太眞晨嬰之冠 履玄璚鳳文之舃 視之可年三十許 脩短得中 天姿菴謁 雲顔絶世 眞靈人也.(下略)『漢武內傳』

그림3-1 산동 임기 백장한묘 출토 화상석 탁본: 서왕모와 곤륜산

그림3-2 감숙 주천 정가갑5호위진묘 널방 천장고임 벽화: 서왕모

능하다고 해야 할 것이다.

『산해경』에 잘 묘사되어 있듯이 서왕모는 본래 재앙을 주관하는 신으로 인식되고 숭배되었다. 춘추오패(春秋五覇)의 한 사람으로 일컫는 월왕(越王) 구천(句踐)이 동황공과 서왕모에게 제사를 드리자 이후 나라에 재앙이 없었다는 기록이 『오월춘추(吳越春秋)』에 전하는 것도 이런 까닭이다.[8] 흥미로운 것은 월왕 구천이 주관한 제사의 대상으로 서왕모와 동황공이 동시에 등장한다는 사실이다. 동쪽 교외에서 양(陽)에 제사 지냈는데 그 이름이 동황공이며, 서쪽 교외에서 음(陰)에 제사

그림3-3 산동 등주 상촌진 서호구촌 출토 한화상석: 서왕모

지내니 그 이름이 서왕모라는 것이다. 동황공은 곧 후에 한의 동경(銅鏡)에 빈번히 등장하는 동왕공과 동일한 존재이다.

한화상석에서 서왕모는 대개의 경우 머리에 '승(勝)'으로 불리는 머리꾸미개를 한 부인의 모습으로 묘사된다.[9] **그림3-3, 4** 승을 달고 있지 않은 경우도 적지 않으나 한화상석에서 승은 서왕모의 상징이나 마찬

---

8 越王 立東郊以祭陽 名曰東皇公 立西郊以祭陰 名曰西王母 以後國不被災. 『吳越春秋』「勾踐陰謀外傳」

9 전호태, 『중국 화상석과 고분벽화 연구』(솔, 2007) 제1장 참조.

그림3-4 강소 서주 출토 한화상석: 서왕모

가지이다. 베 짜기를 할 때 사용되는 북의 형상에서 비롯되었다고도 하는 승은 어떤 면에서는 '운명의 실'을 잣는 존재를 암시하는 물건일 수도 있다.그림3-5 재앙, 형벌은 생명과 밀접한 관련이 있는 까닭이다. 여기서 유추해보면 서왕모는 결국 인간 생명의 주관자인 것이다.

한화상석에서 서왕모는 서쪽 끝 곤륜산에 살고 있는 불사(不死)의 존재, 곤륜선계(崑崙仙界)를 주관하는 불사약의 관리자로 인식되고 그려지는 경향이 강하게 나타난다. 『산해경』의 묘사와 같이 휘파람 소리를 내며 다섯 가지 형벌을 주관하여 이를 내리고 거두기도 하는 무서운

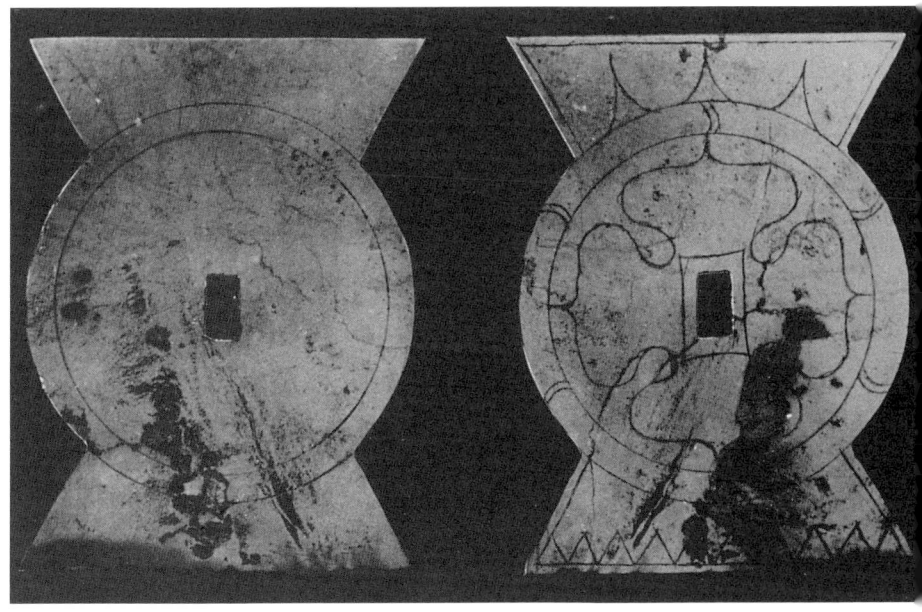

그림3-5 평안남도 대동강면 수집 옥승

재앙의 신이 아니다. 무병장수, 장생불사를 꿈꾸는 사람들에게는 가장 만나고 싶고, 이를 위해서는 무엇이든지 할 수도 있다는 생각이 들게 하는 신이 된 것이다.

기원전후 중국에서는 서왕모에 대한 숭배 열기가 하나의 사회 현상처럼 되어 26개의 군국(郡國)에서 서왕모 신앙 운동이 일어났다. '서왕모서(西王母書)를 지닌 사람은 죽지 않는다.'는 설이 널리 퍼지면서 제단을 차리고 노래와 춤으로 서왕모에게 제사한다든가, 밤에 불을 들고 지붕 위에 올라가 북을 두드리며 소리를 지르는 광신적인 종교

그림3-6 산동 가상 무개명사 석실 동벽 상층석 화상

현상이 불길처럼 사회 전반에 퍼지고 흘러 다녔다고 한다.[10]

후한의 성립 뒤 사회가 안정을 찾아가면서 서왕모에 대한 신앙의 열기는 가라앉게 되지만 장생불사를 가능하게 하는 신 서왕모에 대한 관심은 사회 저변에 깔려 그 뒤로도 오래 유지되었음에 틀림없다. 후한대에 크게 유행하는 화상석묘나 화상전묘, 화상석 사당을 장식하는 주요한 제재 가운데 하나가 서왕모이거나 서왕모와 관련된 존재들이기

---

10 哀帝建平四年春 大旱 關東民傳行西王母籌 經歷郡國 西入關 至京師 民又聚會祀西王母,『漢書』「哀帝紀」; 哀帝建平四年五月 民驚走 持稿或取一枚 傳相付與日 行詔籌 道中相過逢 多至千數 或被髮徒踐 或夜折關 或踰牆入 或乘車騎奔馳 以置驛傳行 經歷郡國二十六 至京師 其夏京師郡國民 聚會里巷仟伯 設祭張博具 歌舞祠西王母 又傳書日 母告百姓佩書者不死 不信我雅言 視門樞下當白髮 至秋之,『漢書』「五行志」下

때문이다.

관심을 끄는 것은 서왕모의 짝으로서 동왕공은 춘추시대의 기록에 이미 등장함에도 불구하고 형상화된 존재로 모습을 드러내는 것은 주로 후한 시대 후기라는 것이다.[11] **그림3-6** 현재 남아 전하는 유적, 유물 가운데에도 동왕공과 서왕모가 짝을 이루어 묘사되는 사례보다 서왕모가 단독으로 표현되는 경우가 훨씬 많다. 신화의 일반적인 전개 과정으로 볼 때, 이는 서왕모가 먼저 출현하고 그 뒤 동왕공이 등장하였기 때문에 나타나는 현상일 가능성이 높다. 홀로 지내던 서왕모가 짝이 필요했던 것이다.

일부 기록에 따르면 서왕모와 동왕공은 각각 세상의 서쪽 끝과 동쪽 끝에 살고 있어 1년에 한 번 서왕모가 동왕공을 만나러 동쪽 끝으로 갔다고 한다.[12] 그런데 이런 이야기를 묘사한 것으로 보이는 화상석 내용을 보면 원래의 기사는 그 반대가 아니었을까 하는 생각도 든다. 화상에는 동왕공이 서왕모를 만나러 가는 모습이 보다 구체적으로 묘사되어 있기 때문이다.**그림2-2 참조** 이 부분은 견우-직녀설화 중의 7월 7일의 만남을 연상시키기도 한다.

한대 동경(銅鏡)의 명문에는 거의 예외 없이 '동왕부서왕모'로 표

---

11 전호태, 『중국 화상석과 고분벽화 연구』(솔, 2007) 제1장 참조.
12 崑崙之山有銅柱焉 其高入天 所謂天柱也 圍三千里 周圓如削 下有回屋 方百丈 仙人九部治之 上有大鳥 名曰希有 南向 張左翼覆東王公 右翼覆西王母 背上小處無羽一萬九千里 西王母峯登翼相會東王公 … 其鳥名曰 有鳥稀有 綠赤煌煌 不鳴不食 東覆東王公 西覆西王母 王母慾東 登之自通 陰陽相須 惟會益工. 『水經注』卷一「河水」;『神異經』「中荒經」

기되지만 동왕공은 처음부터 가상의 신, 가상의 지아비였는지도 모른다. 『산해경』에서부터 서왕모는 고독한 여신이었고 『한무내전』에서도 짝이 없는 여인처럼 행동하는 까닭이다. 수백 년 만에 모습은 달라지고 성격도 바뀌지만 홀로 지내고 있기는 여전한 것이다. 한무제도 이 여신에게 지아비 남신이 없음을 잘 알고 있기에 사랑의 헌사(獻詞)를 바칠 준비를 하지 않았겠는가.

4 ___ 쟁기에 걸리는 별빛_ 견우와 직녀

절대 땅에 발을 디뎌서는 안 됩니다. 알았소. 걱정 마오.
아들아, 이렇게 잠깐 왔다가 가는데, 어미가 떠주는 물이라도 마시고 가렴.
어머니, 그럼 그렇게 하지요.
……
아니, 이럴 수가……!
어쩌누, 너는 이제 하늘로 올라가지 못하게 되었구나. 네 색시와 아이들을 다시는 볼 수 없게 되었구나.

항간에 널리 알려진 옛이야기 '선녀와 나무꾼'의 마지막 장면 중의 하나이다. 여러 가지 이본이 있는 이 이야기 중에는 아내인 선녀의 신신당부에도 불구하고 타고 있던 하늘사슴에서 잠시 내려 땅에 발을 딛는 바람에 나무꾼이 하늘로 다시 올라가지 못하게 되었다는 부분도 있다. 발을 동동 구르던 선녀가 두레박이나 사다리, 동아줄 같은 것을 내려보내 나무꾼이 그것을 타고 하늘 세계로 되돌아가 온 가족이 영원히 행복하게 살았다는 결말도 있지만 이런 판본은 조금 작위적인 느낌이 들기

그림4-1 남포 강서구역 고구려 덕흥리벽화분 앞방 천장부 벽화: 견우직녀와 은하수

도 한다.

　하늘의 사람과 땅의 사람이 만나 행복하게 살다가 결국 헤어지고 만다는 식의 이야기는 동서의 옛 설화에서 심심치 않게 찾아볼 수 있다. 이런 유형의 이야기 가운데 동아시아에서 가장 오래 인구에 회자되고 관련된 민속이나 전승이 오늘날까지 전하는 대표적인 것이 아마도 견우·직녀설화가 아닌가 싶다. 소 끄는 목동과 베 짜는 아가씨의 만남과 헤어짐, 그리고 허락된 1년 1회의 운명적 해후! 잠시라도 헤어질 수밖에 없던 연인이나 부부에게는 자신들의 경우처럼 여겨져 저절로 눈시울을 적시게 하는 가슴 아픈 사랑 이야기가 아닐 수 없다.그림4-1 남녀의 사랑이 개재된 이야기는 예나 지금이나 누구에게도 적용되고 호소력을

지닐 수 있는 시대 불문, 국적 불문의 영원히 사랑받는 테마인 것이다.

『사기(史記)』「천관서(天官書)」에 따르면 견우는 희생용 가축을 의미하는 '견(牽)'이라는 단어에 소 '우(牛)'자가 붙어 만들어진 말이다.[13] 견우는 본래 제사에 쓰이는 희생용 소인 것이다. 고래부터 신에게 제사 드리는 데에 쓰이는 것은 신성시되었으므로 희생용 소도 신성한 존재였다.[14] 그런데 농업 발달 과정에서 소는 쟁기를 끌며 밭을 갈아 많은 곡물 수확을 가능하게 하는 중요한 가축이 되었다. 이로 말미암아 사람들의 눈길이 점차 희생용 소에서 이 소를 부리는 사람에게로 옮겨졌다.[15] 소보다 소를 부리는 사람이 중요시되게 된 것이다. **그림4-2**

베 짜는 여인 직녀의 본래 모습은 뽕나무를 관장하는 여신이었다.[16] 뽕나무는 그 잎으로 누에를 먹여 살리고, 누에는 자기의 고치로 사람이 실을 뽑을 수 있게 한다. 뽕나무가 잎을 내지 않으면 누에는 살 수 없고, 결국 사람은 실을 얻지 못하게 된다. 부드럽고 가벼우며 따뜻한 천 비단은 뽕나무가 내는 잎에서 나오는 셈이다. 뽕나무를 관장하는 여신을 잘 모셔야 좋은 뽕나무 잎이 나오고 마침내 질 좋은 실을 얻어 더 좋은 비단을 얻을 수 있다. 뽕나무 여신에게 드릴 '신의(神衣)'는 아무나 짤 수 없었다. 결국 신의를 짜는 여인은 신비화되었고 그 자신 신앙의 대상이 되었다.[17] **그림4-3**

---

13 牽牛爲犧牲, 其北河鼓 …. 『史記』「天官書」
14 是脯資饟牽竭矣… 注 牲腥曰饟 牲生曰牽. 『左傳』僖公33年條 杜預 注
15 전호태, 「고구려 고분벽화의 직녀도」 『역사와현실』 38(한국역사연구회, 2000).
16 洪淑苓, 『牛郎織女硏究』(臺北:學生書局, 1988).

그림4-2 섬서 수덕 출토 한화상석: 우경

그림4-3 강소 서주 출토 한화상석: 방직

　『시경(詩經)』에는 은하(銀河) 좌우에 자리 잡은 두 별자리를 각각 견우성, 직녀성으로 상정하였다.[18] 고대 중국인들은 이들 별자리에서 견우신과 직녀신의 모습을 보았고 이 두 별자리 신을 해와 달처럼 음과 양을 대표하는 존재로 인식하기 시작하였다. 오래지 않아 음과 양을 대표하는 두 신은 서로를 그리워하는 설화 속 두 주인공이 되었다. 견우직녀설화가 탄생한 것이다.

　사천 지역의 후한 시대 석관 화상 가운데에는 용과 호랑이가 벽을 가운데 두고 이를 서로 다투는 듯한 장면과 직녀를 향하여 견우가 달려가는 장면이 한 화면에 표현된 사례가 적지 않게 발견된다.**그림4-4** 보통 벽은 음양 일체의 상태를 가리키고, 용과 호랑이는 각기 청룡과 백호로

17　中村喬,「牽牛織女私論および乞巧について−中國の年中行事に關する覺え書き」『立命館文學』439・440・441, 1982.
18　維天有漢 監亦有光 跂彼織女 終日七襄 雖則七襄 不成報章 睆彼牽牛 不以服箱,『詩經』「大東」

그림4-4 사천 비현 한왕휘석관 화상석 탁본: 용호희벽과 견우직녀

상정되어 양과 음을 나타내는 존재로 이해된다. 견우와 직녀 역시 각기 양과 음을 대표하는 존재이며, 이들의 만남은 음과 양의 결합을 의미한다. 석관 화상의 각 장면들이 결국은 음과 양의 만남, 음양 조화, 질서 회복, 재생 등을 뜻하며 하나로 모임을 알 수 있다.

 베틀의 일부, 혹은 베 짜기와 관련된 도구를 손에 들고 어서 오라고 재촉하는 듯한 직녀와 소가 잘 따라오고 있음에도 고삐를 잡아채며 앞으로 나아가기를 서두르는 견우의 모습에는 1년에 한 번뿐인 만남으로 말미암은 들뜬 마음 상태가 아주 잘 드러난다. 문헌상 '견우와 직녀가 매년 7월 7일 한 차례만 만날 수 있게 되었다.'는 이야기가 민간에 유포된 시기는 후한 말기부터 삼국시대 초기일 것이라는 추정에도 불구하고[19] 사천 화상의 이 장면은 1년간의 기다림 끝에 만나는 두 남녀의 심정을 너무나 잘 표현하고 있는 것이다. 7월 7일, 오작교(烏鵲橋) 등의

그림4-5 강소 서주 출토 한화상석: 직녀

요소는 아직 설화 속에 들어가 있지 않다 하더라도 후한 후기 사천 지역에서는 이미 견우·직녀의 안타까운 사랑 이야기가 사람들의 심금을 울리고 있었음이 확실하다. 그렇지 않으면 기능적 작업에 익숙해 있을 석공(石工)들이 굳이 정성 들여 '사람의 마음'을 담은 표현을 무거운 석관의 장식으로 남길 이유가 어디 있겠는가. 그림4-5

---

19 늦어도 조위(曹魏) 시대에는 틀을 갖추고 민간에 유포되고 있었던 것으로 보인다.(曹植九詠 注… 牽牛爲夫 織女爲婦 織女牽牛之星 各處河之傍 七月七日乃得一會.『文選』曹植 作「洛神賦」李善注)

5 ___ 강의 주인, 바다의 지배자_ 하백과 용왕

지중해와 흑해 연안에는 바닷속에 가라앉은 고대의 선박이 많다. 주로 이집트와 소아시아, 그리스 사이를 오가던 화물선들이다. 오늘날 수중 탐험가, 해저 보물 사냥꾼으로 불리는 사람들은 이런 배들을 보물선이라고 부른다. 보통 연안을 따라 항해하던 이런 배들에 차곡차곡 쌓여 있던 토기와 고대의 여러 가지 일용품, 보석류, 상품 교역의 대가로 받은 금전과 은전들이 오늘날에는 천문학적 가치를 지닌 골동품이며 보물인 까닭이다. 스페인 인근 대서양 공해상에서는 TV 쇼 프로그램의 일환으로 감춰두었던 바닷속 보물찾기 행사를 준비하다가 우연히 대항해시대의 침몰 선박을 찾아냈는데, 이 선박이 중남미에서 엄청난 양의 금은보석을 싣고 오던 배였음을 알게 되어 세간에 크게 화제가 되기도 하였다.[20]

고대와 중세의 이들 보물선들은 항해 중에 마주친 큰 풍랑을 이겨

---

20 이 배는 스웨덴 볼보 사의 의뢰로 해양탐사 전문 회사인 오디세이가 2007년 5월 4일부터 영화 〈캐리비안의 해적-세상의 끝에서〉 개봉 기념 판촉 행사로 바닷속 보물찾기를 준비하다가 발견하였다. 스페인, 혹은 영국 화물선으로 추정되는 이 보물선에는 5억 달러 상당의 금은보화가 실려 있었다고 한다.(〈한겨레신문〉 2007년 5월 21일자 16면)

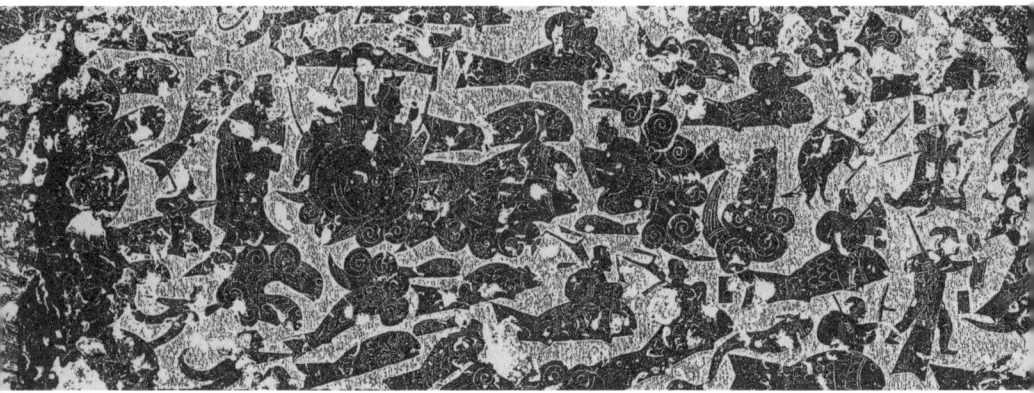

그림5-1 산동 가상 무개명사 석실 천장 동쪽 후면 화상석 탁본: 하신출행

내지 못하고 결국 바닷속 깊숙이 가라앉고 만 침몰선들인 경우가 대부분이다. 해전(海戰)으로 파괴된 전함들은 제 모습을 유지하며 가라앉는 경우가 드물기 때문이다. 지금까지도 바다를 삶의 터전으로 삼는 사람들 가운데에는 바다에서 이는 큰 풍랑을 '용왕'과 같이 바다를 지배하는 힘이 그 존재를 과시하는 몸짓의 결과로 보는 이들이 많다. 이런 까닭에 고기잡이를 위해 바다로 나가기 전에 용왕에게 여러 가지 방식으로 치성을 드리는 이들도 적지 않다. 고대에는 바다로 나가 배를 띄우려는 이들은 누구나 사전에 바다에, 바다의 신에게 제사를 지내며 안전한 항해와 무사 귀환을 빌었다.

중국의 산동 가상(嘉祥) 무개명사 화상석에는 여러 마리의 물고기가 끄는 수레를 탄 인물이 풍랑 혹은 물결을 뒤로하고 상서로운 기운에 둘러싸이고 떠받들려 앞으로 나아가는 장면이 묘사되어 있다.**그림5-1,2** 수레 주변에는 사람보다 큰 물고기들이 여러 마리 수레와 같은 방향으

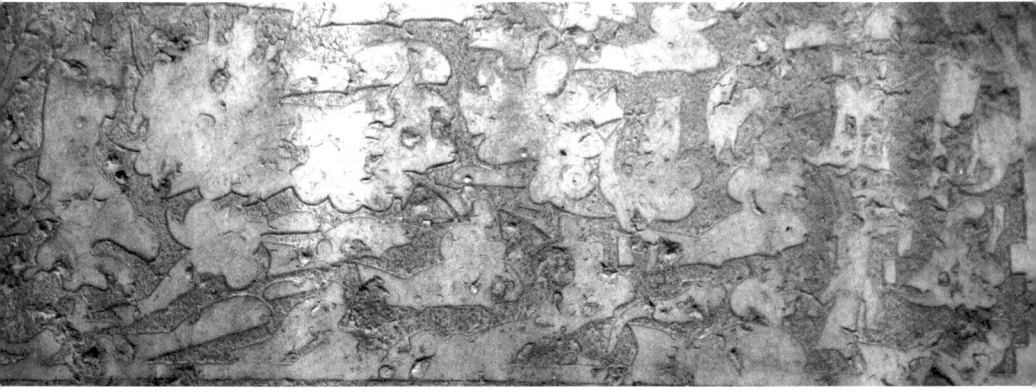

그림5-2 산동 가상 무개명사 석실 천장 동쪽 후면 화상석

로 나아가고 있는데, 등에 사람을 태운 것도 적지 않다. 물고기를 탄 사람들 가운데에는 어깨에 가지창을 걸친 이들도 있고, 칼과 방패를 몸에 지닌 이들도 있다. 행렬의 앞쪽에는 물고기를 탄 채 '물렀거라.'를 외치는 사람〔辟除〕이 있다. 사람의 머리, 팔, 다리를 지녔지만 몸은 물고기인 존재가 칼과 방패를 들고 앞으로 나아가거나 물고기가 사람처럼 서서 지느러미로 방패를 잡고 걷는 모습, 어떤 물건을 앞발에 쥐고 걷는 두꺼비의 모습도 보인다. 수레 앞에서는 무인(武人)의 관(冠)을 머리에 쓴 사람이 두 손에 홀을 받쳐 들고 무릎을 꿇은 채 무엇인가를 아뢰고 있으며, 수레 뒤에는 문인(文人) 복장을 한 인물이 뒤를 따르고 있다. 행렬의 물고기들 사이로 어깨에 날개가 돋은 짐승들도 묘사되었으며, 이중 일부는 사람처럼 서서 앞발로 창과 같은 것을 잡은 채 걸어가고 있다. 행렬의 뒤편 끝으로 파도나 강한 물결의 흐름을 나타내는 듯한 서너 겹의 둥근 무늬들이 여럿 표현되었고 그 안에서 물고기들이

그림5-3 산동 임기 출토 한화상석: 어거와 용거행렬

밖으로 튀어나오는 모습이 묘사되었다.

　화상석의 이 부분에는 아무런 명문(銘文)도 남아 있지 않아 어떤 설화의 한 장면인지 아니면 강의 신이나 바다 신의 행차를 묘사한 것일 뿐인지 여부가 명확하지 않다. 커다란 물고기나 용을 보내 바깥의 동정을 살핀다는 해신을 나타낸 것인지 아니면 강의 신 가운데 가장 널리 알려진 황하(黃河)의 신 하백(河伯)의 출행 장면인지 판단하기가 어렵다. 중국의 옛 문헌에 하백은 사람의 모습이거나 사람의 얼굴에 물고기의 몸을 지닌 존재이며,[21] 해신(海神)은 사람의 얼굴에 새의 몸을 지닌

21　河伯… 人面魚身.『酉陽雜俎』「諸皐記」上

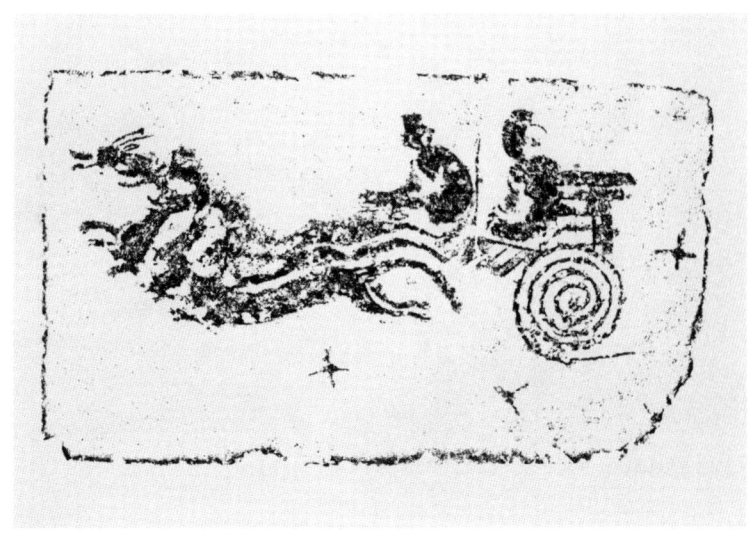

그림5-4 사천 신도 출토 한화상전 탁본: 용거행렬

신으로 묘사되는 것이 좀 더 일반적인 까닭이다. 『산해경』에는 얼굴은 사람이고 몸은 새인 사해(四海)의 신이 두 귀에는 푸른 뱀을 걸고, 두 발로는 붉은 뱀을 밟은 형상으로 묘사된다.[22]

    인도의 용왕 관념이 중국에 들어오자 해신과 관련된 설화에는 용왕이 주역으로 등장하고 바닷속 깊은 곳에는 용왕이 지내는 용궁(龍宮)이 있다는 이야기가 항간에 널리 퍼진다. 재미있는 것은 바다의 신들이 모습을 용으로 바꾸자 강의 신들도 용으로 모습을 바꾸어 사람들에게

---

22 東海之渚中有神 人面鳥身 珥兩黃蛇 踐兩黃蛇 名曰禺虢 黃帝生禺虢 禺虢生禺京 禺京處北海 禺虢處東海 是有海神.『山海經』「大荒東經」

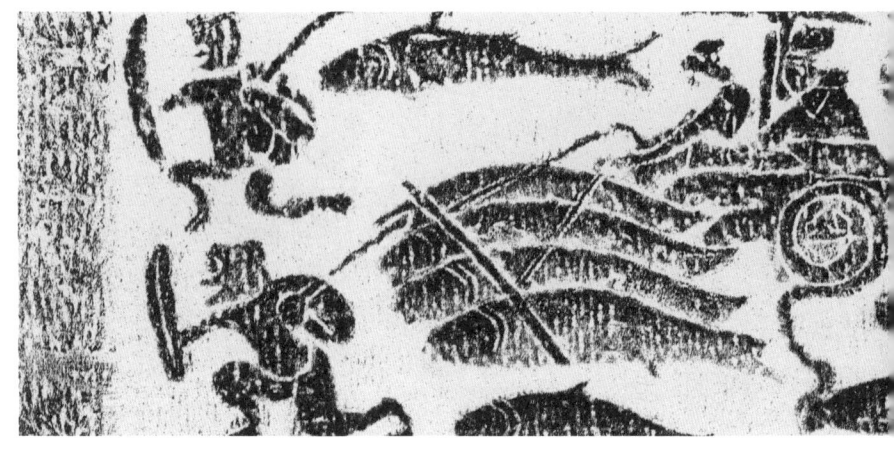

그림5-5 하남 남양 와룡구 한왕장묘 출토 화상석 탁본: 하신출행

모습을 드러낸다는 사실이다.**그림5-3, 4** 세상의 온갖 괴수를 물리치던 전설의 명궁 예(羿) 앞에 신 하백은 용의 모습으로 나타났다가 눈에 화살을 맞는 큰 곤욕을 치른다.[23] 물론 강에서는 그 누구도 대적하지 못하는 하백이었지만 하늘의 해도 떨어뜨린 예는 당해내지 못한다.

물고기가 끄는 수레를 중심으로 형성된 행렬 장면은 산동 가상 무개명사 화상석 외에 하남 남양이나 당하 출토 화상석에서도 볼 수 있다. **그림5-5** 무개명사 화상석에 묘사된 규모와는 비교도 되지 않지만 남양 화상석에서도 물고기 수레 행렬의 기본 구성 요소는 무개명사의 것과 크게 다르지 않다. 물고기 네 마리가 이끄는 수레에는 마부와 주인공이 앉아 있고 그 앞으로 '물렀거라.'를 외치는 호위 무사 2인이 칼과 방패를

---

23   河伯化爲白龍 遊於水旁 羿見 射之 眇其左目,『楚辭』「天問」王注

들고 달려가고 있으며 좌우에는 아무도 타지 않은 물고기 두 마리가 있다. 수레의 바로 옆과 약간 뒤로 처진 곳에서 두 사람이 어깨에 가지창을 걸친 채 각각 물고기를 타고 앞으로 나아가고 있다. 행렬의 둘레에 상서로운 기운이 흐르고 있고 수레의 바퀴도 상서로운 기운으로 만들어졌다. 흥미로운 것은 행렬의 뒤쪽 상서로운 기운이 흐르는 사이사이에 별을 나타낸 둥근 점들이 묘사되었다는 사실이다. 무개명사 화상석 행렬 뒤쪽에 표현되었던 물결이 남양 화상석에서는 보이지 않는다.

한화상석의 물고기 수레 행렬 주인공이 강의 신인지 바다의 신인지, 하백인지 용왕인지는 여전히 알기 어렵지만 행렬이 물속에서 바깥으로 나왔으며 허공을 유영하고 하늘 길을 헤쳐 나아가고 있음은 미루어 짐작할 수 있을 듯하다. 신화 전설을 형상화한 장면이라면 물고기가 물 바깥에서 숨을 쉴 수 있는지 여부는 문제시할 필요가 없을 것이다. 어쩌면 동진(東晉) 고개지(顧愷之)의 〈낙신부도(洛神賦圖)〉에 보이는 용이 끄는 수레가 등장하기 전에는 하백도 물고기가 끄는 수레를 타고 허공을 달렸을지도 모른다. 새의 몸을 지닌 바다의 신들이야 날개를 펼쳐 하늘을 날 수 있지만 물고기의 몸을 지닌 하백은 사람 몸으로 모습을 바꾸더라도 새처럼 날아오를 수 없었을 것 아닌가. 인간 세상에 자신의 존재를 알려야 할 때에는 한화상석에서처럼 물고기가 끄는 수레를 타고 나타나지만 허공에 떠올라야 할 때는 상서로운 기운을 받아야 했던

그림5-6 강소 서주 출토 한화상석: 어거

것일지도 모른다.**그림5-6** 아무래도 천지를 마음대로 오르내리기에는 바다의 신들보다는 강의 신들이 능력이나 기운에서 밀렸기에 일어난 일이 아닐까 싶다.

6 우레와 벼락으로 알리는 행차_
뇌신과 전신

> 화공(畫工)이 천둥을 그릴 때에는 북을 죽 늘어세운다. …역사(力士) 같은 사람 하나를 그려 이를 뇌공(雷公)이라고 한다. …왼손으로는 늘어선 북을 붙잡고 오른손에는 몽둥이를 들고 때리는 시늉을 하게 그린다. 이는 천둥소리가 쿵쿵 하는 것이 늘어선 북을 두드리는 소리와 같으며 그 백(魄)이 쪼개지는 듯한 소리가 몽둥이로 때리는 소리와 같다는 것이다. 사람을 죽일 때에 늘어선 북을 잡고 몽둥이를 들어 이를 울리는 것 같다고 한다. 세상에서 이를 또 믿어 그렇지 않다고는 하지 않는다. 원래의 그 모습과 같은 것이라 하나 참으로 허망한 모습이다.[24]

왕충(王充)의 『논형(論衡)』에 쓰여 있는 한대 사회의 풍속과 종교 관념에 대한 비판문의 일부이다. 재미있는 것은 『논형』의 뇌공 묘사를 연상시키는 장면들이 한화상석에 남아 있다는 사실이다. 산동 가상 무개명사 화상석의 화면이 그 좋은 사례에 속한다.**그림6-1,2** 상서로운 기운

---

[24] 雷之狀 疊疊如連鼓之形 … 一人若力士之容 謂之雷公 … 左手引連鼓 右手推椎 若擊之狀 雷聲隆隆者 連鼓相打擊之音也 其魄然若敵裂者 椎所擊之聲也 …. 『論衡』「雷虛」

그림6-1 산동 가상 무개명사 석실 천장 서쪽 앞면 화상석 탁본: 뇌공과 전신

그림6-2 산동 가상 무개명사 석실 천장 서쪽 앞면 화상석: 뇌공과 전신

으로 떠받들린 대 위에 두 손으로 망치를 쥔 한 인물이 앉아 있고 그 앞과 뒤에는 큰북이 세워졌다. 아래는 뱀이고 위는 사람이며 어깨에 날개가 있는 선인이 뒤의 큰북 장식 부분을 잡고 있고, 받침대의 앞에서는 두

줄로 늘어선 사람들이 대에서 뻗어져 나온 듯한 긴 줄을 잡아당기며 앞으로 나아가고 있다. 앞의 큰북 앞에도 날개 달린 선인이 한 사람 등장하는데 앞으로 나아가며 줄을 끄는 자를 독려하면서 고개를 뒤로 돌려

망치를 든 인물이 큰북을 울리려 하는 모습을 보려 한다. 『논형』의 설명을 감안하면 받침대 위의 망치를 손에 쥔 인물은 뇌공이다. 받침판을 타고 앞으로 나아가며 망치를 휘둘러 천둥소리를 내려 하고 있는 것이다.

같은 화면의 오른쪽에 묘사된 것은 번개 치는 장면이다. 가운데 무지개를 나타내는 쌍두(雙頭)의 용이 몸을 구부려 'n' 자형이 되게 하였고 그 아래에는 한 사람이 머리를 땅에 쳐박듯이 엎드렸으며 또 다른 사람이 손에 망치와 쐐기를 든 채 엎드린 사람의 머리에 쐐기를 박으려는 듯한 자세를 취하고 있다. 엎드린 사람은 두려움 때문에 머리카락이 곤두서 있다. 무지개의 오른쪽에도 한 남자가 표현되었는데, 오른손은 무지개를 향해 뻗었고 왼손에는 망치를 들었다. 무지개 왼쪽의 남자는 두 손에 망치와 쐐기를 모두 들고 있다. 무지개 바로 위에서는 한 여자가 엎드린 자세로 한 손으로는 항아리를 엎고 다른 한 손으로는 동아줄 같은 것을 쥐고 있다. 무지개 왼쪽 약간 떨어진 곳에 묘사된 장발의 남자가 물항아리로 보이는 것을 들고 있음을 고려할 때, 여자가 엎고 있는 항아리 역시 물항아리일 것이다.

『논형』의 언급을 더 인용하지 않더라도 무지개 주변에 등장한 인물들이 손에 쥐고 있는 망치와 쐐기는 벼락용이다. **그림6-3** '세상에! 벼락 맞을 소리를 하네.', '이 무슨 마른하늘에 날벼락인가.'와 같은 말에 들어간 벼락이 미처 알려지지 않은 어떤 죄 지은 사람의 머리 위에 막 떨어지는 장면이 화상석에 묘사된 것이다.

그리스 신화의 우레와 벼락의 신 제우스와 달리 중국의 신화 전설에서 천둥소리를 내고 벼락을 치는 신은 여럿이다. 모습도 하나가 아니

그림6-3 하남 남양 영장묘 출토 한화상석 탁본: 천제출행

며 사는 곳도 다양하다. 뇌택(雷澤)이라는 호수에 사는 뇌신은 용의 몸에 사람의 머리를 지녔고 자신의 배를 두드려 우레 소리를 냈다.[25] 또 다른 뇌신은 입술은 붉고 눈은 거울 같으며 몸에 털이 있고 머리에 세 치 길이의 뿔이 있었으며 머리는 원숭이의 그것과 같았다.[26] 벼락을 때리는 전신 가운데에는 여신도 있어 이를 전모(電母)라고 하였다.

뇌사(雷師), 뇌공으로 불리기도 했던 우레의 신도 여럿이고 벼락의 신도 하나가 아니었지만 중국의 신화 전설에는 우레와 벼락을 모두 내릴 수 있던 신도 있었다. 바로 오제(五帝) 가운데 첫 번째 임금으로 최고의 신이기도 했던 황제(黃帝)이다. 황제는 천상과 곤륜산을 오가면

---

25 雷澤中有雷神 龍神而人頭 鼓其腹.『山海經』「海內東經」
26 脣如丹 目如鏡 毛角長三寸 餘狀似六畜 頭似獼猴.『搜神記』卷12

그림6-4 산동 가상 무량사 석실 서벽 화상석 탁본: 삼황오제

서 천하를 다스렸다는 중앙의 신으로 신과 인간세계에서 일어나는 모든 갈등과 분쟁을 조정하고 해결하는 힘과 권위를 지닌 존재였다. 하늘의 모든 신과 세상의 온갖 귀신을 소집하고 다스릴 수 있었던 황제가 행차할 때에는 전쟁의 신 치우(蚩尤), 바람의 신 풍백(風伯), 비의 신인 우사(雨師)가 수레의 앞에 서서 길을 열고 다듬었다. 그림6-3 최고신의 수레는 코끼리와 교룡(蛟龍)들이 끌었고 필방조(畢方鳥)가 마부의 역할을 했으며 온갖 신령스런 동물과 귀신들이 수레의 앞과 뒤, 좌우, 위아래에서 호위했다. 사방의 큰 신들, 사해(四海)의 신들과 영웅들이 모두 황제의 후예였다.[27]

그러나 우레와 벼락을 내릴 수 있는 신 중의 신 황제가 산동 가상 무량사 화상석에서는 세상 임금의 복장을 한 큰 임금으로 묘사될 뿐이다. 그림6-4 '우르릉 꽝' 하면서 우레를 울리거나 '번쩍번쩍' 하면서 벼락을 내리는 황제의 모습으로 형상화되지 않은 것이다. 앞으로도 천둥, 번개를 내리는 황제가 묘사된 화면이 한화상석에서 발견되기는 쉽지 않을 것 같다. 한화상석에 모습을 드러낼 때쯤 황제는 이미 태평성대를

27 昔者黃帝合鬼神於泰山之上 駕象車而六蛟龍 畢方幷鎋 蚩尤居前 風伯進掃 雨師洒道 虎狼在前 鬼神在後 螣蛇伏地 鳳凰覆上 大合鬼神 作爲淸角,『韓非子』「十過」

그림6-5 하남 남양 영장묘 출토 한화상석 탁본: 뇌공

가져온 성스러운 임금, 최고의 성군으로 인격화되고 있었기 때문이다. 가상 무량사 화상석에 그려진 황제는 많은 것을 창조하고 진보시켰으며 무기를 발명하고 농토를 정비한 역사 속의 임금이다. 의복을 늘어뜨리고 종묘와 궁전을 세운 세상의 성군이었다. 후한 시대의 사람들 사이에 죄 지은 자에게 벌을 내리고 심판하는 신으로서의 황제의 이미지는 더 이상 남아 있지 않았던 것이다.

중국의 역사에서 한대는 그때까지의 신화 전설에 담겨 있던 천지 우주의 온갖 신과 정령에 대한 무한한 상상력이 마지막 빛을 발하던 때였고, 신화 전설의 주인공들에게 인간세계의 위계질서와 신분 관념, 생활 습속이 본격적으로 덧입혀지기 시작한 시기였다. 이전의 모습과 성격이 유지되거나 남겨진 신화 주인공들도 있었지만 임금과 관리, 일반 기술자와 여염집 백성으로 변신을 요구받고 정체성을 새로이 부여받은 신인과 영물도 많았다. 아니, 대부분이 세속의 존재가 되는 '탈(脫)신화, 역사화'의 길을 걷고 있었다. 신중의 신 황제 역시 이런 흐름에서 예외가 아니었으며 오히려 이를 선도하는 입장에 섰다고도 할 수 있다. 한화상석에 남은 뇌공과 전신의 모습을 통해 그 너머에 어른거리는 황제의 옛 모습을 미루어 짐작할 수 있다면 그나마 다행이 아닐까. **그림6-5**

7 ___ 빛 보다 빠른 화살_ 명궁 예

상(商) 왕조의 사람들은 하늘에 열 개의 해가 있다는 사실을 전혀 의심하지 않았다.[28] 그림7-1,2 어느 날 나라의 서쪽 경계에서 봉화(烽火)가 올랐다. 이어 척후(斥候)를 통해 서쪽 관문을 지키던 병사들이 몰살당했다는 소식이 들어왔다. 상에 복종하던 서쪽 제후국들이 주(周)를 중심으로 모여 종주국인 상을 치기 위해 대군을 일으킨 것이다. 상의 주왕(紂王)은 급히 군사를 모았다. 그러나 오랜 기간 전투다운 전투를 겪어 보지 못한 중원의 병사들은 척박한 땅에서 이민족과의 전투로 훈련받은 사납고 날랜 서방 군사들에게 상대가 되지 못하였다. 1000년 가깝게 유지되었던 상 제국은 무너지고 말았다. 이제 주가 중원의 새 주인공이 되어 새로운 정치사회 질서 수립의 주도권을 행사하게 되었다.

    왕조의 교체는 몇몇 중심 제후국들의 멸망이나 새로운 분봉국(分封國)들의 출현과 같은 정치 질서의 재편으로만 끝나지 않았다. 사람들은 익숙해져서 너무나 당연히 여기던 온갖 관습과 관념에 대해서도 다시

---

28 상(商)의 종교와 신앙, 세계관에 대해서는 사라 알란 지음, 오만종 옮김, 『거북의 비밀 – 중국인의 우주와 신화』(예문서원, 2002) 참조.

그림7-1 호남 장사 마왕퇴1호한묘 출토 백화 부분: 복희, 해, 달

그림7-2 사천 광한 삼성퇴 출토 청동우주나무와 태양새

그림7-3 하남 남양 출토
한화상석 탁본: 사조

생각하고 재정리하도록 요구받았다. 심지어 우주 질서에 대한 기존의 믿음조차도 의심하도록 강요받았다. 세상에는 하늘의 해와 달, 별들에 대한 새로운 이야기들이 떠돌기 시작하였다. 이전에는 상상할 수도 없던 우주론이 입에서 입으로 옮겨졌으며, 이를 의심하는 말을 꺼내거나 새 이야기를 쉽게 받아들이지 못하는 태도를 보이면 '혼이 나는' 일도 일어났다. 참으로 놀랍기만 해서 어안이 벙벙한 이야기가 알 수 없는 곳에서 흘러 나와 사람들 사이에 퍼졌으며 오래지 않아 사실로 믿어지게 되었다. 그 가운데 하나가 하나의 해, 하나의 달에 대한 이야기이다.

한화상석에는 '나뭇가지에 앉은 새를 쏘는 사람'이 묘사된 장면이 자주 나온다.그림7-3, 4 한 사람이 여러 마리의 새 가운데 한 마리를 겨누고 있기도 하고 여러 사람이 동일한 자세를 취하고 있기도 하다. 가지가 서로 얽히며 뻗어 올라간 커다란 나무에는 새들 외에 원숭이로 보이는 짐승들이 춤추는 자세로, 혹은 다양한 자세로 줄기 위에 앉아 있는 모습이 보인다. 이러한 장면 가운데 일부는 목숨〔壽〕을 상징하는 새〔鳥〕를 겨누는 행위로 이해되기도 하고, 다른 일부는 후예사일(侯羿射日) 설화의 형상화로 해석되기도 한다. 아마 각각의 장면과 화상석 안의 다른 장면과의 관계를 고려하면

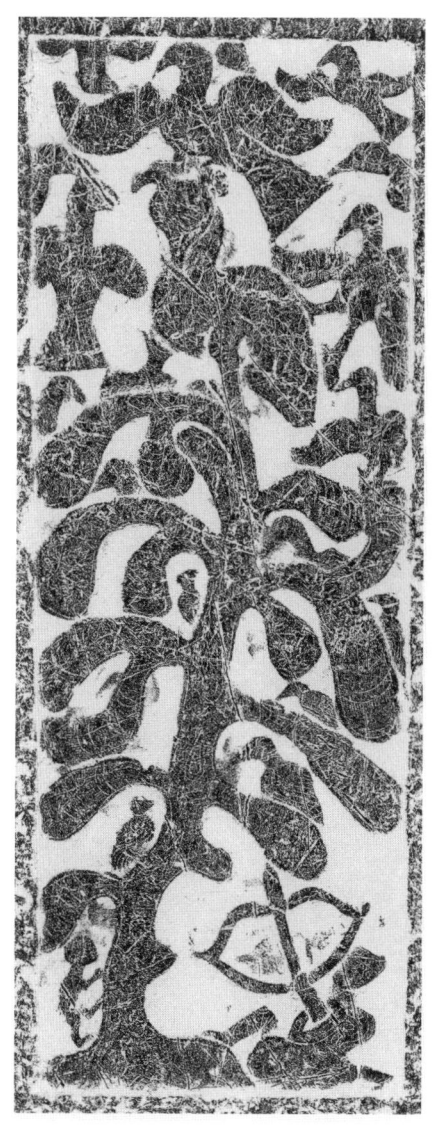

그림7-4 산동 거현 심유장한묘 전실 서측 중간 입주 정면 화상 탁본: 사조

서 해당 장면에 대한 이해가 시도되어야 할 것이다.

중원의 새로운 패자(覇者)가 된 주에서는 상에서처럼 하늘에 열 개의 해가 있다고 믿지 않았다. 주의 백성들은 한 개의 해만 믿었다. 반면 상에서는 열 개의 해가 하루씩 번갈아 하늘에 떠오른다는 사실을 당연시하였다. 상의 시조신 제준(帝俊)의 아내 희화(羲和)는 열 개의 해, 상희(常羲)는 열두 개의 달을 낳았고, 열 개의 해가 하루씩 하늘 길을 가고 나면 일순(一旬)이 되고 세 번씩 돌면 한 달이 된다고 철썩같이 믿었던 것이다.[29] 그런 상이 망하고 주가 세상의 새 주인이 되었으니 해가 하나라는 사실을 세상이 알게 해야 하는데, 이를 어찌할 것인가.

상에서 주로 세상의 주인이 바뀐 뒤 항간에는 왜 해가 열 개였다가 한 개가 되었는지를 설명하는 새로운 이야기가 만들어져 널리 퍼지고 결국은 믿어지게 되었다. 오랜 시간이 흐른 뒤 한화상석에 형상화되는 후예사일 설화가 등장하여 여염집 백성의 입에 오르내리게 된 것이다.

본래 하늘에는 열 개의 해가 있었다. 제준이 명한 하늘의 질서대로 열 개의 해는 매일 하나씩 하늘에 떠올라 정해진 길을 따라 동에서 서로 갔고 서쪽 끝에 있는 거대한 우주나무 건목(乾木)에 가서 머문다. 밤에는 그 아래에 있는 감연(甘淵)이라는 못에서 몸을 씻고 지하의 길을 따라 동쪽 끝의 못 함지(咸池)로 오며 그 위에 솟은 우주나무 부상(扶桑)에 올라가 다음 차례를 기다린다.[30] 어느 날 혼자 다니는 것에 싫증

---

[29] 10일(十日), 12월(十二月) 신앙의 흔적은 『山海經』에 비교적 잘 남아 있다. 羲和者 帝俊之妻 生十日. 『山海經』「大荒南經」; 有女子方浴月 帝俊妻常羲 生月十二 此始浴之. 『山海經』「大荒西經」

을 낸 열 개의 해가 한꺼번에 하늘 위에 떠올랐다. 그러자 산천초목이 불타고 온갖 괴물이 일어나 땅 위의 세상을 어지럽혔다. 땅 위의 임금 '요(堯)'가 이를 천제에게 호소하니 천제가 명궁 예(羿)로 하여금 세상을 온갖 재난에서 구해내도록 명령하였다.

천제가 인정할 정도의 명궁 예는 흰 활에 붉은 화살을 메겨 사람의 눈으로는 쳐다볼 수 없던 하늘의 해를 겨누어 당겼다. 모든 것을 태울 정도로 뜨겁게 이글거리며 빛을 내뿜던 해였지만 하늘 한가운데로 날아간 예의 화살은 햇빛에 불타지 않고 해 가운데 하나를 맞추었다. 그러자 해는 금빛을 번쩍거리며 땅으로 떨어졌다. 사람들이 보니 떨어진 해는 금빛의 세발까마귀였다.그림7-5,6 예는 무려 아홉 개나 되는 해를 활로 쏘아 떨어뜨렸다.[31] 이제 하늘에는 단 하나의 해만 남은 것이다.

구체적인 시기는 알 수 없으나 주의 천하 제패 뒤 성립한 것으로 보이는 후예사일 설화는 사람들의 입에 오르내리다가 진한 교체기(秦漢交替期)에 이르러서야 문헌에 기록된다. 이는 주가 천하의 패자로서의 지위를 잃고 나서도 수백 년이 흐른 뒤에야 사람들이 너나없이 그렇다고 수긍하기에 이른 것으로 이해될 수도 있는 부분이다. 역으로 열 개

---

30 십일의 움직임과 머무는 장소에 대해서는 전호태, 『중국 화상석과 고분벽화 연구』(솔, 2007) 제4장 참조.
31 堯時十日幷出 草木焦枯 堯命羿仰射十日 中其九日 日中九烏皆死 墮其羽翼 故留其一日也, 『楚辭』「天問」王注引古本 『淮南子』; 堯之時 十日幷出 焦禾稼 殺草木 而民無所食 猰貐 鑿齒 九嬰 大風 封豨 修蛇 皆爲民害 堯乃使 羿誅鑿齒於疇華之野 殺九嬰於凶水之上 繳大風於靑丘之澤 上射十日而下殺猰貐 斷修蛇於洞庭 擒封豨於桑林… 於是天下廣狹 險易 遠近 始有道里, 『淮南子』「本經訓」

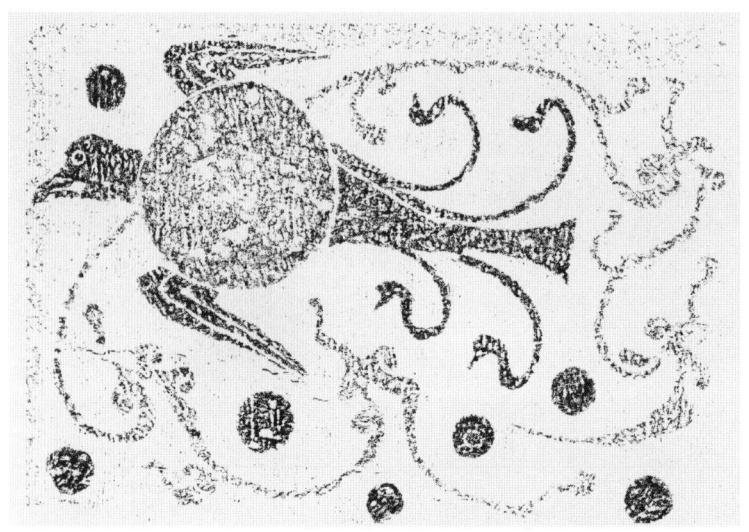

그림7-5 하남 남양 신점진 영장4호한묘 출토 화상석 탁본: 양조

의 해에 대한 믿음이 주대에도 여전히 사람들 사이에 남아 있었고 전국 시대를 거쳐 진이 천하 통일에 성공한 뒤에도 사람들의 기억 속에 흔적을 남기고 있었다고도 할 수 있다. 한화상석의 사일(射日) 설화 장면조차 두 갈래 인식의 공존을 확인시켜주는 증거일 수도 있는 것이다. 특정한 신화, 특정한 우주론의 잔영이 얼마나 오래 갈 수 있는지를 알게 해주는 좋은 사례라고 해도 좋을 듯하다.

다른 설화에서 동이(東夷)의 영웅으로 일컫기도 하지만 사일 설화에서 예는 열 개의 해를 믿었던 상 사람들의 우주관, 상인들의 신화적 세계관의 파괴자이기도 하다. 하나의 해를 믿는 사람들을 위해 열 개의 해를 믿는 사람들로 하여금 저들의 우주관을 포기하도록 강요한 주 사

그림7-6 강소 서주 출토 한화상석: 해

람들의 영웅인 것이다. 아이러니하게도 동방의 군장이요 제후가 서방에서 쳐들어온 자들을 위해 동방 사람들의 우주론을 무너뜨린 것이다.

아홉 개의 해를 땅에 떨어뜨린 뒤 예는 세상 동서남북의 온갖 괴물들을 물리치고 서쪽 끝 곤륜선계의 주관자 서왕모에게서 불사약까지 얻는다. 그러나 불사약을 아내 항아(姮娥)가 몰래 먹고 달로 달아나는 바람에 영웅 예는 죽음을 피할 수 없게 되었다.그림7-7 예는 결국 명궁의 칭호를 노린 제자 봉몽(逢蒙)의 기습을 받아 죽음을 맞게 된다.[32] 천지

---

[32] 羿請不死之藥於西王母, 姮娥竊以奔月, 悵然有喪, 無以續之. 『淮男子』「覽冥訓」; 羿歸自田… 家臣逢蒙射而殺之. 『楚辭』「離騷」王注

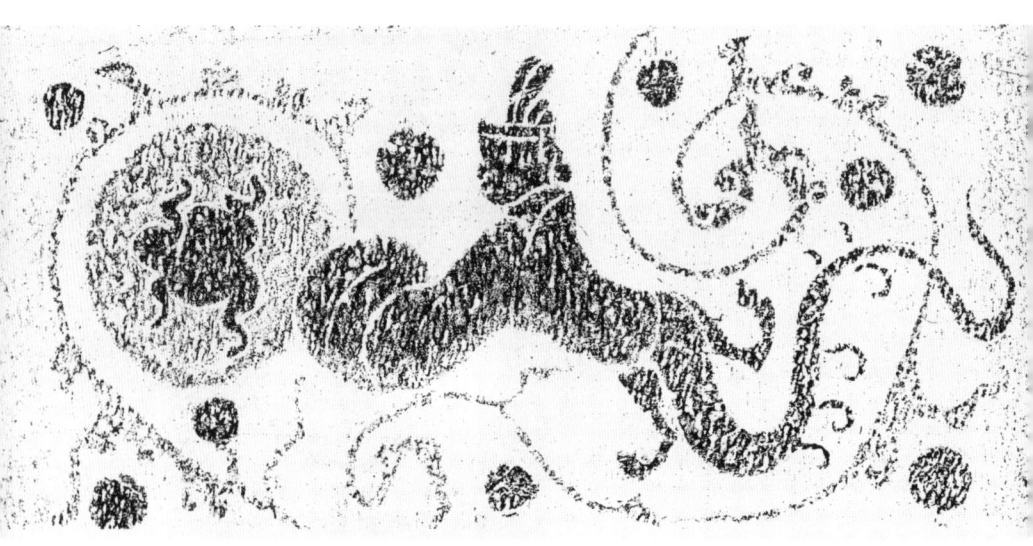

그림7-7 하남 남양 서관한묘 출토 화상석 탁본: 항아분월

의 그 누구와도 비교할 수 없는 활 솜씨로 세상 사람들이 하늘을 보는 시각과 믿음마저 바꾸었음에도 불구하고 영웅 예의 마지막은 비참했던 것이다. 한화상석에 빈번히 나타나는 사일 장면은 행복하지 못한 결말에 이른 한 영웅의 생에 대한 세상 사람들의 조사(弔詞)인지도 모른다. 해를 쏘아 떨어뜨리던 그때가 영웅 예의 생에서는 절정의 순간이 아니었겠는가.

8 귀신 잡는 사람들_ 신다와 울루

서라벌 밝은 달밤에 밤드리 노니다가
들어와 자리를 보니 가라리 네히어라
둘은 내해이언만 둘은 뉘해인고
본디 내해이언만 앗기니 어이할고.[33]

『삼국유사(三國遺事)』에 실린 처용가(處容歌)의 내용이다. 동해 용왕의 일곱 아들 가운데 막내인 처용은 헌강왕(憲康王)을 따라 서라벌에 들어와 정사(政事)를 도왔다. 왕이 마음에 들어 미녀를 주어 아내로 삼게 했는데, 역신(疫神)이 몰래 처용의 모습으로 변신하여 아내와 같이 잤다. 그런데 집에 돌아온 처용이 잠자리에 누운 두 사람을 보고 춤을 추고 노래를 부르며 물러나자 역신이 크게 감복하였다. 역신은 앞으로 처용의 얼굴 그림만 보아도 그 문 안으로 들어가지 않겠다고 맹세하며 물러났고, 이로 말미암아 신라에는 처용의 모습을 그려 문에 붙여 사귀가 집으로 들어오는 것을 막았다.

---

33 『三國遺事』「處容郎・望海寺」

그림8-1 산서 이석 마무장3호한묘 전실 동벽 좌측 화상석 탁본: 승선행렬과 문신

한화상석 묘문에는 거의 예외 없이 포수함환(鋪首銜環)이 묘사되었다. '아무나 들어오지 마시오. 특히 사귀(邪鬼)는 출입 금지!' 라는 의미를 담은 표현이다. 그런데 이것으로 부족했던지 섬서나 산서의 한화상석에서는 서왕모나 동왕공을 나타낸 화면의 아래쪽에 입구를 지키는 역할을 맡은 사람이나 신인(神人)을 배치하는 사례가 빈번히 확인된다.그림8-1 무기를 세워 들고 있는 경우도 많지만 다른 기물을 손에 받쳐 들고 있는 경우도 발견된다. 어쨌든 이들의 역할은 문지기이다.

『산해경』에는 귀신의 출입처인 동해 도삭산(度朔山) 대도수(大桃樹) 아래 있으면서 귀신을 살펴 악귀(惡鬼)는 붙잡아 호랑이에게 먹게 했다는 문신(門神) 신다(神茶)와 울루(郁壘) 이야기가 전한다.[34] 두 문신은 산동 곡부(曲埠) 동안 한리석관(東安漢里石棺)에서 그 모습을 제대로 드러내는데, 각기 새끼줄을 손에 감아쥐고 있거나, 두 손에 복숭아 가지와 칼을 든 모습으로 묘사되어 있다.그림8-2 복숭아 가지는 민간에서도 사귀를 쫓아버리거나 잡는 데에 효능을 발휘하는 물건으로 여겨졌다.[35] 석관을 장식한 두 인물이 신다와 울루임을 짐작하게 하는 유력한 증거인 셈이다. 석관의 주인과 가족들은 '두 문신이 있으면 어떤

---

34 山海經又曰 滄海之中 有度朔之山 上有大桃木 其屈蟠三千里 其枝間東北曰鬼門 萬鬼所出入也 上有二神人 一曰神茶 一曰鬱壘 主閱領萬鬼 惡害之鬼 執以葦索而以食虎 於是黃帝乃作禮以時驅之 立大桃人 門戶畵神茶 鬱壘與虎 懸葦索以禦凶魅. 『論衡』「訂鬼篇」; 神茶 郁壘系兄弟倆 性能執鬼 居住東海中的度朔山 兩人經常在度朔山上的大桃樹下(總鬼出入處) 檢閱總鬼 凡查出作惡者 就用著索將其梱縛 執以猥虎 … 是故縣 官常以措祭文飾桃人垂著畵虎于門 以御凶也. 『風俗通儀』

35 梧 木杖 以桃木爲之 以擊殺羿 由是以來 鬼畏桃也. 『淮南子』「詮言訓」許注

그림8-2 산동 곡부 동안한리석관 화상 탁본: 문신 신다와 울루

사귀도 무덤에 침입하려 하지 않겠지.' 하고 생각했을 것이다.

섬서나 산서 화상석의 문지기들은 복숭아 가지나 새끼줄을 손에 쥐고 있지 않다. 창의 일종인 과(戈)나 모(矛), 혜(彗) 등을 세워 들고 있는 경우가 일반적이다. 이들은 서왕모의 세계를 지키는 존재로 알려진 태항백과 같은 인물에서 유래했을 수도 있고[36] 하남 화상석에서 도끼와 칼을 든 역사형 문지기신으로 등장하는 신다와 울루의 또 한 번의 변신일 수도 있다. 그림8-3, 4 어디에서 비롯되었는지는 확실하지 않으나

---

36 西王母梯机而戴勝杖 其南有三靑鳥 爲西王母取食 在崑崙虛北 有人曰太行伯 把戈.『山海經』
「海內北經」

그림8-3, 8-4 하남 남양 동관 출토 한화상석 탁본: 문신 신다와 울루

01 — 신들의 공간

그림8-5 산동 가상 화림촌 출토 한화상석 탁본: 개명수

불사(不死)의 곤륜선계 같은 특별한 세계의 입구를 통제하는 점에서는 문지기로서의 역할을 톡톡히 하고 있다고 하겠다.

    중국의 신화 전설에서 문지기 역할로 잘 알려진 신은 신다와 울루 외에도 여럿 있다. 한화상석에서 구두인면수(九頭人面獸)로 묘사되는 개명수(開明獸), 인면호신(人面虎身)으로 그려지는 신 육오(陸吾)도 별 세계의 입구를 지키는 문지기신들이다. **그림8-5, 6** 사방 800에 높이가 1만 길이나 되는 곤륜허(崑崙虛)에 들어가려면 아홉 개나 되는 문을 통과해야 하는데, 개명수라는 신이 이곳을 지킨다고 한다.[37] 뭇 신들의

---

37 開明獸 身大類虎而九首 皆人面 東向立崑崙上.『山海經』「海內西經」

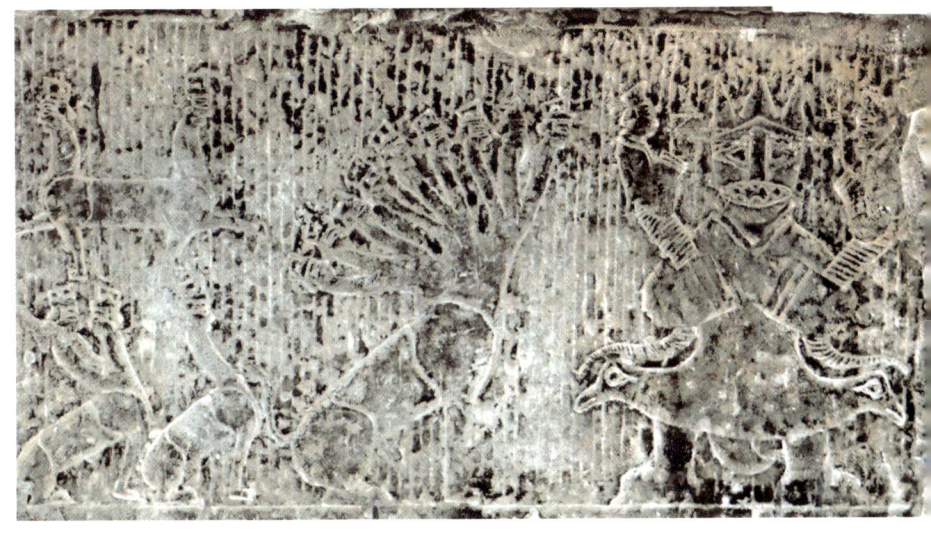

그림8-6 산동 가상 화림촌 출토 한화상석: 개명수와 고매

거처에 아무나 들어올 수 없도록 그 입구를 지키고 있는 것이다. 태항백이나 개명수만으로는 부족했는지 호랑이 몸에 꼬리가 아홉이며 뱀의 발톱을 지녔고 사람의 얼굴을 한 신 육오가 곤륜구(崑崙丘)를 관장하는 일을 맡았다고 한다.[38]

한대의 백성들이 신다와 울루의 모습을 그림으로 그려 대문에 붙였듯이 신라 사람들도 처용의 얼굴 그림을 문에 붙여 사귀의 침입을 막으려 했다. 물론 사람에게 복을 주며 재물운을 가져다주는 신기(神祇)는

---

38 崑崙之丘 是實惟帝之下都 神陸吾司之 其神狀虎身而九尾 人面而虎爪 是神也 司天之九部及帝之有時, 『山海經』「西山經」

01 — 신들의 공간 77

험한 형상의 문신 그림에 놀라지 않았을 것이다. 얼굴 형상이 험하든 위험한 물건을 지니고 있든 좋은 일을 한다는 점에서는 문신이나 일반 신기가 한통속인 까닭이다.

    용의 아들인 처용 역시 용인 데다가 화가가 그 얼굴을 그릴 때에 사귀가 보고 놀라 달아날 정도가 되게 하려 했을 것이니, 신라 백성들의 집 문밖에 붙은 그림의 형상은 험상궂은 정도에서 귀면와로 알려진 신라 기와집 처마 끝 마구리 기와의 그것보다 못하지는 않았을 것이다. 문신 신다와 울루의 처음 모습도 한화상석묘 포수함환의 괴수처럼 험상궂지 않았을까. 화가도 의도적으로 보는 이를 압도하려는 듯이 부릅뜬 눈, 버럭 소리 지르느라 어금니까지 드러난 입, 머리끝까지 화가 치민 듯 곤두선 머리카락과 수염, 한껏 주름지고 긴장된 이마와 얼굴의 근육 등을 두드러지게 나타내지 않았을까. 그림8-7,8 용이 사람으로 모습을 바꾸듯이 괴수 형상의 문신도 의복을 갖추어 입은 점잖은 표정의 사람으로 바뀌면서 험상궂은 표정을 날카로운 무기나 귀신 잡는 복숭아 가지로 대체하여 옛 흔적의 일부나마 남긴 것은 아닌지 한화상석의 두 문신에게 한번 물어보고 싶다.

그림8-7 하남 남양 완성구 백탄 출토 한화상석 탁본: 진묘수

그림8-8 강소 서주 출토 한화상석: 벽사 괴수

02

불사의 꿈

1 ___ 함부로 들어오지 마시오_
포수함환

주인공이 간신히 입구를 찾아내 문 앞에 선다. 이를 지켜보던 사람들 가운데 하나가 주인공을 밀쳐내고 서둘러 문고리를 잡고 문을 열며 안으로 들어선다. 순간 문지방 안쪽 받침돌이 꺼지며 깊은 어둠이 아가리를 벌리고 그 사람은 빨려들 듯 함정 안으로 떨어져버린다. 또는 문고리를 잡는 순간 문 좌우 돌기둥 근처 어딘가에서 날카로운 비수나 화살들이 쏟아져 내려와 그 사람을 고슴도치처럼 만들어버린다. 이를 보던 사람들이 주인공에게 안전하게 문 안으로 들어가는 방법을 찾아내라고 다그친다. 물본 주인공은 다치지 않고 비밀의 신전, 혹은 왕의 무덤 안으로 들어가는 방법을 '어렵지 않게' 찾아내며 일행은 더 깊숙한 곳을 향해 발길을 옮긴다.

고고학자나 미술사학자들을 불사조(不死鳥) 같은 모험가이자 만능 탤런트, 영화 주인공 람보 겸 트로이의 왕자 파리스 같은 존재로 만들어버린 할리우드 영화 〈인디아나 존스〉나 〈미이라〉의 한 장면을 연상해보았다. 사실 천장이나 벽을 뚫고 들어가기보다는 문을 열고 들어가기가 쉽다. 신전이나 사당, 궁이나 무덤, 어느 경우나 마찬가지이다.

기념성을 강하게 띠는 건축물일수록 입구는 거창하고 단단하거나 복잡하고 정교하게 만들어진다. 이렇게 만들어진 입구임에도 출입을 허가받지 않은 사람이나 존재가 접근하기 어렵게 하는 여러 가지 통제 장치와 수단을 동원한 상태로 관리된다. 사람이 지키기도 하고, 짐승이 문지기 역할을 하기도 한다. 그 안의 사람이든 물건이든 무엇인가가 보호받고 지켜지려면 그러는 수밖에 없는 까닭이다.

한화상석에는 '포수함환(鋪首銜環)'이라는 빠질 수 없는 테마가 있다. 사당이나 무덤 입구 돌로 만든 문의 문고리 장식을 가리키는 용어로 널리 알려졌지만 본래는 저택의 둥근 대문 고리를 물고 있는 괴수 형상 문지기신의 머리까지 포함한 개념에서 비롯되었다._{그림1-1}

문고리는 본래 문을 쉽게 열기 위한 장치이다. 그런 까닭에 예로부터 여러 가지 기원이 담긴 장식이 덧붙여지는 장소이기도 했다. 문이 지닌 기능과 상징성을 고려하면 더욱 그럴 수밖에 없다. 한화상석 무덤이나 사당은 기본적으로 죽은 자를 기리거나 제사 지내고 그 시신과 백(魄)을 보호하기 위해 만들어진 건축물이다. 문의 저편은 상서롭고 신비한 기운으로 가득 차야 하고 그런 기운을 받고 누릴 수 있는 자만이 문고리를 잡고 문을 열 수 있어야 한다. 한화상석 사당과 무덤의 문에는 그런 성격과 기원이 새겨지고 채색되었다.

포수함환 외에 한화상석 문 장식에 가장 자주 등장하는 테마는 주작(朱雀), 혹은 봉황(鳳凰)이다. 남방의 수호신인 주작은 고분벽화에서도 입구를 지키는 존재와 동일시되는 경향이 있다. 무덤 입구가 남쪽이 아닌 서쪽이어도 마찬가지이다. 때로 주작과 봉황은 구별될 수 있도

그림1-1 산동 곡부 구현촌 출토 한화상석 탁본: 저택문

록 묘사되기도 하지만 대부분의 경우, 구분이 어렵다. 봉황에서 파생된 존재가 주작임을 감안하면 그리 이상스러울 것 없는 현상이다.

보통 문고리 위에 주작이 표현되면 아래쪽에는 해시가 묘사된다. 그림1-2 잘 알려진 것처럼 해시는 시비곡직(是非曲直)을 가려낼 수 있는 신화적 짐승이다.[1] 전근대 동아시아 사회에서 법을 다루는 관서와 관리의 상징으로 해시를 그리고 묘사하였던 것도 이런 까닭이다. 고개를

---

1 獬豸者 一角之羊也 性知人有罪 皐陶治獄 其罪疑者 令羊觸之,『述異記』上；東北荒中有獸如羊 一角 毛青 四足 性忠直 見人頭卽觸不直 聞人論卽詐不正 名曰獬豸 一名任法獸 故立獄皆東北 依所在也,『格致鏡原』卷82引『神異經』

그림1-2 섬서 미지 관장촌2호한묘 묘문 화상석: 포수함환

숙여 특유의 외뿔로 그 앞의 것을 받으려 하는 자세의 해시는 바르지 못한 마음을 품고 사당이나 무덤 안으로 들어오려는 자들에 대한 경고의 표시이기도 하다.

용과 호랑이가 문고리의 위나 좌우에 등장하기도 하고 그 아래, 곧 해시의 자리를 대신하는 경우도 종종 보인다.**그림1-3** 새겨진 형태로 보면 청룡과 백호와 동일시해도 큰 무리가 없을 듯하다. 전통적으로 '좌룡우호(左龍右虎)'는 벽사(辟邪)를 위해 표현된다. 한대에 유행한 동경

그림1-3 산동 임기 백장한묘 출토 화상석 탁본: 포수함환

(銅鏡)의 '좌청룡 우백호가 상서롭지 못한 것을 물리치고 주작 현무가 음양을 순조롭게 하기를… 〔左龍右虎辟不羊 朱鳥玄武順陰陽〕'과 같은 구절은 당시 사람들의 용호에 대한 관념을 잘 드러내는 좋은 사례이다.[2]

문고리의 위에는 주작이, 아래에는 현무가 표현되는 사례도 자주

---

2 평양 부근 고묘 출토 신상방작방격규구사신경(新尙方作方格規矩四神鏡)과 평양 정백리 2호분 출토 청개반룡사령삼서경(青盖盤龍四靈三瑞鏡)의 명문.

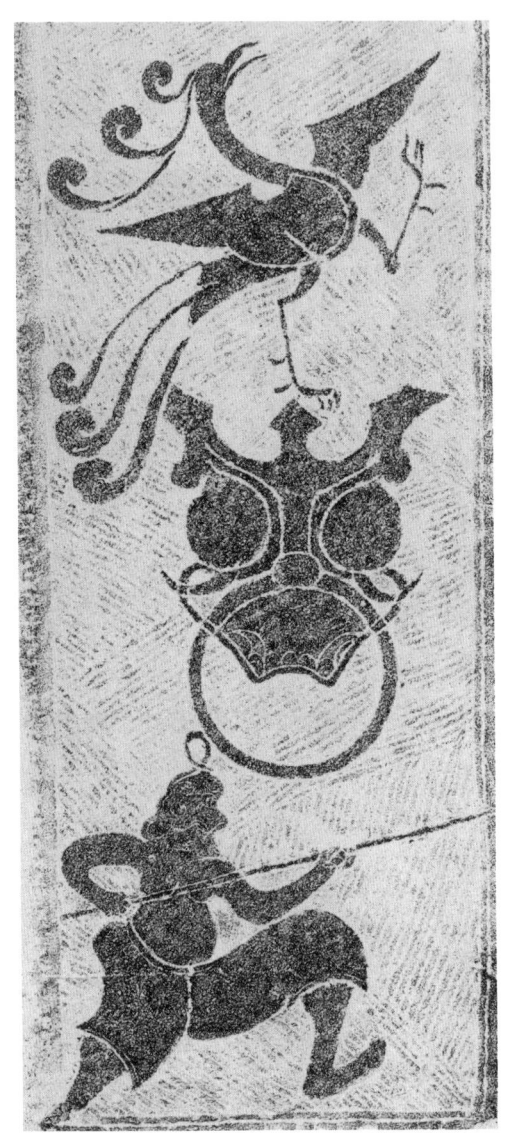

그림1-4 하남 방성 성관진 출토 한화상석 탁본: 포수함환

그림1-5 사천 중경 출토 한묘 묘문 화상석: 포수함환

그림1-6 산동 기남 북채1호한묘 중실 석주 주두 화상: 벽사귀면

보인다. 주작과 현무를 한 짝으로 인식하고 형상화한 결과라고 할 수 있다. 위에서 언급한 한경(漢鏡)의 주술 문구(呪術文句)에 나와 있듯이 음양을 순조롭게 하고자 하는 의지의 표현인 것이다. 문 장식의 이런 구성에서 우주의 질서가 자리를 찾고 그로 말미암은 좋은 결과가 후손에게 미치기를 기원하는 마음을 읽을 수 있다. 이 외에 도끼와 창 등으로 무장한 역사를 문고리의 아래쪽에 배치시키는 사례도 있다.그림1-4 당연히 무장한 역사는 무단으로 문을 열고 들어오려는 침입자나 사귀를 물리치려는 듯 무기를 들고 달려드는 자세를 취하고 있다.

　한화상석 문 장식에 보이는 이런 다양한 요소들에도 불구하고 문의 화상 구성에서 중심 요소는 역시 문고리를 물고 있는 괴수이다.그림1-5 아무나 들어와서는 안 된다며 눈을 부릅뜨고 날카로운 송곳니를 드러내며 으르렁거리는 얼굴로 문고리를 물고 있는 괴수의 험악한 형상

그림1-7 산둥 기남 북채1호한묘 문주
화상: 벽사

이 입구에 선 이의 눈을 끌 수밖에 없는 것이다. 괴수 얼굴이 어디에서 비롯되었는지에 대해서는 호랑이부터 도철(饕餮), 각종 맹수의 조합, 귀신까지 여러 가지 설이 제시되었지만 아직 정설은 없다.[3] **그림1-6,7** 어쩌면 본래부터 정답을 찾기 어려운 질문이 던져진 것은 아닌지 모르겠다. 문고리를 문 괴수의 얼굴도 지옥의 사자를 연상시키는 무서운 모습에서 제발 문고리를 잡지 말라며 하소연하는 듯한 표정까지 다종다양한데 과연 어디서부터 그 유래를 찾을 수 있겠는가. 그 표정이 말하는 그대로 그 문 안으로 함부로 들어가지만 않으면 되지 않겠는가.

---

3 閃修山,「南陽漢畵像石墓的門畵藝術」『中原文物』1985년 3期.

02 — 불사의 꿈　　91

2 ── 어깨에 돋은 날개_ 우인

선인(仙人)의 모습을 나타낼 때 몸에는 털이 나 있고 어깨에서 팔꿈치에 이르는 부분은 날개로 변해 있게 그린다. 구름 속을 날 수도 있고 나이를 자꾸 먹어 천 살에 이르러서도 죽지 않는다고 한다. 이는 거짓이다.[4]

2세기 말 후한의 철학자 왕충은 『논형』을 쓰면서 당시 항간에 오가며 일반적으로 받아들여지던 여러 가지 관념과 형상에 대해 조목조목 비판하였다. 위의 글도 그 일부이다. 사람들이 날개 돋은 선인에 대한 이야기를 믿고 그린 그림에 마음이 혹해 '나도 선인이 될 수 없을까. 그러면 무병장수(無病長壽), 불로불사(不老不死)한다고 하지 않은가. 저 큰 산에 선인이 산다고 하니 한번 가서 만나보면 무슨 수가 생길지도 몰라.' 한다는 것이다. 모두 거짓이고 헛된 것인데, 이에 미혹되니 참으로 걱정스러운 일이라고 생각한 듯하다.

왕충의 논리적 비판에도 불구하고 지식인 사대부들이나 무지렁이

---

4 圖仙人之形 體生毛 臂變爲翼 行于雲 則年增矣 千歲不死 此虛圖也. 『論衡』「無形」

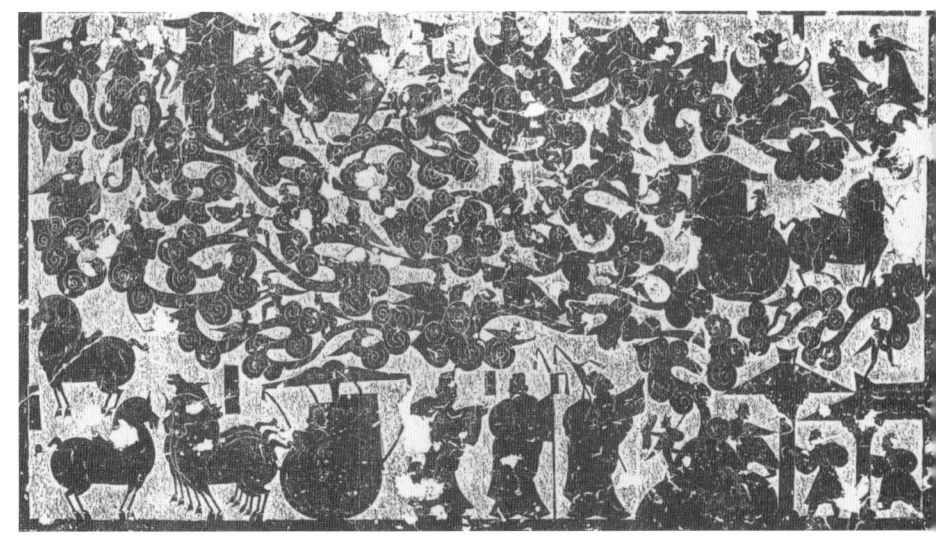

그림2-1 산동 가상 무개명사 석실 앞처마 화상석 탁본: 동왕공, 서왕모와 우인

그림2-2 산동 가상 무개명사 석실 앞처마 화상석: 동왕공, 서왕모와 우인

농민들이나 한대 사람들의 선인에 대한 관심은 대단히 높았다. 후한 후기에 집중적으로 조성된 화상석 무덤과 사당들은 왕충의 비판이 당대에는 별무효과였음을 짐작하게 한다. 이 시대의 사당과 무덤들을 장식한 여러 가지 화제들 가운데 날개 달린 선인들만큼 쉽게 눈에 띄는 것도 없기 때문이다. 비록 죽은 이가 살 곳을 나타내는 장식이요 화상들이지만 사람들은 날개 달린 선인들의 세계를 잘 알고 싶어 했고, 살아 있든 죽었든 그들이 산다는 곳의 주민이 되고 싶어 했다.

한대 화상석에서 선인들은 보통 어깨에 날개가 돋아 있는 사람 형상으로 그려진다. 그림2-1,2 그래서 많은 경우 선인은 우인(羽人)으로 일컬어지기도 한다. 논리상 선인과 우인은 같은 존재가 아니지만 우인을 날개가 달린 선인 정도로 이해하면 될 것 같다. 화상석에서 우인은 화면의 주인공이기보다는 보다 높은 신격의 보조자, 신을 수발하는 존재로 묘사되는 경우가 일반적이다. 우인들은 동왕공, 서왕모의 시중을 들기도 하고 이들 신격의 사자 노릇도 한다. 때로는 청룡, 백호 등의 신수에게 먹을 것을 건네거나 이들 신수를 돌보는 역할도 한다. 어떤 우인들은 봉황으로부터 구슬을 받기도 하는데, 이때 봉황이 부리에서 토해내는 구슬들, 곧 '주(珠)'는 나이, 수명을 뜻하는 '수(壽)'로 해석된다.[5] 그림2-3,4

사천의 한화상전에서 자주 보이듯이 우인들은 때로 이런 심부름꾼 노릇에서 벗어나 육박(六博)과 같은 놀이를 즐기면서 한가한 시간을

---

5 林巳奈夫, 『石に刻まれた世界-畵像石が語る古代中國の生活と思想』(東方書店, 1992), pp.11~13

그림2-3 산동 제남 장청구 흔리진 대가촌 출토 한화상석: 우인

보내기도 하지만 이는 아마 잠깐 주어지는 여가인지도 모른다. 우인들 가운데에는 세상에 그 이름이 널리 알려진 선인들도 있는데, 적송(赤松)과 왕교(王喬)가 그 대표 선수에 해당한다. 보통 적송자(赤松子)로 일컫는 이 선인은 전설상의 제왕인 신농(神農) 때의 우사(雨師)로 신농

02 — 불사의 꿈　　　　　　　　　　　　　　　　　　　　95

그림2-4 강소 서주 출토 한화상석: 우인과 봉황

에게 수정을 복용하는 법을 가르쳐준 인물이다. 우사일 때에도 이미 선인이었으므로 원할 때에는 곤륜산에 들어가 서왕모의 석실에 머물렀다고 한다.[6] 왕교는 왕자교(王子喬)로 본래 주(周) 영왕(靈王)의 태자 진(晉)이다. 대나무로 만든 악기인 생(笙)을 잘 불어 봉황의 울음소리를 냈다고 하며 낙수(洛水) 곁에서 도사 부구공(浮丘公)을 만나 숭고산(嵩高山)에 들어가 신선이 되었다는 인물이다.[7] 적송자와 왕자교는 각각 수천 년의 사이를 두고 선인이 되었지만 한대의 화상석이나 동경에서는 늘 짝을 이루어 모습을 드러낸다. 사람들이 두 선인을 가장 친숙히 여겼기 때문일 것이다.

---

6 『列仙傳』卷上 「赤松子」(明刊 正統道藏本, 上海古籍出版社影印, 1990)
7 『列仙傳』卷上 「王子喬」(明刊 正統道藏本, 上海古籍出版社影印, 1990)

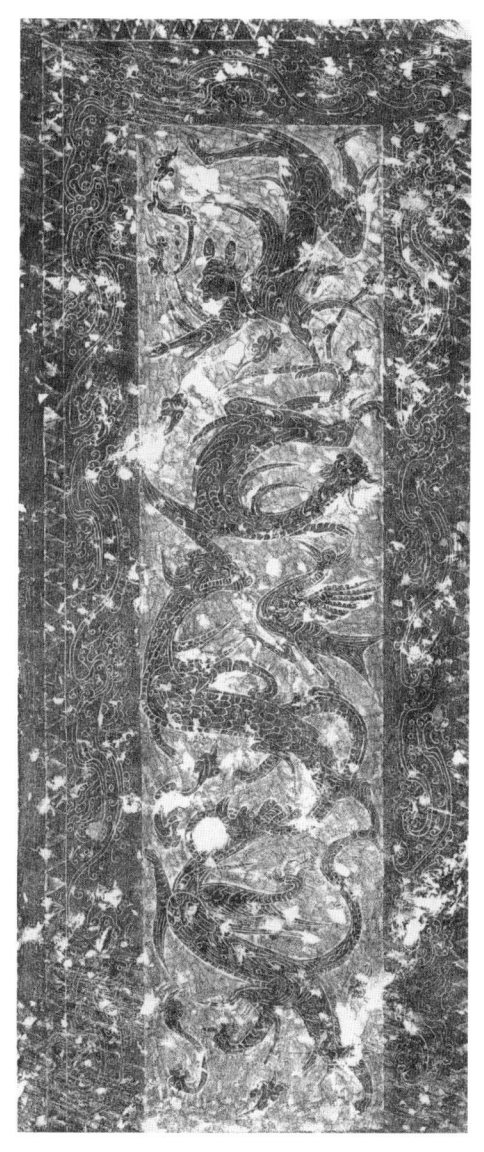

그림2-5 산동 기남 북채1호한묘 전실 서벽 북측 화상석 탁본: 우인

그림2-6 섬서 수덕 출토 한화상석: 우인과 신수

비록 두 어깨에 날개가 있어 자유롭게 허공을 날아다닐 수 있었지만 우인들은 신수(神獸)를 타고 여행을 떠나기도 했다.**그림2-5,6** 선인들이 피로를 느낀다는 것이 이상하기도 하지만 장거리를 움직일 때에 날아가면 피로했기 때문일까. 우인들은 용이나 말, 사슴, 봉황 등을 탔는데, 대개의 경우 날개가 달린 신수들이다.**그림2-7** 때로는 우인이 탄 신수들 가운데에 날개가 어색한 존재도 있었다. 용이 그러한 경우에 해당한다. 산동, 하남 출토 화상석, 화상전에서는 용도 날개를 지닌 존재로 묘사되는 경우가 간간이 보인다.

본래 선인의 날개는 새와 같이 몸에 꼭 붙어 있어야 할 신체의 일부분은 아니었던 것으로 보인다. 날개가 없는 선인이 많은 것도 이런 까닭이 아닐까. 선인이나 용 등의 날개는 상서롭거나 신비한 존재의

주위에 표현되던 기운, 곧 서기(瑞氣), 운기(雲氣)로 표현되던 더듬이꼴 선들이나 몸의 일부이지만 특별히 강조되어 그려지던 털들에서 비롯된 듯하다. 서기나 운기, 신체의 모발은 사실 동일한 이미지를 지니고 있다. 한대까지도 중국에서는 머리카락이나 수염에 사람의 정기가 깃들어 있다고 믿어졌다.[8] 중근동이나 유럽에서도 이는 마찬가지였다. 수염을 깎거나 머리를 미는 것은 고대에는 동서 어디에서나 수치를 주고 대상자의 기운을 뺏는 방법으로 여겨졌다.[9] 진한(秦漢)의 형법에서 이는 사형 다음 가는 강도 높은 형벌에 해당했다.[10] 역으로 긴

---

8 林巳奈夫, 『石に刻まれた世界-畵像石か語る古代中國の生活と思想』(東方書店, 1992), pp.11~13.

그림2-7 섬서 수덕 출토 한화상석: 신수

수염이나 머리카락은 그 사람의 기운이 강하고 생명력이 왕성하다는 표시이기도 했다. 보통 사람과는 달리 선인은 온몸에 털이 많이 나고 특별히 어깨에서 팔꿈치 사이의 털은 길게 자라 날개로 바뀐 존재로 묘사된 것도 '모발(毛髮)에 내재한 기운'에 대한 관념에서 비롯되었다

9 이스라엘 판관 시대의 유명한 판관 삼손은 머리카락을 깎이자 힘을 쓰지 못하다가 다시 자라자 힘을 회복한다.(『성경』「사사기」 16:15~31) 또 이스라엘 왕 다윗은 이웃나라 암몬에 보낸 사신들이 수염 절반이 깎이고 의복이 중둔 볼기까지 잘리는 모욕을 받자 수염이 자라기까지 여리고에 머물다가 돌아오도록 시킨다.(『성경』「사무엘하」 10:1~5) 모두 신체의 털에 대한 특별한 관념을 반영하는 이야기이다. 이와 달리 부곡지(富谷至)는 상투를 자르고 머리를 풀어헤치는 진한 시대의 곤형(髡刑)을, 죄인을 상투를 틀지 않는 오랑캐와 동일한 모습으로 만들어 중원 문명 세계에서 상징적으로 추방하는 창피형, 모욕형의 일종으로 이해하고 있다. 富谷至, 『古代中國の刑罰』(中央公論社, 1995)

10 전한 경제 이후에는 사형 다음 수준의 형벌인 강제 노역형 가운데 제일 강도 높은 것이 곤겸성단형(髡鉗城旦刑)이었다. 富谷至, 『古代中國の刑罰』(中央公論社, 1995)

고 해야 할 것이다. 후대의 회화에서 우인이 모습을 감추고 날개 달린 짐승들이 사라지는 것은 모발에 대한 특별한 관념의 퇴색과 관계가 깊을지도 모른다.

3   땅속에서 하늘 위까지_ 우주나무

미국 오리건 주 남서부에서 캘리포니아 중부에 이르는 해안가 운무대 지역에서 자라는 레드우드 중에는 높이가 150미터에 이르는 것도 적지 않다. 이렇게 거대한 상록침엽수를 처음 보는 사람들 가운데에는 '나무가 하늘에 닿았군!' 하고 외치는 이들도 있다. 물론, 어디까지나 감탄사일 뿐이다. 이런 말을 들었다고 해서 정말 나무가 하늘에 닿았으리라고 믿는 사람은 없을 것이다.

그런데 만일 고대 중국의 외딴 지역을 여행한 사람이 고향에 돌아와서 이 말을 했다면 사람들은 어떤 반응을 보였을까. 정말 나무가 하늘에 닿았다고 생각했을까. 아니면 '이 사람 또 뻥치고 있군. 허풍도 정도껏 쳐야지.' 하며 콧방귀를 뀌었을까. 아마 '정말? 대단하군. 그곳이 어디야. 참, 그런데 자네는 그 나무를 타고 하늘에 올라가보지는 않았나?'라고 감탄하며 부러워했을 것이다.

신화 전설이나 여러 가지 전승은 고대 중국인들이 하늘도 땅처럼 바닥이 딱딱하고 산과 강, 골짜기가 있으며 산속 깊은 곳은 상금서수(翔禽瑞獸)와 기화요초(琪花瑤草)로 가득한 세계라고 생각했음을 짐작하게 한다. 결국 땅 위에 또 땅이 있는, 다층집과 비슷한 개념으로 천지를 보았던 것이다. 그러기에 그들은 땅 위의 허공을 지나 저 아득히 멀고 높은 곳에 있는 하늘 세계는 어디에선가는 땅과 닿아 있다고 여겼다. 2층으로 올라가려면 층계나 사다리가 필요하듯이 이어지는 통로를 찾아 그곳으로 하늘 세계에 갈 수도 있고 동아줄이나 나무줄기, 사다리 같은 것을 이용해 하늘 바닥의 어떤 뚫린 곳으로 올라가 그 위의 세상으로 들어갈 수도 있다고 보았다. 하늘이 2층과 같은 곳이라면 자연스럽고 당연한 생각이기도 하다.

신화에 따르면 창조의 여신 여와는 공공(共工)이 부주산(不周山)을 들이받아 하늘의 한쪽이 무너지자 구멍 난 곳은 오색돌로 메우고 기울어진 곳은 동해의 큰 거북을 잡아 그 다리로 받쳐 천지를 한꺼번에 구했다.[11] 들어갈 구멍만 있다면 하늘기둥이 된 거북 다리를 타고 위로 올라갈 수도 있고 부주산과 같은 우주산 꼭대기에서 하늘과 닿을 수도 있는 것이다. 찾아 오르기만 하면 된다! **그림3-1** 그러나 땅 위의 곤륜산에 이르기도 어려운데 우주산은 언제 찾으며 어느 때에야 그 기슭에 이르겠는가. 거북의 다리가 있는 곳에 이르려면 도대체 얼마나 길고 험한 여행을 각오해야 할까. 차라리 하늘에 닿는다는 우주나무를 찾아가는 것이 낫지 않을까.

---

11 淮南子曰 昔者共工與顓頊爭帝 怒而觸不周之山 天維絶 地柱折 故令此山缺壞不周帀也.『山海經』「大荒西經」引『淮南子』; 往古之時 四極廢 九州裂 天下兼覆 地不周載 於是女媧鍊五色石 以補蒼天 斷鼇足以立四極.『淮南子』「覽冥訓」

그림3-1 산둥 기남 북채1호한묘 중실 석주: 우주기둥

나무가 있는데 그 모양은 소와 같다. 그것을 잡아당기면 껍질이 벗겨지는데 끈이나 황색의 뱀과 같다. 그 잎은 나(羅)와 같고 그 열매는 난(欒)과 같다. 그 이름을 건목(建木)이라고 한다. 알유(窫窳)의 서쪽, 약수(弱水)의 물가에 있다.[12]

건목은 잎이 푸르고 줄기가 자줏빛이다. 꽃은 검고 열매는 누렇다. 이름을 건목이라고 한다. 키가 100길에 가지가 없으며 줄기가 아홉 갈래로 꼬불꼬불 구부러져 있고 밑동은 아홉 차례 뒤얽혀 서려 있다. 그 열매는 삼씨와 같고 잎은 망목과 같다. 대호(大皥)가 지나가고 황제(黃帝)가 가꾸었던 나무이다.[13]

12 有木其狀如牛 引之有皮若纓黃蛇 其葉如羅 其實如欒 其木若蓲 其名曰建木 在窫窳西 弱水上.『山海經』「海內南經」

13 有木 靑葉紫莖 玄華黃實 名曰建木 百仞無枝 有九欘 下有九枸 其實如麻 其葉如芒 大皥爰過 黃帝所爲.『山海經』「海內經」

건목이 도광에 있는데, 뭇 임금들이 오르내리던 나무이다. 한낮이면 그림자가 없고 불러도 소리가 없다. 아마 천지의 한가운데일 것이다.[14]

『산해경』과 『회남자(淮南子)』에는 건목이라는 나무가 언급된다. 이들 문헌에서 건목은 창조신 복희, 곧 태호(太皥)를 비롯한 하늘의 큰 임금들이 하늘과 땅 사이를 왕래하는 데에 통로로 쓴 우주나무로 그려진다. 단군신화(檀君神話)의 신단수(神檀樹)와 같이 땅에 뿌리를 두었지만 그 줄기의 끝은 하늘에 닿아 있는 말 그대로 '하늘을 찌르며 솟아 있는, 거대한 나무'인 것이다. 그런데 건목은 소와 같은 짐승의 형상을 하고 있고 뱀처럼 그 껍질이 벗겨지기도 한다. 동서의 오랜 신화에서 흔히 언급되는 변형력, 곧 '자기 모습을 변화시키는 힘'을 연상케 하는 대목이다. 변형은 신이나 선인, 신적 혈통을 이은 자만 보여줄 수 있는 특별한 능력이다. 건목은 키만 하늘에 닿는 단순한 나무가 아닌 것이다.

섬서 및 산서 지역의 한화상석에는 나무줄기처럼 위로 뻗어 오른 산이 자주 등장한다.[15] **그림3-2** 구불거리며 솟아오른 산줄기들 사이로 여우와 사슴이 뛰어 놀고 이름 모를 새들도 모습을 드러낸다. 줄기 끝의 편편하고 넓은 대지에 서왕모와 선인, 옥토끼 등이 앉아 있는 것으로 보아 나무줄기처럼 뻗은 산은 곤륜산이다. 곤륜산 곁의 구획된 공간에는 덩굴처럼 뻗어나간 신수(神樹)가 묘사되었는데, 구부러지며

---

14 建木在都廣 衆帝所自上下 日中無影 呼而無響 蓋天地之中也. 『淮南子』「地形訓」
15 전호태, 『중국 화상석과 고분벽화 연구』(솔, 2007) 제2장 및 제3장 참조.

 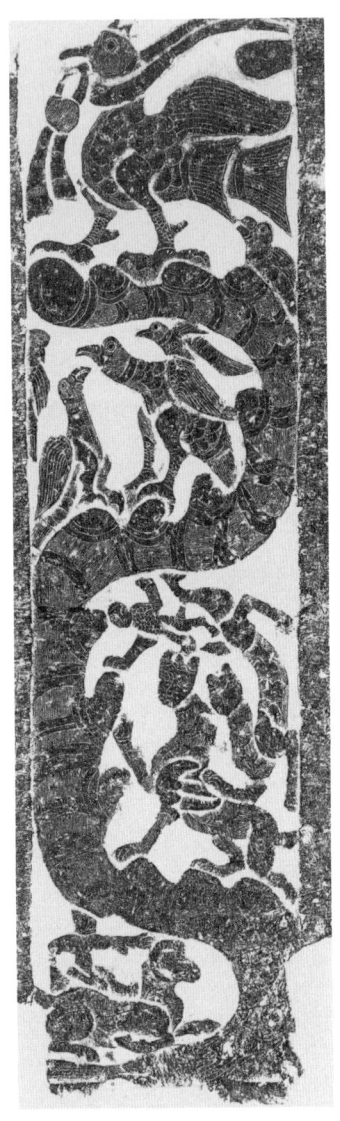

그림3-2 섬서 유림 고성탄한묘 묘문
우입주 화상석 탁본: 건목

그림3-3 산동 임기 백장한묘 출토
화상석 탁본: 우주나무

뻗은 줄기 사이에는 온갖 신비한 새와 짐승이 줄기와 몸의 일부가 닿아 있는 상태로 표현되었다. 표현 기교로 보아 이들 새와 짐승은 나무의 일부나 마찬가지이다. 이 장면을 새긴 장인은 나무줄기에서 새와 짐승이 나고 있음을 나타내려 했는지도 모른다. 줄기의 일부가 변하여 새도 되고 짐승도 된다면 이 나무는 신화 속의 생명의 나무, 창조의 나무라고 할 수 있다. 그림3-3

섬서의 다른 한화상석에는 넝쿨 형태 나무의 끝이 소의 모습을 한 사례도 보인다. 혹은 소머리의 신인(神人)이 앉아 있는 나무줄기 형태의 산도 등장한다. 그림3-4 두 사례 모두 그 나무나 산의 정체가 무엇이든 그런 형상에는 건목의 이미지가 투사되었음을 알 수 있다. 건목은 우주나무이기도 하지만 생명의 나무이기도 한 것이다.

문제는 이런 특별한 형태의 나무, 생명 창조의 힘을 지닌 동시에 하늘과 땅 사이의 통로 역할을 하는 나무에는 신인이 아니면 접근할 수 없었을 것이라는 사실이다. 평범한 백성에게는 언감생심의 나무인 것이다.

그림3-4 섬서 신목 대보당한묘 묘문 좌입주 화상석 탁본: 건목

그림3-5 산서 이석 마무장3호한묘 전실 서벽 좌측 화상석 탁본: 우주나무

그림3-6 섬서 수덕 출토 한화상석: 승선행렬과 곤륜산

구름수레를 타고 무지개 속을 들어가며 회오리바람을 타고 산천을 휘돌아 올라갈 정도가 아니면 우주나무는커녕 마을 곁의 큰 산도 오르기 어렵지 않겠는가.**그림3-5,6** 위진 시대 신선가(神仙家) 설화나 육조(六朝)시대의 소설류에 강을 따라 거슬러 오르다가 하늘 입구까지 다다른 나무꾼 이야기나 시내 끝 동굴을 지나 선계에 이르러 선녀들과 살다 온 촌부의 경험담 같은 것이 실리게 된 것도 건목과 같은 우주나무는 아무나 접근할 수 없다는 생각이 널리 퍼졌기 때문일지도 모른다.[16] 산이든 나무든 하늘에 닿아 있을 정도로 거대하거나 높으면 여염집 백성으로

서는 근처에 갈 엄두도 나지 않는 것이다. 그 누구라도 들녘에서 일하다가 잠시 짬을 내어 나무 밑에 누웠다가 문득 일상에서 늘 접하는 시내나 산비탈 동굴 너머에 선계가 있고 하늘 입구가 있다면 얼마나 좋을까 하는 생각에 잠기지 않겠는가.

16 『搜神後記』에 실린 '무릉도원' 설화가 그 대표적인 사례에 해당한다. 한~위진 시기 선경 설화(仙境說話)의 전개와 의미에 대해서는 鄭在書, 『불사의 신화와 사상-산해경·포박자·열선전·신선전에 대한 탐구』(민음사, 1994) 참조.

4 ___ 하늘을 받쳐 들까, 땅을 받쳐 들까_ 우주역사와 거북

 동해에 신령스러운 산이 다섯 떠 있다. 늙지도 죽지도 않는 신선들의 세계인 이 섬들은 거대한 거북들이 각 섬의 네 귀퉁이를 한 마리씩 떠받들고 있어 큰 풍랑이 일어도 떠다니지 않았다. 그런데 그만 용백국(龍伯國) 거인들이 낚시로 이 거북들을 여섯 마리나 낚아 구워 먹어버리는 바람에 두 개의 섬은 물결에 이리저리 휩쓸려 다니다가 서로 부딪쳐 바닷속으로 가라앉고 말았다. 가라앉은 두 섬의 산 위에 살던 선인들은 남은 세 섬으로 피난 갔지만 불사의 삶을 누리던 선인들로서는 체면이 말이 아니게 되었던 셈이다. 말썽을 부린 용백국 거인들이 천제에게 큰 벌을 받았음은 물론이다.[17]

 동해의 거대한 거북들이 당한 비명횡사는 여기서 그치지 않는다. 거인 공공이 하늘 받치는 기둥 역할을 하던 부주산이라는 큰 산을 머리로 받아 부러뜨렸다. 이 바람에 하늘이 한쪽으로 기울자 하늘과 땅에서는 큰 혼란이 일어났다. 별들이 제 자리를 잃고 한쪽으로 쏠려 내렸

---

[17] 『列子』「湯問」에 실린 귀허 설화(歸墟說話)의 일부분이다. 내용이 길어 상세한 인용은 생략한다.

고 땅이 갈라져 산과 숲, 짐승들이 깊은 구덩이로 떨어지는가 하면 크고 작은 강도 제 길을 못 찾아 이리저리 흘러넘쳐 홍수를 일으켰다. 창조신 여와가 얼른 동해 거북의 다리를 잘라 부러진 부주산을 대신하여 하늘을 받치는 기둥으로 삼고, 오색돌을 녹여 하늘의 갈라지고 터진 곳을 메웠다. 덕분에 동남쪽으로 기울었을망정 하늘과 땅은 다시 이전처럼 평온해졌다.[18] 동해의 큰 거북만 애꿎게 목숨을 잃은 셈이다.

세계의 신화 전설에서 땅과 하늘을 받치는 거대한 생명체나 물체는 빠지지 않는 화제의 대상 가운데 하나이다. 지구를 받쳐 들고 있다는 그리스 신화의 아틀라스는 이 가운데 가장 유명한 거인신이다. 중국의 신화 전설에서는 동해의 거대한 거북 외에 '곤(鯀)', '우강(禺彊)'이라는 거인신이 땅과 하늘을 받쳐 들거나 이런 일과 관련된 존재로 묘사된다. 그림4-1 하늘의 흙을 훔쳐 쌓은 제방으로 강물의 흐름을 막으려 했던 곤은 글자의 구성으로 보아 물

그림4-1 산동 기남 북채1호한묘 전실 서벽 남측 화상석 탁본: 하늘을 받쳐 드는 괴수와 신수

18 주11) 인용 문헌 참조

속에 사는 거대한 생명체에서 유래한 존재이다.[19] 전한 시대에 제작된 마왕퇴1호분 출토 백화(帛畫)의 거대한 물고기가 그 실체일 수도 있고, 백화에도 등장하는 신화 전설 속의 커다란 거북이나 용이 곤에 대한 인식과 관계되었을 수도 있다. 그림4-2 해신이기도 하고 천신이기도 한 우강은 백화 속에서 땅과 하늘을 통째로 받들고 있는 역사가 그 형상을 나타낸 것으로 이해되고 있기도 하다.[20]

산동 기남한묘의 팔각석주에는 서왕모의 세계를 떠받드는 거대한 거북의 모습이 묘사되었다. 그림4-3 서왕모가 본래 서쪽 끝 곤륜산에 살면서 불사약을 관장하던 존재로 믿어졌음을 감안하면 서왕모의 곤륜선계가 동해로 자리를 옮긴 것일까. 대지 위에 솟아오른 거대한 산을 굳이 짊어질 필요도 없는데 동해에 살던 거북이 대륙 서쪽 끝으로 여행 갔을 리는 없지 않겠는

19 李成九, 「四神의 形成과 玄武의 起源」 『中國古中世史硏究』 19, 2008 ; '곤'은 하늘의 식양(息壤)을 훔친 죄로 죽임을 당한다.(鯀竊帝之息壤 以堙洪水 不待帝命 帝令祝融殺鯀于羽郊, 『山海經』 「海內經」)
20 商志譚, 「馬王堆一號漢墓非衣試探」 『文物』 1972年9期

그림4-2 호남 장사 마왕퇴1호한묘 출토 백화: 거대한 물고기와 용, 거북

그림4-3 산동 기남 북채1호한묘 중실 팔각석주 서면 화상석 탁본: 곤륜을 받치는 거북과 서왕모

그림4-4 산동 임기 출토 한화상석: 서왕모

가. 팔각석주 화상에서 더욱 흥미로운 것은 서왕모의 짝으로 등장하는 동왕공이 머무르는 선산(仙山)은 거북에 의해 떠받쳐지지 않았다는 사실이다. 동왕공의 선계가 바다 가운데 있는 것으로 상정되지는 않았음을 알 수 있다.

후한 중기에 들어서 서왕모 신앙이 중국 전역으로 번지면서 서왕모의 거처인 곤륜산은 여러 가지 양식으로 표현되었고, 서왕모의 모습도 다양하게 묘사된다.[21] 허리가 잘록한 높은 대(臺) 위에 앉은 귀부인, 좌우에 가지가 달린 등잔대 같은 형상의 산 위에 앉은 날개 달린 여인, 공중에 솟은 것처럼 보이는 험한 산들 한가운데 자리 잡은 부인으로 그려지기도 하고, 산 곁 넓은 반석 위에 앉은 여인이나, 커다란 누각 한가운데 앉은 귀부인으로 묘사되기도 한다. 그림4-4, 5

이 와중에 서방의 끝에 있다는 곤륜산에 대한 인식이 희미해진 것은 아닐까. 일상에서 늘 접하는 신앙의 대상이 되면서 집 안에 있는 모습, 큰 바위 위에 앉은 자세, 추상화가 진행되어 높은 대나 등잔대처럼 보이는 산 위에 앉은 모습에 익숙해지면서 숨 가쁜 고지대, 뜨거운 사막의 바람, 눈 덮인 설산 너머의 세계, 깊은 물로 둘러싸여 걸어서도 날아서도 다가가기 어려운 불사의 세계 곤륜산 이미지는 모르는 사이에 새로운 이미지로 대체되었는지도 모른다.[22] 산동의 태산(泰山)처럼 근처까지 다가가 쳐다볼 수 있는 곳일 수도 있고, 다가가기는 쉽지 않지

---

21 전호태, 『중국 화상석과 고분벽화 연구』(솔, 2007) 제1장 참조.
22 곤륜산 인식의 형성 과정에 대한 근래의 정리로는 金秉駿, 「古代中國의 西方전래문물과 崑崙山神話」『古代中國의 理解』5(서울대학교 동양사연구실 편, 지식산업사, 2001)가 있다.

그림4-5 산동 임기 출토 한화상석: 서왕모

만 관념상 익숙한 동해의 한가운데 떠 있는 세계일 수도 있다.

중요한 것은 마침내 곤륜도 봉래(蓬萊)나 방호(方壺)같이 산동 방사(方士)들의 입을 통해 널리 알려진 선산처럼 여겨지게 되었다는 사실이다. 서왕모 신앙에 익숙해지는 과정을 통해 곤륜도 서서히 대륙의 서쪽 끝에서 동쪽으로, 동쪽으로 옮겨지다가 마침내 동해 한가운데 있다는 봉래, 방호의 이웃이 된 것이다. 동해에 곤륜산이 자리 잡게 되었으니 거대한 거북이 서왕모의 곤륜선계를 짊어지는 것은 어쩌면 당연한 현상인지도 모른다. 이런 저런 사유로 낚여서 거인들의 한 끼 먹거리도 되고, 기울어진 하늘 한쪽을 받치는 하늘기둥도 되었지만 동해 거북의 본업은 불사(不死)의 선계를 떠받는 일이라, 동해로 옮겨온 곤륜산을 떠받아 서왕모의 세계에 흔들림이 없게 하는 것도 거대한 거북이 맡아야 할 일이 아니었는지 짐작해본다. **그림4-6**

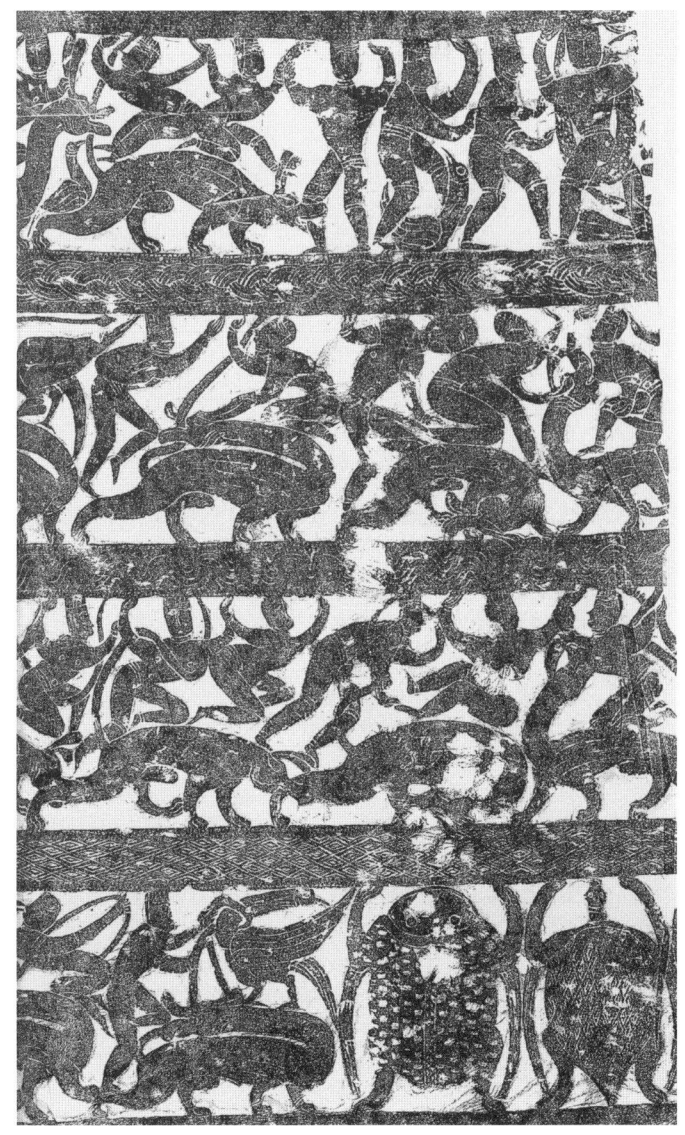

그림4-6 산동 평음 맹장 출토 한화상석 탁본: 상금서수

5 ── 우주의 운행을 논하는 자리_육박

'신산(神算), 돌부처, 19로의 마술사, 100수 앞을 보다.'

바둑의 대가(大家)들에게 붙인 별명이자 대가들의 뛰어난 수읽기, 전설이 된 명국(名局)에 얽힌 비화(秘話)를 압축해 나타낸 용어들이다. 바둑은 2000년 전부터 세간에 많은 애호가들이 있었고 지금도 동아시아에서 가장 널리 유행하는 지적인 게임이다. 오락이기도 하고, 스포츠이기도 하고 둘 다 아니기도 한 것이 바둑이요, 바둑에 대한 평가이다.

이렇게 오랜 생명력과 넓은 저변을 자랑하는 바둑과 달리 세간에 널리 알려지고 유행했지만 어느 순간 사라지기 시작해 결국 게임의 규칙까지 거의 잊힌 놀이들도 있다. 육박, 혹은 박(博)도 그런 놀이들 가운데 하나이다. 이것들은 중국 후한 시대까지 크게 유행하다가 이제는 어떻게 하는지조차 제대로 알려지지 못한 놀이이다.[23] **그림5-1, 2**

사천 출토 한화상전에는 아래는 좁고 위는 넓어 마치 버섯이 솟아오른 것과 같은 형태를 한 산꼭대기에 네모진 판을 마주 두고 앉아 놀이에 정신을 빼앗긴 선인들이 자주 등장한다. 네모진 판에는 여러 개의

---

23 若乃州閭之會 男女雜坐 行酒稽留 六博投壺,『史記』「滑稽列傳」

그림5-1 하남 영본 출토 도용: 육박

직선과 반직선, 네모꼴 구획선, 작은 원들이 그어졌고 그 곁에 말로 쓰이는 구슬 같은 것들이 있고 선이나 어떤 기호가 새겨진 막대기들이 있다. 아마도 이 막대기들을 던지거나 굴려서 나오는 숫자, 기호로 말을 움직여 말판 위의 특정한 지점까지 먼저 가면 승리를 거두는 듯하다. 아마 이 과정에는 상대의 진행을 방해할 수도 있고, 자신의 말을 여러 번 움직일 수도 있을지 모른다. 그러나 남아 전하는 도상이나 출토된 유물들만으로는 놀이의 규칙을 정확히 알아내기가 어렵다.[24]

---

24 마왕퇴3호 한묘(馬王堆3號漢墓)에서는 육박 놀이와 관련된 도구 일체가 수습되었지만 여전히 '행기법(行棋法)'은 전해지지 않는다. 孫机, 『漢代物質文化資料圖說』 增訂本(上海古籍出版社, 2008).

그림5-2 강소 서주 동산 대상 출토 한화상석 탁본: 육박

육박의 말판에 새겨진 선과 원들이 무엇을 나타낸 것인지도 명확하지 않다. 원과 선, 구획된 면들은 서로 이어지거나 닿아 있지 않아 말이 옮겨지는 규칙을 짐작하기 어렵게 만든다. 유사한 구획선들이 한대 동경(銅鏡)의 뒷면인 장식무늬 면에서도 발견되고 동경의 구획선이나 면 사이에 하늘의 별자리와 관련된 신상(神像)들이 배치되는 것에 근거하여 육박 말판의 도안이 우주를 나타낸 것으로 이해되기도 한다.[25]

만약 육박 말판의 선과 면, 원들이 하늘과 땅을 포함한 우주를 나타

---

25 林巳奈夫는 쌍육(雙六)과 비슷한 종류의 놀이로 말판의 도안은 우주를 상징하는 것으로 이해하고 있다. 林巳奈夫, 『古代中國生活史』(吉川弘文館, 1992)

그림5-3 사천 신진 애묘 출토 석함 화상석 탁본: 선인육박

낸 것이라는 지적이 옳다면 육박은 말을 놀려 땅과 하늘을 오가는 놀이인 셈이다. 막대기를 던져 나오는 숫자, 기호로 말을 움직이면서 '누가 제 길로 가 먼저 하늘에 이르는가.'를 겨루는 것이다. 그런 점에서 선인들이 살아서는 누구도 쉽게 오르지 못하고 특별한 존재의 도움 없이는 이를 수도 없다는 곤륜현포(崑崙懸圃)에서 즐기기에 가장 적합한 놀이라고도 할 수 있다.[26]

사천 신진(新津) 애묘(崖墓) 출토 석함(石函)에 새겨진 선인육박

---

[26] 崑崙之弱水 非乘龍不至 有三足神鳥 爲王母取食也.『史記』「列傳」大宛傳 索隱所引『括地圖』; 百神之所在 在八隅之巖 赤水之際 非仁 莫能上岡之巖.『山海經』「海內西經」; 崑崙… 山高平地三萬六千里 上有三角 方廣萬里 形似偃盆 下狹上廣 故名曰崑崙山.『十洲記』

(仙人六博) 장면을 살펴보자. 그림5-3 각각 완전히 피어 좌우로 펼쳐진 버섯 갓 형상의 산 위에 앉은 선인 두 사람이 지금 막 육박 한 판의 결정적인 순간을 맞고 있다. 기이하게 솟아오른 나무 앞에 무릎 꿇고 앉은 오른쪽 선인은 두 팔을 위로 치켜들어 뻗으며 '이번 판은 끝났다.'는 듯이 입을 벌려 환호하며 만세를 부르는 자세이고, 역시 무릎 꿇고 앉은 왼쪽의 선인은 두 팔을 벌려 앞으로 내밀며 '아니! 어쩌면 이럴 수가…' 하는 표정을 짓고 있다. 말판의 앞쪽에 작은 상이 놓였고 그 옆에 작은 그릇 하나가 놓였는데, 그 안에 국자 같은 것이 있어 자루가 밖으로 비어져 나왔다. 술잔으로 보아도 무리가 없을 듯하다. 말판의 위쪽에는 모양은 같은데 크기가 좀 더 큰 그릇이 있고 역시 국자 자루가 밖으로 비어져 나와 그릇에 걸쳐진 상태이다. 다른 화상전의 사례로 보아 술동이라고 해야 할 것이다. 두 선인은 한잔 걸치면서 육박을 즐기고 있는 것이다. 화면의 가운데 위로는 까투리처럼 보이는 새 한 마리가 날아가고 있다. 마치 육박놀이를 곁눈질하면서 지나가는 듯하다.

사천 덕양(德陽) 출토 한화상전에는 흥미진진한 놀이에 응원군도 가세하는 바람에 육박 말판을 가운데 두고 모두 세 사람의 선인이 묘사되었다. 그림5-4 화면 가운데에 말판 위에는 던지거나 굴리는 데 사용되었던 여섯 개의 막대기가 네모진 자리 위에 표현되었다. 셋 모두 무릎을 꿇고 있지만 선인들이 육박에 정신을 빼앗기고 있음은 두 팔을 들거나 앞으로 내민 자세에서 잘 드러난다. 가만히 두 팔을 내려놓고 판을 들여다볼 상황이 아닌지, 하나같이 흥분하여 팔을 들거나 펼쳤으며 몸을 앞으로 내밀거나 구부렸다.

그림5-4 사천 덕양 출토 한화상전 탁본: 선인육박

한대 동경의 장식무늬 중의 육박 장면에 널리 알려진 두 선인 왕자교와 적송자가 등장하는 것으로 보아 육박은 선인들이 가장 즐기는 놀이로 인식되었음이 확실하다. 육박을 하는 장면은 유물로도 만들어져 한대 유적에서 거듭 출토된다.[27] 이는 육박이 실제 민간에서도 널리 유행했음을 시사하는데, 신선 세계에 대한 인식과 어우러지면서 관심과 참여의 정도가 높아졌을 가능성을 고려하게 한다.

이와 관련하여 한대 동경 장식무늬의 구획선이나 면이 우주론과 관련 있으리라는 추정이 새삼 주목된다. '승선(昇仙)'에 대한 열망이

---

[27] 무위마자자(武威磨咀子)48호서한묘 출토 채회목조대박용(彩繪木彫對博俑)은 박희(博戱)에 열중하는 모습을 생생하게 나타낸 유물로 유명하다. 진한 시기 박희 자료는 傅擧有에 의해 정리된 바 있다. 傅擧有, 「論秦漢時期的博具,博戱兼及博局紋鏡」『考古學報』1986년 1期.

그림5-5 사천 신진 출토 한화상전 탁본: 육박

그 어느 때보다 강하던 시대에 사람들 사이에는 비록 지금 신선이 아니고 이 세상에 사는 동안 신선이 될 가망이 적을지라도, 할 수만 있다면 신선의 삶을 흉내라도 내보려는 심리는 이심전심(以心傳心)으로 공유되면서 이 놀이가 왕공 귀족이나 여염집 백성을 구분하지 않고 널리 즐겨진 것은 아닐까 하는 생각이 든다. 그림5-5, 6 '육박은 신선들이 즐기는 놀이라는구먼.' '오늘 모처럼 쉴 참을 얻었는데, 그럼 우리도 한판 놀아볼까.' '한잔 걸치면서 노는 것은 어떨까.' '그래, 하루치 품삯으로 하루짜리 신선이 되어보는 것도 호사(豪奢)라면 호사가 아닌가. 여기

그림5-6 강소 서주 출토 한화상석: 육박

어제 받은 삯 몇 푼 있으니, 자네가 장가(張家)네 주막에 가서 감주 한 동이 받아오게. 오늘 신선 한번 되어보세! 아마도 그날 하루는 이네들 가운데 놓인 육박 말판과 그 곁의 술동이 안에 선경(仙境)도 있고 우주도 있었을 것이다.

6 ___ 재생의 소망을 담은 결정(結晶)_옥벽

완벽(完璧)의 사전적인 의미는 아무 흠이 없는 존재나 상태, 혹은 철저한 준비나 행동이다. '완벽하다.'라는 말은 일반적으로 가장 큰 찬사이기도 하다. 잘 알려진 것처럼 완벽은 아무 흠이 없는, 곧 '완전무결한 상태의 옥'을 가리키는 용어였다. 완벽은 『한비자(韓非子)』에 나오는 '화씨지벽(華氏之璧)'에 얽힌 두 고사에서 나왔다.

전편: 전국시대(戰國時代) 초(楚)나라에 변화라는 사람이 살았는데, 하루는 산에서 커다란 옥돌을 주웠다. 변화씨(卞和氏)는 이것이 좋은 옥돌임을 알고 초의 여왕(厲王)에게 바쳤다. 그러나 장인이 평범한 돌덩이에 불과하다고 하자 왕을 속였다고 하여 나라에서 변화씨에게 발뒤꿈치를 자르는 월형(刖刑)을 내렸다. 여왕의 뒤를 이어 무왕(武王)이 즉위하자 변화씨가 다시 한 번 왕에게 이 옥돌을 바쳤으나 이번에도 나라로부터 월형을 받아 멀쩡하던 왼쪽 발뒤꿈치까지 잘리고 말았다. 무왕이 죽고 문왕(文王)이 즉위하자 변화씨는 초산 아래에서 사흘 밤낮 애절하게 울었다. 이 소리를 들은 문왕이 변화씨를 불러 묻기를 '천하에 월형을 당한 사람이 한둘이 아닌데, 그대는 어찌하여 그리 슬피 우는

가.' 하였다. 변화씨가 대답하기를 '월형을 당하여 우는 것이 아니라 천하의 보옥(寶玉)을 알아주지 않아 웁니다.' 하였다. 왕이 장인을 시켜 돌을 다듬게 하였더니 과연 천하에 둘도 없는 명옥(名玉)이 나왔다. 왕이 변화씨에게 큰 상을 내리고 이 보물을 '화씨지벽'이라 부르도록 하였다.[28]

후편: 초의 화씨지벽이 어찌어찌하다가 조(趙)나라 혜문왕(惠文王)의 손에 들어왔다. 진(秦)의 소양왕(昭襄王)이 이 소문을 듣고 조에 사자를 보내 열다섯 개의 성(城)과 화씨지벽을 바꾸자고 하였다. 진이 이 보물을 받아 챙긴 뒤 성을 주지 않을 것이 뻔했지만 조나라 입장에서는 이 제의를 거절했다가는 강국 진이 무슨 트집이든 잡아 조에 쳐들어오려고 할 것이어서 걱정이 이만저만 아니었다. 혜문왕과 함께 이를 고민하던 무현(繆賢)이 인상여(藺相如)를 천거하자 인상여가 혜문왕에게 아뢰기를 '신이 이 구슬을 가지고 진에 가 성 열다섯을 받게 되면 그 나라에 주고, 그렇지 않으면 온전한 구슬〔完璧〕을 가지고 되돌아오겠습니다.' 하였다. 인상여가 구슬을 가지고 진에 가 소양왕과 담판을 벌였다. 왕이 구슬만 받고 성을 내주려 하지 않자 인상여는 구슬을 돌기둥에 던져 깨버리고 자신도 죽을 것이라고 하였다. 천하의 보물이 산산조각 나는 것을 걱정한 소양왕이 화씨지벽 갖기를 포기하자 인상여는 구슬을 온전히 한 상태로 조나라로 돌아와 이를 왕에게 돌려주었다.[29]

---

28 『韓非子』華氏之璧.

동아시아에서 옥은 이미 신석기시대부터 귀하게 여겨지고 관리되었다. 흠이 없으며 밝고 투명한 것일수록 높은 가치가 매겨졌다. 다양한 형태로 다듬어지고 여러 가지 용도로 사용되었지만 옥에 재생(再生)의 힘이 있다는 관념이 확산되면서 고대 중국에서는 보물 중의 보물로 여겨지게 되었다. 옥은 상서로움을 나타내는 각종 기물로 만들어졌고 사람들은 이런 기물을 몸에 지니거나 집에 보관하였고 무덤에도 껴묻었다. 시간이 흐를수록 옥에 대한 관심은 높아갔고 때로는 좋은 옥을 얻고자 하는 욕망이 모여 사회적인 신드롬 현상까지 일으켰다.

사람들은 옥에는 신령이 깃들며 옥을 지니면 사귀(邪鬼)를 물리칠 수 있다고 믿었다. 좋은 옥은 무병장수(無病長壽)를 가능하게 한다는 이야기가 돌기도 하였다.[30] 이런 식의 이야기가 살이 붙고 자꾸 부풀려지다가 결국 좋은 옥으로 옷을 해 입히면 죽은 이도 되살아난다는 허황된 정도에 이르렀지만 일부에서는 이를 믿어 의심치 않았다. 실제 한대에는 왕족과 제후들 사이에서 시신(屍身)에 금루옥의(金縷玉衣)를 해 입히는 풍조가 일어나 상당한 기간 유지되었다.**그림6-1** 서역의 호탄에서 생산되는 좋은 옥을 구하여 옥의(玉衣)를 만들어 시신에 입히려면 천문학적인 비용이 들었지만 제후국의 지배자나 그 가족들은 이를 개

---

29 『史記』「列傳」 藺相如.
30 又西北四百二十里 曰密山 … 其中多白玉 是有玉膏 其原沸沸湯湯 黃帝是食是饗 … 瑾瑜之玉爲良 堅栗精密 濁澤有而光 五色發作 以和柔剛 天地鬼神 是食是饗 君子服之 以禦不祥『山海經』「西山經」; 玉亦仙藥 但難得耳… 服之一年以上 入水不霑 入火不灼 刃之不傷 百毒不犯也. 『抱朴子·內篇』卷11「仙藥」(中國社會科學院考古研究所·河北省文物管理處, 『滿城漢墓發掘報告』全2卷, 文物出版社, 1980)

그림6-1 강소 서주 사자산 서한초왕릉 출토 옥의

의치 않았다.[31] 실제 죽은 제후왕에게 옥의를 해 입힌 뒤 경제가 결딴나 후국(侯國)의 지위를 잃은 경우가 한대에는 비일비재하였다. 사회적 폐해가 심하자 국가 차원에서 이런 식의 '후장(厚葬)'을 금지하는 영을 내려도 '옥'에 대한 과도한 숭배와 이를 얻으려는 사회적 욕구는 쉽게 가라앉거나 해소되지 않았다.

실물로도 다수 남아 있고 한화상석에도 빈번히 등장하는 옥벽은 둥근 고리 형태로 다듬은 옥 제품이다.**그림6-2** 보통 고리 부분이 두텁고 구멍 부분은 좁다. 고리 부분에는 다수의 둥근 돌기가 있고 양쪽 테두리에 이중의 선을 넣은 형태의 것이 가장 많다. 고리에 매듭을 넣어 그

---

31 1968년 하북 만성(滿城) 한묘에서 출토된 중산(中山) 정왕(靖王) 유승부부(劉勝夫婦)의 옥의는 각각 2498개의 옥 조각과 약 1100극(克, 1극은 약 12.5그램)의 금실, 2160개의 옥 조각과 700극의 금실로 만들어졌음이 확인되었다.(中國社會科學院考古硏究所·河北省文物管理處, 『滿城漢墓發掘報告』全2卷, 文物出版社, 1980)

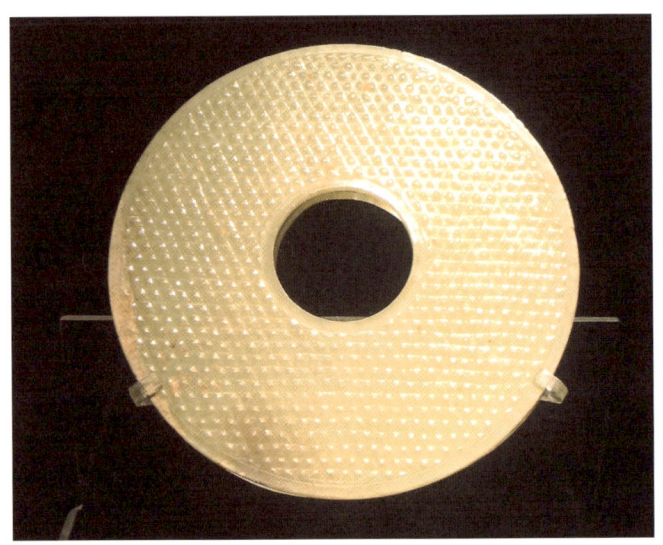

그림6-2 강소 남경 출토 옥벽

끝에 술을 달기도 하는데, 술의 형태나 길이는 소지한 이의 신분이나 지위를 나타낸다.[32] 벽은 보통 해와 달, 양기(陽氣)와 음기(陰氣)가 그 안에 뭉뚱그려져 있는 상태를 나타낸다고 해석된다. 음양이 모두 그 안에 있으니 생명의 기운을 내재하고 있다고 해도 틀린 말은 아닌 셈이다. 사천의 한대 화상전에는 천문(天門)을 나타내는 두 궐문(闕門) 사이의 허공에 벽(璧)이 묘사되어 있는 사례가 적지 않다.**그림6-3** 섬서와 산동, 하남 화상석에 천벽문(穿璧文) 장식이 많은 것도 이 기물이 지닌 것으로 믿어지던 음양구비(陰陽具備), 생명 내재의 상징과 능력 때문

---

32 林巳奈夫,『石に刻まれた世界 – 畵像石か語る古代中國の生活と思想』(東方書店, 1992).

그림6-3 사천 노주 동빈정 한애묘 4호 석관 화상석 탁본: 쌍궐과 벽

일 것이다. **그림6-4, 5**

    그러나 재생의 힘도 발휘한다고 믿어졌던 옥이지만 후한이 무너지고 삼국시대라는 분열기가 시작되면서 옥의를 입은 채 무덤 속에 잠들어 있던 한의 제후왕들은 생각지도 않았던 곤욕을 치르게 되었다. 옥의에 사용된 '옥'의 가치에 눈길을 돌린 권력자들이 군사들을 동원하여 한대 제후왕들의 무덤을 파헤치는 일이 빈번해졌기 때문이다. 좋은 옥의 한 벌이면 이것을 팔아 군단(軍團) 하나를 몇 년 먹여 살리는 것도 어렵지 않았다. 이 탓에 재생을 꿈꾸며 잠들었던 제후왕들이 제대로 깨어나기도 전에 옥의를 잃고 평범한 백성보다도 못한 취급을 받게 되었다. 이런 변괴(變怪)를 두 눈으로 멀쩡히 보면서도 옥에 대한 중국인들

그림6-4 섬서 수덕한묘 출토 화상석: 천벽문

의 관심과 숭배가 사라지지 않은 것을 보면 옥이 지닌 알지 못하는 다른 힘이 있는 것은 아닐까 하는 생각도 든다.

그림6-5 강소 서주 출토 한화상석: 이룡천벽

7 ___ 불사(不死)를 기원하는 푸닥거리_건고

북은 울림이 가장 큰 악기이다. 삼황(三皇)을 이어 최고신의 자리에 오른 황제는 소처럼 생긴 외다리 짐승인 기(夔)를 잡아 그 껍질을 북으로 삼고, 뇌신(雷神)의 뼈를 북채로 삼아 큰 울림을 냄으로써 반란을 일으킨 치우군(蚩尤軍)을 두려움에 빠뜨렸다고 한다.[33] 장군이 군대를 거느리고 전쟁에 나아갈 때 행진에 힘을 더하고 진격에 속도를 더하게 하는 데에는 북소리만큼 효과적인 것이 없었다. 큰 행사 도중 흥취를 돋우어 분위기를 최고조로 올리고자 할 때에도 사람들은 북을 울렸다.

산동 등현(藤縣) 서호구(西戶口) 출토 한화상석 가운데에는 화면의 한가운데 커다란 북이 세워져 있고 고수들이 힘을 내어 이 북을 두드리는 모습을 묘사한 것이 몇 점 있다. **그림7-1** 북을 세운 대의 받침은 정체가 명확하지 않은 짐승 형상을 하고 있으며, 북을 받치고 그 위로 솟은 북대의 끝에는 새 모양의 장식이 얹혀 있다. 북 위에도 두 마리의 짐승이 대를 마주 보는 자세로 앉아 있는데, 북 장식의 일부인지 상서를

---

33 雷澤中有雷神 龍神而人頭 鼓其腹 在吳西『山海經』「海內東經」; 東海中有流波山 入海七十里 其上有獸 狀如牛 蒼身而無角 一足 出入水則必風雨 其光如日月 其聲如雷 其名曰夔 黃帝得之 以其皮爲鼓 橛以雷獸之骨 聲聞五百里 以威天下.『山海經』「大荒東經」

그림7-1 산동 등현 서호구촌 출토 한화상석: 건고

나타내려는 표현인지는 알기 어렵다. 북의 좌우에서는 두 사람이 두 손에 북채를 쥔 채 신명이 난 듯 몸을 흔들어 춤추는 듯한 자세로 북을 두드리고 있으며, 저고리와 바지 차림의 또 한 사람이 두 손에 북채를 쥐고 고수(鼓手)들과 장단을 맞추고 있다. 북의 오른쪽 아래에서는 한 사람이 북대에 한쪽 손을 대고 있으며 그 뒤에서는 다른 한 사람이 약간은

뻣뻣한 자세로 커다란 구슬들을 공중에 던져 올리며 번갈아 받는 곡예를 선보이고 있다. 북 왼편 아래의 한 인물은 수레바퀴 크기의 커다란 원반을 공중에서 돌리는 묘기를 하고 있는 듯하다.

    북과 고수들 외에 화면에 등장하는 다른 인물들의 행동거지를 좀 더 자세히 살펴보면, 이 화상석에 표현된 것이 제의의 한 장면이며 그

대상은 서왕모라는 사실을 알 수 있다. 북의 왼편에 네 줄로 나뉘어 묘사된 인물들부터 살펴보자. 제일 윗줄과 둘째 줄, 넷째 줄의 인물들은 악사들이다. 소나 피리, 손북, 거문고 등을 다루고 있다. 셋째 줄의 사람들은 정면을 향해 앉아 있는데, 그 아랫줄 사람들을 향해 눈길을 주고 있다. 넷째 줄의 세 악사와 이들을 마주한 사람 사이에는 술을 담은

동이가 있고 그 안에는 술 국자가 들어 있다. 술동이 앞에는 술잔으로 쓰이던 이배(耳杯)가 놓여 있다. 북의 오른쪽 인물들은 세 줄로 나뉘어 표현되었다. 첫째 줄과 셋째 줄의 인물들은 악사들이며 둘째 줄의 인물들은 무용수들이다. 무용수들은 저고리와 치마 차림으로 소매 춤을 추고 있다.

큰북의 아래쪽 북대 좌우에는 정면을 향하여 좌우로 열을 이룬 사람들, 홀이나 편면을 쥐고 서로를 바라보며 이야기를 나누는 사람들, 산가지로 가득한 호(壺)를 향하여 팔을 펼쳐 든 사람과 이를 바라보는 사람들, 음식을 준비하는 사람들, 육박과 같은 놀이에 열중하는 사람들이 등장한다. 북대 위의 큰 새 왼편에는 삼산관(三山冠)을 머리에 쓰고 정면을 보고 있는 사람들이 묘사되었고 오른쪽에는 여러 겹 판 위에 물구나무선 사람과 약절구로 불사약을 찧고 있는 옥토끼 두 마리, 약물을 거르는 달두꺼비 두 마리가 표현되었다. 큰북을 중심으로 좌우로 나뉜 화면과 구별되는 제일 위 칸에는 가운데에 서왕모로 추정되는 신인이 정면을 보며 앉아 있는데, 다른 인물들과는 뚜렷이 구별되는 크기로 그려졌다. 신인의 왼편에는 편면(片面)을 든 시종들과 위는 사람이고 아래는 뱀인 선인들이 묘사되었고, 오른편에는 시종에 해당하는 사람들과 꼬리가 아홉인 여우, 짐승의 머리를 한 선인들이 표현되었다.

화면 구성이 유사한 다른 화상석의 예를 아울러 감안하면 화면 속의 신인은 서왕모이고 큰북을 중심으로 그 좌우와 아래에 등장한 사람들은 서왕모 제의에 참가한 이들이다. **그림7-2** 옥토끼와 달두꺼비, 아홉꼬리여우 등을 권속으로 하는 서왕모가 뱀 꼬리를 한 선인, 짐승 머리

그림7-2 산동 등현 서호구촌 출토 한화상석: 건고

를 한 선인들의 시중과 하례 속에 곤륜산 아래의 세상에서 자신을 숭배하는 자들이 치르고 있는 제사를 받고 있는 것이다. 사람들은 많은 음식을 마련하고 악사와 무용수, 재주꾼들을 동원하는 등 제의 준비를 마치면 제상을 차리고 그 앞에 건고(建鼓)로 불리던 큰북을 세운 다음 그 좌우에 악대와 무용수를 배치한 채 서왕모 제의를 시작했던 것이다. 북이 울리고 각종 악기가 울리며 무용수들이 춤추고, 재주꾼들이 여러 가지 곡예를 펼쳐 보이는 가운데 홀을 쥔 사람들을 참가자로 하는 제의가 진행되었음을 화면이 보여주고 있는 것이다.

사람들은 서왕모 제의를 통해 곤륜선계를 주관한다고 믿어지던 불사의 신 서왕모와 교감할 수 있다고 믿었다.[34] 정성스런 제의를 통해 불사약을 얻을 수도 있고 불사의 비법에 대한 지식도 일부나마 접할 수 있다고 보았으며, 최소한 '불사의 주(籌)'라도 구할 수 있다고 믿었다. 서왕모 서(書)를 얻을 수 있다는 이야기를 들은 이도 있었다. 주는 서왕모와 관련한 글귀가 적힌 산가지이고 서는 특별한 글귀나 그림으로 채워진 일종의 부적일 것이다.

서왕모 제의는 양한 교체기(兩漢交替期)에 크게 유행하며 세상을 어지럽혔다고 하는데, 서호구 화상석의 화면 구성은 후한이 혼란에 빠지는 환제, 영제 시기에 서왕모 신앙이 다시 한 번 민심의 흐름에 큰 영향을 주었음을 짐작하게 한다. 서호구 화상석과 유사한 화면 구성을 보이는 화상석들이 산동과 서주(徐州) 일대에서 다수 발견되었고, '서왕

---

34 전호태, 『중국 화상석과 고분벽화 연구』(솔, 2007) 제1장 참조.

그림7-3 사천 신번 청백향1호한묘 출토 화상전: 서왕모 제의

모'를 주인공으로 하는 화상석이 후한 후기 중국의 주요한 사회 문화 중심지에서 가장 많이 발견되는 것도 이 때문일 것이다. 그림7-3

　환관(宦官)의 폐(弊)로 시작하여 당고(黨錮)의 화(禍), 군벌의 득세로 이어지는 후한 말기의 혼란상이 위로는 왕공사족(王公士族)에서 아래로는 여염집 백성에 이르기까지 현실에서 벗어나 신화 전설의 세계, 불사의 선계로 관심과 열정을 옮겨가게 부추겼던 것이다. 현세를 비관하는 말세적 사고, 서구의 천년왕국론과 비슷한 새로운 세상의 도

그림7-4 강소 서주 출토 한화상석: 건고

래에 대한 소식 등이 입에서 입으로 전해지고 그 와중에 불사의 주관자 서왕모 신앙이 다시금 불길처럼 번져 나갔는지도 모를 일이다. 서왕모 주, 서왕모 서를 얻기 위해 사람들이 이리 뛰고 저리 뛰는 가운데 멀고 가까운 곳에서 전하는 전란의 소식은 그치지 않고 잇단 가뭄과 홍수는 풍요로운 가을을 꿈꾸지도 못하게 만든다. 화상석 속 큰북 곁의 고수들

그림7-5 강소 서주 출토 한화상석: 건고

은 현실의 불합리와 혼란에 절망하며 새 세상이 와야 한다고 절규하던 사람들의 소리를 알리기 위해 큰 몸짓과 함께 북채를 들어 올렸는지도 모른다. **그림7-4, 5**

8   불사(不死)의 비밀이 담긴 그릇_약절구

신령스런 단약(丹藥)을 복용하면 사람의 수명이 무궁해져 천지와 더불어 영원히 계속되는 데다가 구름을 타고 용을 몰아 하늘을 오르내릴 수 있다.[35]

이 삼신산(三神山)이라는 곳은 전하는 말에 의하면 발해 한가운데에 있는데 속세로부터 그리 멀지 않다. 금방 다다랐다 생각하면 배가 바람에 불려 가버린다. 언젠가 가본 사람이 있는데 여러 신선들과 불사약이 모두 거기에 있다. 모든 사물과 짐승들이 다 희고 황금과 은으로 궁궐을 지었다고 한다. 이르기 전에 멀리서 바라보면 마치 구름과 같은데 막상 도착해 보면 삼신산은 도리어 물 아래에 있다. 배를 대려 하면 바람이 문득 끌어가버려 끝내 아무도 이를 수 없다고 한다.[36]

---

[35] 服神丹 令人壽無窮 已與天地相畢 乘雲駕龍 上下太淸. 『抱朴子·內篇』 卷4 「金丹」
[36] 此三神山者 其傳在渤海中 去人不遠 患且至 則船風引而去 蓋嘗有至者 諸僊人及不死之藥皆在焉 其物禽獸盡白 而黃金銀爲宮闕 未至 望至如雲 及到三神山反居水下 臨之 風輒引去 終莫能至云. 『史記』 「封禪書」

한화상석에는 동아시아 여러 곳에서 지금도 쉽게 볼 수 있는 생활용구가 하나 있다. 바로 절구이다. 큰 것은 각종 곡물을 그 속에 넣어 찧는 데에 쓰이고, 작은 것은 여러 가지 약재를 넣어 빻는 데에 사용된다. 두 사람의 장정이 번갈아 공이를 내려 속에 든 것을 찧을 수 있는 커다란 절구도 있고, 작은 공이로 속에 든 것을 빻기도 하고 갈 수도 있는 작은 절구도 있다. 믹서와 같은 기계들이 보급되기 전까지 농촌에서 절구는 일상에 긴요한 도구였다. 어쩌면 당연한 현상일 수도 있겠지만 한화상석에서 절구는 사람만 사용하는 도구가 아니다.

산동 가상 송산촌(宋山村)에서 출토된 한화상석에는 토끼와 두꺼비가 힘을 모아 절구질하는 장면이 나온다. **그림8-1** 화면의 중심부에는 서왕모가 있고 절구질하는 두 짐승은 화면 왼쪽에 묘사되었다. 뒷다리로 사람처럼 선 토끼는 오른쪽 앞발로는 절구 아귀를 잡고 왼쪽 앞발에 잡은 공이는 위로 쳐든 상태이다. 지금 절구 안으로 들어가고 있는 것은 역시 사람처럼 서 있는 두꺼비 왼쪽 앞발에 쥔 공이이다. 두 짐승 모두 절구 속의 무엇인가를 찧기에 바쁜 인상을 준다. 두꺼비 머리 위쪽의 구름자락 끝이 새머리가 되어 절구 속을 들여다보며 두꺼비에게 '저 속의 저 붉고 누런 것은 뭐요?' 하고 묻는 듯하다. 또 다른 구름 끝 새머리도 한마디 건네며 관심을 보이려 하자 두꺼비가 오른쪽 앞발을 들어 방해하지 말라는 듯한 시늉을 하고 있다.

산동 가상 남무산(南武山)한묘에서 출토된 한화상석에는 비슷한 위치에 절구질하는 두 마리의 토끼가 등장한다. **그림8-2** 두 마리 다 한쪽 앞발로는 절구의 아귀를 잡고 있다. 남무산 화상석의 절구도 밑이 편평

그림8-1 산동 가상 만동향 송산촌 출토 소석사 석실 서벽 화상석 탁본: 서왕모와 불사약 제조

하지만 무엇 때문인지 두꺼비가 아래를 받쳐 들고 있다. 두꺼비가 항우 장사가 아니라면 이런 상태로 안정적으로 절구질을 할 수 있을지 의심스럽지만 자세로 보아 두 마리 토끼는 부지런히 불사약을 찧는 중이다. 비슷한 구성의 다른 화면에서는 절구 왼편 토끼의 뒤에 위는 사람이고 아래는 뱀인 인신사미(人身蛇尾)의 선인이 손에 쥔 지초(芝草)와 같은 것을 토끼에게 건네려는 자세를 취하고 있다. 절구 안에 더 넣어야 하는 재료인 듯하다.

화상의 주인공이 서왕모, 혹은 동왕공이라는 사실에서 이미 어느 정도 윤곽이 잡혔듯이 화면 속의 토끼는 옥토끼요, 두꺼비는 달두꺼비이며 절구는 약절구이다. 곧 곤륜산의 주관자 서왕모와 그 분신이라고

할 수도 있는 지아비 동왕공의 손 안에 있다는 불사약 재료가 약절구 속에서 찧어지고 있는 것이다. 다 찧고 나면 다려내어 그 진액으로 환(丸)을 만들 수도 있고, 다려낸 약물을 마실 수도 있다. 누가 먹고 누가 마시느냐가 문제일 뿐이다.

산동 가상 홍산촌(洪山村) 출토 한화상석에는 옥토끼들이 힘들여 찧어낸 불사약의 재료를 다려내거나 다려낸 약물을 휘저으며 다시 고는 듯한 장면이 등장한다. **그림8-3** 서왕모는 화면 왼편에 있고 두꺼비와 닭의 머리를 한 신인의 오른쪽에 옥토끼들이 불사약 만들기에 열중하고 있다. 한 마리는 화로인 듯한 네모진 도구 위에 밑이 둥글고 깊으며 손잡이가 긴 팬을 왼쪽 앞발로 들고 오른쪽 앞발로는 젓가락이나 국자 같은 것을

그림8-2 산동 가상 남무산한묘 출토 한화상석 탁본: 동왕공과 불사약 제조

그림8-3 산동 가상 홍산촌 출토 한화상석 탁본: 서왕모와 불사약 제조

02 — 불사의 꿈

그림8-4 섬서 수덕 출토 한화상석: 서왕모와 불사약 제조

쥐고 그릇 안의 액체를 휘젓고 있다. 그 오른쪽에서는 두 마리의 옥토끼가 열심히 불사약의 재료를 절구질하고 있으며 그 위와 오른쪽에 각각 허리에 칼을 찬 세발까마귀와 아홉꼬리여우가 시위하고 있다. 비슷한 구성의 화면을 섬서 출토 화상석에서도 발견할 수 있다. 그림8-4

동화의 한 장면 같기도 하지만 한대에는 사회적으로 널리 진지하게 믿어졌던 서왕모 신앙, 신선 신앙의 내용을 구체적으로 전해주는 좋은 사례이다. 한대에는 황제부터 일반 백성에 이르기까지 장생불사에 인생을 건 사람들이 너무 많았고 이를 이룬 사람들에 대한 이야기도 곳곳에서 들렸던 까닭이다. 너도 나도 구하려 했던 불사약을 진시황은 구

하지 못했지만, 한무제는 서왕모로부터 받을 뻔했다는 식의 이야기가 항간에 돌아다녔다.

불사약은 삼신산의 신선들은 누구나 가지고 있다고도 했고, 곤륜산의 서왕모만 지니고 있다고도 했다. 사람들은 서왕모의 석실에 있는 서적 속에 불사약을 만드는 비법이 적혀 있다고도 했고, 어떤 신선이 그 비법을 아무개에게 알려주었다고도 했다. 실제 불사약의 제조가 곳곳에서 시도되었고 마침내 성공하여 이를 먹고 신선이 되었다는 소문도 바람결에 흘러 다녔다. 회남왕(淮南王) 유안(劉安)이 단약을 만들어 팔공(八公)과 이를 먹고 한낮에 승천했는데, 솥에 남아 있던 약을 핥아 먹은 개와 닭도 하늘로 올라가 짖고 울었다는 것이 그 대표적인 예이다.[37] **그림8-5**

한대부터 위진 시기까지 속세에서 수없이 제조가 시도되었던 불사약의 가장 주요한 재료 가운데 하나는 단(丹)이었다. 때문에 이 당시 단을 주성분으로 삼아 제조된 단약(丹藥)은 불사약의 대명사이기도 했다. 그런데 단의 주성분은 오늘날 중금속으로 분류하는 수은으로 소량만 복용해도 중독 현상을 보이는 위험한 물질이다. 극소량이라도 지속적으로 섭취하면 체내에 쌓였다가 역시 중독 현상을 일으킨다. 이외에 운모, 금 등도 주요한 단약 재료로 취급되었는데, 인체에 별다른 유익을 끼치지는 못하는 물질들이다. 수은, 납 등 몇 가지 중금속이 포함된 채 만들어진 단약을 다량 복용하면 오히려 생명을 단축하기 쉬웠지만

---

[37] 『神仙傳』「劉安」(明刊 正統道藏本, 上海古籍出版社影印, 1990).

그림8-5 산동 등주 출토 한화상석: 선계생활

'장생'과 '승선(昇仙)'에 대한 당대 사람들의 열망은 단약 복용이 가져오는 부작용마저 제대로 된 효과의 증거로 인식하게 만들었다.

한화상석에 등장하는 불사약 제조의 담당자는 옥토끼와 달두꺼비였지만 현실에서는 신선의 삶을 꿈꾸는 사람들, 연단술(煉丹術)에 몰두하던 사람들이었다. 단약에 담긴 위험한 결과에도 불구하고 위진 시기 이후에도 단약 제조는 계속되었다. 화상석도 더 이상 만들어지지 않고 절구질하는 옥토끼도 더 그려지지 않았는데도 불사약을 통해 불사에 이르려는 인간의 욕망은 가라앉을 줄 몰랐기 때문이리라.

9   선계로의 긴 여행_승선행렬

애니메이션 왕국 일본의 만화영화에는 몇 가지 공통된 상징물이 있다. 대지에 우뚝 솟은 거대한 나무가 그 하나이고, 고전적인 이미지의 기차가 다른 하나이다. 사건 해결의 열쇠를 쥐고 있거나 이와 관련이 깊은 여성의 등장도 거의 빠지지 않는 구성 요소라고 할 수 있다. 이런 주요한 구성 요소들 가운데 하나인 기차는 여행, 떠남, 통로 등을 상징한다. 근대화 과정에서 일본인의 뇌리에 가장 깊이 박혔던 것이 고향 마을과 낯선 도시 사이를 이어주는 기차였던 것 같다. 기차는 익숙한 곳을 떠나 낯선 땅, 미지의 세계에 발을 딛게 하는 특별한 매개체이자 이미 그 안에 낯선 근대를 담고 있던 존재였다.

    진한에서 위진에 이르기까지 중국의 귀족과 백성들은 장생불사, 불로불사(不老不死)가 실현된 땅, 불사를 얻은 자들의 세계인 '선계'에서의 삶을 간절히 바랐다. 후한 시대에 불교가 전래되자 그 영향으로 한쪽에서는 정토왕생의 소망이 익어갔지만 다른 한쪽에서는 신선 신앙이 크게 확산되면서 신선들의 세계가 관심의 대상이 되었고 선계로의 승선이 열렬히 추구되었던 것이다. 문제는, 선계는 아무나 갈 수 없는 곳이었다는 사실이다.

후한 시대 선계의 대표 주자 격인 서쪽 끝 곤륜산 정상의 곤륜선계는 아래는 좁고 위는 넓어 갓이 완전히 펼쳐진 버섯 모양을 하고 있다고 알려졌다.[38] 그림9-1,2 아무리 암벽 등반을 잘해도 정상에 이르기 어려운 곳이었던 셈이다. 더욱이 곤륜산 기슭에라도 이르려면 산을 에워싼 약수라는 큰 강을 건너야 했는데, 이 약수는 그리스신화에 등장하는 망각의 레테 강이나 하데스로 가는 길을 가로막는 일곱 개의 강줄기보다도 건너기 어려운 곳이었다. 날아가는 새의 깃털도 빠질 정도이니 산 자가 이 강을 건넌다는 것은 엄두도 내기 어려웠다.

고대 지리서 『산해경』에는 천지의 산과 강, 골짜기와 시내에 온갖 기이한 짐승과 새, 특별한 힘과 능력을 지닌 신괴(神怪)들이 있다고 했으니 천하가 알아주는 큰 용사일지라도 이런 험한 지경을 통과하여 약수가에 이르기는 난망이었다고 해야 할 것이다. 결국 허공을 날아 곤륜산 근처까지 가야 할 것이고, 약수에 빠지지 않고 강 위를 날아 건너야 곤륜산 정상에 이를 수 있으니 이 얼마나 어려운 일인가.[39] 평범한 사람이면 곤륜산 행은 감히 꿈도 꿀 수 없는 일이었다고 하겠다.

그러나 하늘이 무너져도 솟아날 구멍이 있다고 하지 않았는가. 막힌 곳이 있으면 뚫고 길이 없으면 만들어서라도 가겠다는 사람이 동서고금 어디에나 있게 마련이다. 살아 있든 죽었든 불사의 세계에 가서 선인의 삶을 누리겠다는 사람들에게 신괴니 약수니 하는 것은 길을 막아 걸음을 더디게 만드는 장애일 뿐이었다. 불가능에 가까운 여정이라

---

38 崑崙… 山高平地三萬六千里 上有三角 方廣萬里 形似偃盆 下狹上廣 故名曰崑崙山.『十洲記』

는 소문에도 불구하고 한대에도 누구누구가 신선을 만났다는 등 아무개가 신선을 따라 곤륜선계에 이르러 서왕모에게서 불사약을 얻었다는 등 알려지지 않은 어느 길로 가면 약수를 건너지 않고도 곤륜산 입구를 찾을 수 있다는 등 온갖 이야기가 사람들의 귀와 입을 옮겨 다니고는 했다. 한화상석에는 그런 이야기들, 바람을 타고 떠돌던 소문들이 어떻게 다듬어지고 어떤 방식으로 형상화되었는지를 알게 하는 장면들이 여럿 남아 있다.

후한 후기 산서 이석(離石) 마무장(馬茂庄)에 조성된 한화상석묘들에서는 곤륜선계를 향한 여행에 나선 사람들의 모습이 형상화된 화상들이 여럿 발견된다.[40] **그림9-3** 풍문으로만 들었지 낯설고 험한 여정이 기다리는 선계로의 여행에서 사람들이 택한 교통수단은 수레요, 탈 수 있는 짐승들이었다. 일본의 만화영화에서 기차가 땅 위뿐 아니라 강과 바다, 심지어 하늘과 우주로도 달릴 수 있는 교통수단으로 그려지듯이 화상석에서는 짐승이 끄는 수레가 땅 위도 달리고 허공도 헤집고 다닌다.

이석 마무장한묘 화상에도 여러 차례 등장하듯이 허공을 달리는 수레는 말이 아니라 정체를 알기 어려운 기이한 형태의 짐승이 끈다. **그림9-4** 양과 염소의 특징도 일부 지녔고 말과 사슴을 혼합시킨 것 같기

---

39 사람을 물에 빠지지 않게 하는 사당(沙棠)이라는 열매가 상정된 것도 이 때문이다.(西南四百里 曰崐崘之丘… 有木焉 其狀如棠黃華赤實 其味如李無核 名曰沙棠 可以禦水 食之不使人溺 有草焉 名曰薲草 其狀如葵 其味如忽 食之已勞 ….『山海經』「西山經」)
40 이석 마무장 한묘의 승선 행렬에 대해서는 전호태,『중국 화상석과 고분벽화 연구』(솔, 2007) 제3장 참조.

그림9-2 산동 등주 관교진 후장대 출토 한화상석: 곤륜산과 서왕모

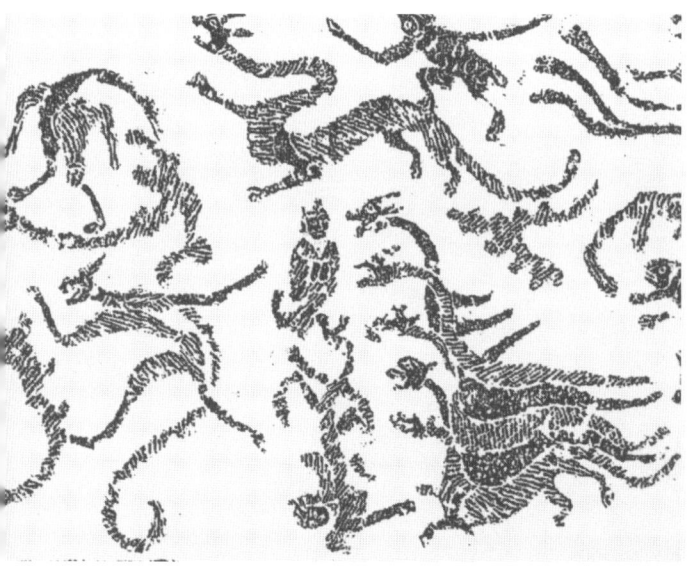

그림9-1 산동 등주
관교진 후장대 출토
한화상석 탁본:
곤륜산과 서왕모

02 ― 불사의 꿈

그림9-3 산서 이석 마무장3호한묘 전실 서벽 우측 화상 탁본: 승선

도 한 짐승들이 허공에 서기(瑞氣)를 날리며 수레를 끌거나 사람을 태우고 달린다. 사람을 태운 어떤 짐승의 머리는 용을 연상시키기도 한다. 허공을 날아 곤륜선계를 향한 수레는 세상의 수레와 달리 둥근 바퀴가 없으며 받침 아래로 강한 기운이 흐를 뿐이다. 화상석의 같은 다른 화면에는 말을 타고 구름 사이를 달리는 사람도 있는데, 이때의 말은 천마(天馬)로 보아야 할 것이다.

수레와 기이한 짐승을 탄 사람들이 허공을 달려 이르려 하는 곳은 거듭 언급하였듯이 불사의 선계이다. 개미허리처럼 가늘고 길게 위로 솟은 대 위에 넓게 펼쳐진 공간이 있고 그 위에 선인이나 서왕모, 동왕공 같은 선계의 거주자들이 있다. 주변에는 서기가 흐르고 서기의 끝은 용이 되기도 하고 새가 되기도 한다. 이럴 때 서기는 살아있는 기운, 생명을 품은 기운이라고 해야 할 것이다. 허공에 떠 있는 새와 짐승들은 행렬에 아랑곳 없이 선인들을 바라보거나 다른 기이한 새와 짐승들을 향해 눈길을 돌리고 있다.

또 다른 화상석을 참고하면 화면의 행렬은 이에 앞서 험하고 거칠며 긴 여정을 경험하였다. **그림9-5** 많은 자들이 행렬에 동반하였지만 앞에서

그림9-4 산서 이석 마무장2호한묘 전실 남벽 우측 화상 탁본: 승선

그림9-5 강소 서주 출토 한화상석: 거마행렬

보았듯이 마지막 상승의 순간에는 한 대의 수레와 짐승을 타고 있는 몇 사람만 모습을 드러내고 있다. 나머지는 차례를 기다리는지 중도에 여정을 포기했는지 알 수 없다. 실크로드의 카라반(대상)처럼 여럿이 함께 떠났으나 일부는 도중에 사귀(邪鬼)에 붙잡혀 혼백일지라도 불귀(不歸)의 객이 되고 일부는 행렬을 이탈하여 다른 세계로 이어진 길로 들어서거나 더 이상 가지 않기로 했는지, 화상석은 보는 이에게 선으로만 남은 2000년 전의 세계를 그대로 드러낼 뿐이다.

03

시대의 나침반

1 뱀과 거북이 만들어낸 우주 질서_현무

거북은 장수의 상징이다. 뱀 역시 오래 사는 것으로 믿어졌다. 동면(冬眠)하는 두꺼비는 재생의 능력을 지닌 생물로 받아들여졌다. 결국 두꺼비는 달 속으로 들어갔고 뱀은 용이 되었다. 거북은? 선인의 친구로 남은 것도 있고 현무가 된 것도 있다. 그림1-1, 2

　사신(四神)은 우주의 수호신으로 별자리가 형상화된 존재이다. 그림1-3 우주의 네 방위를 나누어 맡는 신수(神獸)로 청룡은 동쪽, 백호는 서쪽, 주작은 남쪽, 현무는 북쪽을 지킨다. 북쪽은 예로부터 죽은 자의 영혼이 가는 곳으로 어둠과 죽음이 깃든 세계를 가리킨다. 남반구와 달리 북반구에 자리 잡은 아시아와 유럽에서 겨울은 북에서 내려온다. 그러면 현무는 죽음의 상징인가?

　종교적 사고에서 삶과 죽음은 동전의 앞면과 뒷면처럼 서로 떨어뜨릴 수 없는, 곧 본질적으로는 하나이지만 바깥으로 드러날 때에는 정반대의 모습을 보이게 되는 개념이다. 그런 까닭에 많은 종교에서 삶과 죽음은 서로 이어지거나 순환적인 관계를 맺는 개념이자 실체로 여겨졌다. 생명은 하나인데, 특정한 형태에 깃들어 있을 때에는 삶, 그것을 떠났을 때에는 죽음으로 일컬어진다는 사고이다. 그러면 삶으로 그 실

그림1-1 하남 남양 와룡구 기린강한묘 출토 화상석 탁본: 우인과 거북

그림1-2 하남 신야 출토 한화상전: 복희·여와와 현무

체를 드러내던 생명이 깃들어 있던 곳을 떠나 새로운 형태로 옮겨가지 않을 때에는 어디로 가며 어떤 모습으로 있을까.

고대 북아시아의 민족들 사이에는 북쪽 먼 곳에 큰 산이 있어 사람에게서 떠난 혼(魂)은 그곳에 가서 다른 조상신들의 혼과 함께 머물다가 그곳에서 나와 새로 태어날 아기에게 깃든다고 믿었다.[1] 오환(烏丸) 사람들이 적산(赤山)이라고 불렀던 큰 산은 생명의 산이요, 모든 혼들

---

1 전호태, 『고구려 고분벽화 연구』(사계절, 2000) 제2장 참조.

그림1-3 하남 당하 침직창한묘 남북 주실 천장 화상석 탁본: 사신

의 거주처였던 셈이다.[2] 이런 관념은 산이 그 자체로 생명으로 가득 찬 세계요, 생명체로 믿어졌음을 뜻한다. 북방의 큰 산, 생명의 원형이기도 한 이 산은 생명이 나오고 되돌아가는 곳이라는 점에서 삶과 죽음이 하나로 뭉뚱그려진 세계라고 할 수 있다.

2 貴兵死 斂屍有棺 始死則哭 葬則歌舞相送 肥養犬 以采繩嬰牽 幷取亡者所乘馬 衣物 生時服飾 階燒以送之 特屬累犬 使護死者神靈歸乎赤山 赤山在遼東西北數千里 如中國人以死之魂神歸泰山也 至葬日 夜聚親舊員坐 牽犬馬歷位 或歌哭者 擲肉與之 使二人口頌呪文 使死者魂神徑至 歷險阻 勿令橫鬼遮護 達其赤山 然後殺犬馬衣物燒之. 『三國志』 卷30 「魏書·烏丸鮮卑東夷傳」 所引 『魏書』 「烏丸傳」

생명의 본향에 대한 이런 관념들을 감안하면 사신 가운데 북방의 수호신에 해당하는 현무는 삶과 죽음을 모두 상징하는 존재로 보아야 할 것이다. 고대 중국의 유적, 유물에서 초기의 현무는 거북의 모습으로만 형상화된다. 중국의 신화 전설에서 거북이나 자라는 대지를 떠받드는 거대한 생물체로 그려지는데, 현무는 거북에 대한 이런 인식의 발전 과정에서 등장하는 것으로 보인다.[3] 모든 생명을 안고 있는 대지와 그 위의 하늘 세계를 지탱하는 존재라는 점에서 거대한 거북 자신이 생명의 원향, 생명의 출발점이자 회귀점일 수 있는 것이다.

사신의 일원으로서의 현무는 전한 초기 유물인 서안 출토 온주로(溫酒爐)의 장식무늬에서 처음 모습을 드러낸다.[4] 청룡, 백호, 주작과 함께 표현된 온주로의 현무는 거북만의 형상을 하고 있다.[5] 전한 무제(武帝)의 무릉(茂陵)과 배총(陪塚) 근처에서 발견된 전(塼)의 장식문에서 현무는 뱀과 어우러진 거북의 모습을 하고 있다. 전한 후기에 제작되어 보급되는 사신경(四神鏡)에서 현무는 뱀과 거북이 떨어져 있는 상태로 묘사되었다. 등장 초기의 현무는 모습이 특정되지 않았던 것이다. 장인들 역시 현무에 대한 정리된 이미지를 지니고 있지 않았으므로 항간에 알려진 대로, 혹은 주문자의 요청에 맞추어 이 신수를 형상화하였다고 보아야 할 것이다.

---

3 李成九는 음양 전화(陰陽轉化) 관념과 관련지어 현무의 출현을 설명하고 있다.(李成九, 「四神의 形成과 玄武의 起源」, 『中國古中世史研究』 19, 2008)
4 呼林貴·孫鐵山·李恭, 「西安東郊國棉五廠漢墓發掘簡報」, 『文博』 1991年 4期.
5 王志杰·朱捷元, 「漢茂陵及其陪葬冢附近新發現的重要文物」, 『文物』 1976年 7期.

그림1-4 섬서 수덕 출토 한화상석: 현무와 신수

한화상석과 고분벽화에서도 현무는 뱀과 거북이 어우러진 이른바 구사 합체(龜蛇合體), 구사 교미(龜蛇交尾) 상태로 그려지기도 하고 거북만의 모습으로 묘사되기도 한다.[6] **그림1-4, 5** 뱀이 거북의 몸을 어설프게 감아서 구사 합체로 자아내야 할 역동적인 분위기가 제대로 살지 못하는 경우도 있다. 구사 합체는 두 동물의 단순한 어우러짐이 아니라 음양 교합, 우주 질서의 회복, 재생 등의 의미를 담고 있기 때문이다. 현무를 구사 합체로 표현할 때에 뱀은 양, 거북은 음의 기운을 지닌 존재로 인식되므로 두 동물이 서로를 강하게 얽음으로써 음양의 기운이 만나고

---

6 전호태, 『중국 화상석과 고분벽화 연구』(솔, 2007) 제5장 참조.

그림1-5 산동 곡부 동안 한리석관 화상석 탁본: 현무

조화를 이루어 재생과 회복이라는 교합의 목적이 달성되는 것이다.

후한 시기 섬서 수덕 출토 한화상석 묘문과 그 좌우에는 사신을 이루는 신수가 모두 등장하고 현무도 좌우 문기둥 아래쪽에서 한 쌍이 구사 합체상으로 모습을 드러낸다.**그림1-6** 사신에 대한 관념이 잘 정리되어 체계 있게 화상석에 표현된 경우이다. 그런데 같은 시기 또 다른 수덕 출토 한화상석 묘문에서 청룡, 백호, 주작은 묘사되지만 현무는 표현

그림1-6 섬서 수덕 후사가구 출토 한묘 묘문 화상석 탁본: 사신

되지 않은 사례가 확인된다. 후한 시기에도 현무의 입지가 불안정했음을 짐작하게 하는 부분이다. 실제 후한 말기의 한화상석에는 현무가 거의 등장하지 않는다. 현무의 자리에 다른 신수나 신괴(神怪)가 표현되는 사례도 적지 않다. 북방의 수호신 현무가 지닌 무거운 우주적 무게와 역할 때문인지 아니면 구사 합체로 그려져야 하는 비현실성과 불편함 때문인지 후한 말기에 이르면서 현무는 화상석이나 화상전, 고분벽화

등에서 자신의 자리를 찾지 못하고 형상화의 기회도 잃어가고 있었던 것이다. 위진 시기에도 현무가 표현되는 사례는 계속 찾아지지만 이전만큼 빈번하지도 않고 입지가 뚜렷하지도 않다. 어쩌면 사회가 어지럽고 정국이 혼란에 빠지는 기간이 너무 길어지자 사람들 사이에서 음양 교합으로 말미암은 우주 질서의 회복에 대해 '더 이상 기대할 것이 없어.'라는 분위기가 널리 퍼지면서 나타난 현상은 아닌지 모르겠다.

2 ___ 금빛 닭에서 붉은빛 공작으로_봉황과 주작

또 동쪽으로 500리를 가면 단혈산(丹穴山)이 있다. 산 위에는 황금과 옥이 많다. 단수(丹水)가 이 산에서 나와 남으로 흘러 발해(渤海)로 들어간다. 새가 있다. 모양은 닭과 같으며 오색무늬 깃이 있다. 이것을 봉황이라 부른다. 머리의 무늬는 덕을, 날개의 무늬는 의를, 등의 무늬는 예를, 가슴의 무늬는 인을, 배의 무늬는 신을 나타낸다. 이 새는 물을 마시고 음식을 먹는 데 수고하지 않으며 스스로 노래하고 춤춘다. 이 새가 나타나면 천하가 편안해진다.[7]

봉(鳳)은 기린의 가슴에 사슴의 엉덩이, 뱀의 목에 물고기 꼬리, 새의 이마에 원앙의 깃, 용의 무늬에 거북이 등, 제비의 턱에 닭의 부리를 하고 있으며 오색을 모두 갖추었다. 동방 군자(君子)의 나라에서 나와 사해(四海) 밖을 날아 곤륜을 지나 지주산에서 물을 마시고 약수에서 깃털을 씻으며 저녁에는 풍혈(風穴)에서 잔다. 이 새가 한번 나타나면 천

---

[7] 又東五百里 曰丹穴之山 其上多金玉 丹水出焉 而南流注于渤海 有鳥焉 其狀如雞 五彩而文 名曰鳳凰 首文曰德 翼文曰義 背文曰禮 膺文曰仁 腹文曰信 是鳥也 飲食自然 自歌自舞 見則天下安寧. 『山海經』「南山經」

하가 태평스러워진다.⁸

　봉황이라 불리는 신비한 새는 닭처럼 생겼다고도 하고 여러 가지 생명체의 특징이 섞인 것처럼 보이기도 한다고 한다. 어쨌든 어느 책에서나 몸에 오색을 갖추었고 이 새가 나타나면 온 세상이 행복해진다는 점은 공통으로 지적하고 있다. 그렇다면 봉황은 특정한 시대, 중국에서만 나타나서는 곤란하고 늘 이 세상 어디에나 있어야 하는 새이다. 그림2-1

　그러나 중국의 옛 문헌에서 봉황은 삼촌이 조카를 윽박질러 강제로 제위를 빼앗거나 임금의 신통치 못한 통치로 나라가 어지러워졌을 때에 주로 '어디어디에서 나왔다.'는 보고 속에서 등장한다. 황제나 요·순 같은 전설상의 임금들의 시대, 혹은 성현(聖賢)의 대표로 일컫는 공자의 시대에도 모습을 보였다고 한다. '황제(黃帝)가 천하를 다스릴 때에 일월, 음양, 사계(四季)의 변화가 규칙적이 되고… 그러자 봉황이 뜰에 날고 기린이 교외에서 놀며 청룡이 수레를 끌고 비황(飛黃)이 구유에서 여물을 먹는 일이 일어났다.'는 식이다.⁹ 하지만 이는 관례적인 표현이기도 하고, 난세(亂世)에 봉황이 나왔다는 억지 주장에 대한 쓴웃음 섞인 대응에 가까운 언급이라 보아도 과언이 아닐 것이다.

　봉황이라는 새의 출발점에 서 있는 '봉'의 원음은 '풍(風)'이다.

8　鳳 神鳥也 天老曰 鳳之象也 麐前鹿后 蛇頸魚尾 龍文龜背 燕頷鷄喙 五色備擧 出于東方君子之國 翺翔四海之外 過崑崙 飮砥柱 濯羽弱水 莫宿風穴 見則天下大安寧.『說文解字』

9　昔者黃帝治天下 以治日月之行律 治陰陽之氣 節四時之度… 鳳凰翔於庭 麒麟遊於郊 青龍進駕 飛黃伏皁.『淮南子』「覽明訓」

그림2-1 산동 등주 출토 한화상석: 포수함환과 봉황

전설적인 명궁 예(羿)가 세상을 어지럽힌 괴수 중의 하나로 남방에 내려가 처치했다는 대풍(大風)은 이름 그대로 큰 바람을 일으켜 집을 무너뜨리고 나무가 뽑히게 했던 거대한 새였다.[10] 봉의 조상이나 인척 중의 하나인 것이다.『장자(莊子)』에 소개된 한 번의 날갯짓으로 구만리를

---

10 1장의 주31) 인용『淮男子』「本經訓」 내용 참조.

난다는 대붕(大鵬)도 봉과 매우 가까운 인척이었을 것이다.[11] 날개를 펼치면 하늘에 드리운 구름 같다는 대붕과 대풍은 사실 발음상으로도 서로 구별되지 않는 존재이다.

아마 여름과 가을 사이에 정기적으로 중국 남동부 해안과 내륙지대를 할퀴고 지나갔던 태풍에 대한 기억이 대풍, 대붕이라는 새로운 모습으로 바뀌었는지도 모를 일이다. 실제 태풍도 한 번 생겨나 움직이면 그 길이 만 리를 훨씬 지나고 그 크기 역시 수천 리를 넘어서기가 다반사가 아닌가. 더욱이 그 바람의 세기와 바람이 미치는 범위, 영향은 또 오죽한가. 예는 그런 거대한 바람의 한가운데에 황제가 내린 붉은 화살을 쏘아 대풍을 잠재웠던 것이다.

비록 봉황이라는 신비한 새가 바람에 대한 신화적 인식에서 비롯된 존재라고 해도 바람 자체는 생명체로 형상화하기 어렵다. 때문에 봉황을 새로 인식하여 그려내는 과정에서는 현실의 새가 모델 역할을 할 수밖에 없었는데, 그 대상의 하나가 닭이나 꿩, 공작이었던 것이다. 고대 중국에서 자생하던 장미계(長尾鷄)가 세상의 아침을 알린다는 하늘의 천계(天鷄), 금계(金鷄)의 모델이 되었던 것과 같은 이치이다.

한화상석에서 봉황은 수컷 봉, 암컷 황을 인식할 수 있을 정도로 암수 짝을 이루어 묘문(墓門) 위쪽에 표현되기도 하며 선계의 구성원 가운데 하나로 선인들과 함께 등장하여 봉황인지 여부가 모호한 상태로

---

11 北冥有魚 其名爲鯤 鯤之大 不知其幾千里也 化而爲鳥 其名爲鵬 鵬之背 不知其幾千里也 怒而飛 其翼若垂天之雲 是鳥也 海運 則將徙於南冥 南冥者天池也 齊諧者志怪者也 諧之言曰 鵬之徙於南冥也 水擊三千里 搏扶搖而上者九萬里 去以六月息者也.『莊子・內篇』「逍遙遊」

그림2-2 섬서 신목 대보당한묘 묘문 화상석: 봉황

그림2-3 섬서 신목 대보당한묘 묘문 화상석: 봉황

그림2-4 산동 기수 한가곡촌 출토 한화상석 탁본: 봉황과 우인

묘사되기도 한다.[12] **그림2-2, 3** 선계 도상의 일부로 모습을 드러낼 때 봉황은 선인들에게 주(珠), 곧 수(壽)를 나누어주는 신성한 존재이기도 하다.[13] 한화상석에는 부리에 구슬 목걸이와 같은 것을 문 커다란 새와 그 앞에서 구슬을 손에 받거나 구슬 목걸이 끝을 잡고 있는 것처럼 보이는 선인이 짝을 이룬 도상이 자주 보이는데, 이런 장면 속의 큰 새가 봉황이다. **그림2-4, 5**

주작은 이 봉황에서 유래한 신조(神鳥)이다. 사신 가운데 남방의

---

12 전호태, 『중국 화상석과 고분벽화 연구』(솔, 2007) 제5장 참조.
13 林巳奈夫, 『石に刻まれた世界 – 畵像石か語る古代中國の生活と思想』(東方書店, 1992).

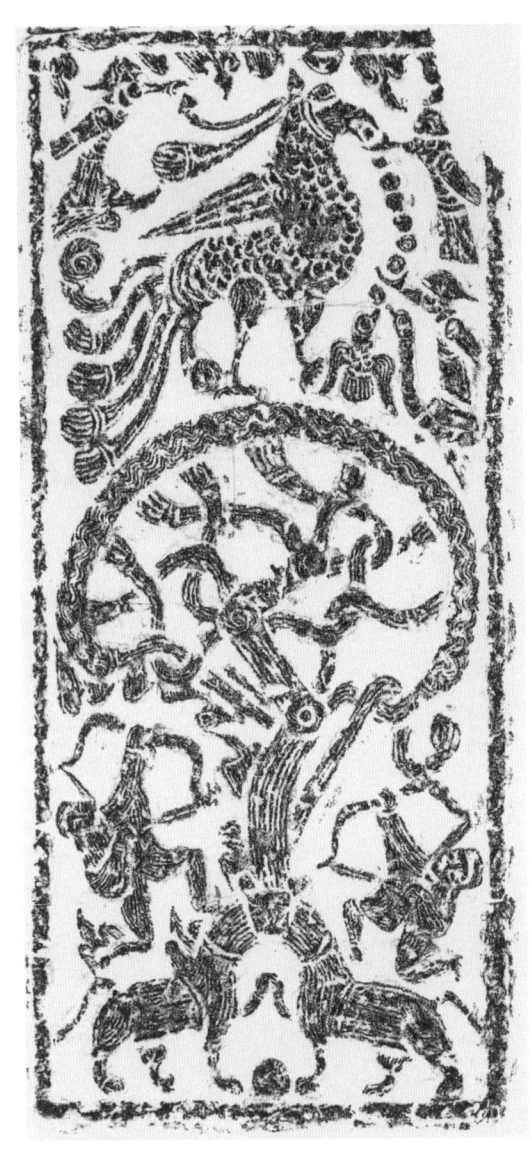

그림2-5 산동 등주 출토 한화상석 탁본: 봉황과 우인

그림2-6 섬서 삼원 쌍성촌 당이수묘 출토 석관 화상: 주작과 봉황

수호신이라는 점에서도 주작은 봉황을 매개로 남방의 괴조 대풍과 인척 간이라는 사실을 짐작할 수 있다. 봉황에서 비롯된 까닭에 주작은 그 형상이 봉황과 뚜렷이 구별되지 않는다. 봉황과 비슷하지만 사신 중의 다른 신수와 함께 표현되었다면 그 신조는 주작인 것이다.

흥미로운 것은 한화상석에서는 봉황과 뚜렷이 구별될 정도의 특징을 지닌 존재로 그려지지 않던 주작도 후대로 내려갈수록 화려하고 당당한 모습으로 형상화되는 경향을 보인다는 사실이다. 사신에 대한 인식과 신앙이 강화되면서 주작이 신령스러운 새의 대표자로 자리매김되는 것과 관련되는 현상이라고 하겠다. 봉황의 존재감은 약화된 반면 주작의 입지는 넓어졌던 것이다. 한화상석의 시대로부터 수백 년을 흘러내려간 당대(唐代)의 화상 석관에서는 입구 쪽 석면에 암수 주작과 봉황이 위아래에 나뉘어 표현되곤 한다.그림2-6 화려한 벼슬과 깃털을 자랑하며 크게 날갯짓하는 위쪽의 커다란 암수 주작과 머리에 간결한 형태의 벼슬을 달고 날개는 접은 채 얌전히 서 있는 아래쪽의 봉황 두 마리가 대조를 이룬다. 시대를 흘러오며 사신을 향해 부는 소망의 바람이 출발도 같고 형상도 구별되지 않던 두 종류의 신조 사이에 큰 틈을 내버린 것은 아닌지 걱정된다.

3 — 용호쟁벽(龍虎爭璧)? 용호벽사(龍虎辟邪)!_ 청룡과 백호

좌룡우호거사방(左龍右虎居四方), 좌룡우호주사방(左龍右虎主四傍), 좌룡우호장사방(左龍右虎掌四方), 좌룡우호제불상(左龍右虎除不祥).

모두 한대 동경에 새겨진 글귀들이다. 용호가 사방에 거하고 사방을 주관하며 장악한다. 또는 용호는 상서롭지 못한 것을 막고 없애기도 하는 존재이다. 용호는 기원전 4000년경부터 짝을 이루어 유적에 모습을 드러낸다. 신석기시대 앙소문화기(仰韶文化期) 유적인 중국 하남 복양(濮陽) 서수파유지45호묘(西水坡遺址45號墓)에서는 죽은 이의 유골 좌우에서 조개껍질로 형상화된 용호가 발견되었다.[14] 용은 동쪽, 호랑이는 서쪽에 배치되었으나 각각 사신의 청룡, 백호에 해당하는 셈이다.

한대 동경에 사상(四象)이나 사신의 일부로 등장하는 용호는 전국시대까지는 사신의 일원으로서가 아니라 서로 짝이 되는 존재로 여러 기물에 등장한다. 전국시대 유적인 호북 수현(隨縣) 증후을묘(曾侯乙

---

14 濮陽市文物管理委員會·濮陽市博物館·濮陽市文物工作隊,「濮陽西水坡遺址試掘簡報」『中原文物』1988年 1期 ; 濮陽市文物管理委員會·濮陽市博物館·濮陽市文物工作隊,「河南濮陽西水坡遺址發掘簡報」『文物』1988年 3期.

그림3-1 사천 낙산 애묘 석관 화상: 용호희벽

墓) 출토 칠상(漆箱) 뚜껑 성좌도(星座圖) 중의 용호도 그러한 사례 중 하나이다.[15] 한대에도 용호는 독립적인 짝이기도 하고, 사신의 일부이 기도 하다. 아직 사신의 일원으로 완전히 편입되지는 않았던 것이다. 사천 지역의 한화상석관에서 용호는 벽(璧)을 사이에 두고 이를 희롱하거나 다투는 존재로 그려진다. 그림3-1 이 경우 용호는 각기 양과 음을 대표하며 천지를 이루는 두 기운의 병존, 얽힘, 조화, 새로운 생명력의 창출을 의미하는 존재로 이해될 수 있다.

　사천 지역의 한화상전에서도 용호는 양과 음의 기운을 대표하는

15　王建民, 梁柱, 王勝利, 「曾侯乙墓出土的二十八宿靑龍白虎像」『文物』 1979年 7期.

그림3-2 사천 낙산 애묘 석관 화상: 서왕모와 용호좌

신수로 서로 다른 존재이자 대비되는 기운을 나타낸다. 또한 상대가 없으면 고유의 기능과 역할을 해낼 수 없어 서로를 필요로 하고 떨어지기 어려운 대척 상태의 힘이기도 하다. 서왕모를 받치고 있는 용호좌(龍虎座)의 구성 요소로서의 용호가 그러한 예에 해당한다. **그림3-2** 화상석 속의 용호는 머리는 서로 반대 방향을 향하고 있으나 몸은 서왕모의 엉덩이 아래에서 하나의 자리를 이루어 서왕모의 의자 역할을 하고 있다. 역시 천지의 운행을 가능하게 하는 양과 음의 기운을 대표하는 존재인 것이다.[16] 사천 화상석과 화상전의 서왕모는 이 용호좌를 통해 천지의

---

16 전호태, 『중국 화상석과 고분벽화 연구』(솔, 2007) 제1장 참조.

그림3-3 산동 기남 북채1호
한묘 전실 북벽 동측 화상석
탁본: 청룡

양과 음의 결합체인 생명 주관자로서의 위상을 뚜렷이 드러낼 수 있게 된다.

흥미로운 것은 짝을 이루어 양과 음을 대표하던 용호도 사신의 일원이 되면 그 역할을 주작과 현무에 내주고 스스로는 악귀나 사기를 제거하고 물리치는 벽불상(辟不祥), 제불상(除不祥)의 존재, 벽사주력(辟邪呪力)의 신수가 된다는 사실이다. 그리하여 사신을 표현한 동경에서 소지한 이를 지켜주는 존재는 용과 호랑이이며, 화상석에 묘사되었을 때에는 용호가 사당과 무덤을 보호하는 역할을 맡게 된다. 화상석 묘문 장식의 일부로 모습을 드러냈을 때, 벽사를 담당하는 용호의 역할은 더욱 뚜렷하게 드러난다. 묘문 양쪽 하단에 용과 호랑이가 서로를 바라보며 으르렁거리면서 포효하는 모습으로 묘사되었을 때와 두 신수의 자리에 현무가 표현되었을 때의 느낌은 확실히 다르다. 순음양(順陰陽), 곧 음양을 순조롭게 하는 역할을 맡은 현무에게서는 사귀(邪鬼)를 위협하며 쫓아내는 존재로서의 이미지가 다가오지 않는 까닭이다.

한대에는 사신의 일원이 되어 벽사의 담당자가 되었음에도 불구하고 용호는 여전히 서로 짝으로 여기며 어디에서나 함께 모습을 드러내는 천생연분의 짝꿍 신수이다. 용과 호랑이의 상호 의지하는 관계, 대척적이고 경쟁하며 지양하는 관계는 화상석에서 이 둘이 배치되는 자리나 표현되는 양식을 통하여 잘 나타난다. 산동 기남 북채 한화상석묘에서도 그렇고 섬서 수덕 한화상석묘에서도 그러하다. 그림3-3, 4 심지어 사천 출토 왕휘석관(王暉石棺) 화상에서도 양자의 이러한 관계를 느낄 수 있다.

4000년 이상을 흘러내려오는 중국 고대 미술의 사신 형성 과정에서 주작과 현무는 후래적으로 덧붙여지는 신수라는 이미지가 매우 강하다. 따라서 한화상석에서도 현무와 주작의 위치는 불안정하고 그 역할도 때로는 매우 모호하다. 용호는 대부분의 화상석이나 화상전에서 발견되지만 현무와 주작은 그렇지 않은 것도 이와 관련하여 눈길을 끄는 부분이다. 산동, 하남, 섬서, 사천의 수많은 한대 화상석묘와 사당, 화상전묘에서 용호는 문과 기둥, 들보 등지에서 빈번히 모습을 드러내며 많은 경우 힘차게 포효하고 약동하는 자세로 형상화되어 있다. 그림3-5, 6 이와 달리 현무는 뱀과 거북의 합체가 아닌 상

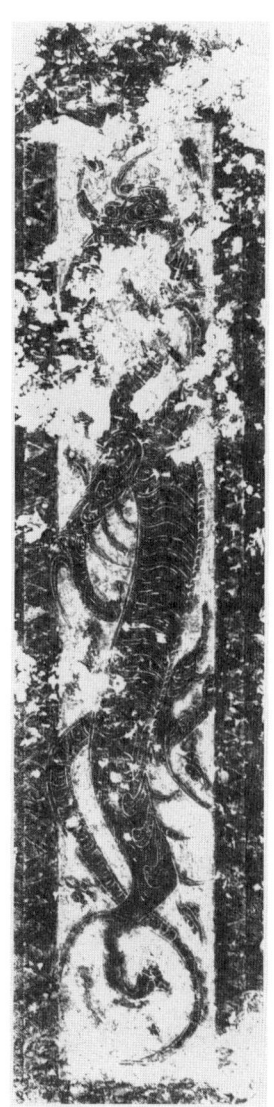

그림3-4 산동 기남 북채1호한묘 전실 북벽 서측 화상석 탁본: 백호

태로 묘사되기도 하고, 어설프게 자리를 차지한 신수로 그려지기도 한다. 주작은 입구를 지키는 존재로 비교적 뚜렷한 자기 자리를 확보하지만 봉황이라는, 그 원형이 되는 상서로운 새와 이미지와 역할이 겹치는 부분이 많다.

    화상석의 시대를 지나 수당대 고분벽화 시대에 이르면 용호는 다시 사신으로부터 독립하기 시작한다. 청룡과 백호만 무덤 입구의 널길

그림3-5 강소 서주 출토 한화상석: 지천괴수와 용호

그림3-6 강소 서주 사자산 출토 한화상석: 봉황과 용호

양 벽에 그려지고 주작과 현무는 생략되거나 그 일부만 묘사되는 사례가 빈번해지다가 결국은 용호만 남게 된다.[17] 순음양이든 벽불상이든 용호가 지니는 강렬하면서도 특별한 이미지가 고분벽화 속에서조차 사신 가운데 용호만 남게 만든 것이 아닌가 생각된다.

---

17 전호태, 『중국 화상석과 고분 벽화 연구』(솔, 2007) 제5장 참조.

4 ─── 불덩어리인가, 얼음덩어리인가_해와 달

빛이 없는 무명국(無明國)의 임금은 나라 안에서 보이지 않아 일어나는 사고가 너무 많아지자 충성스런 신하 '불개'에게 빛의 나라 유명국(有明國)에 가서 해를 훔쳐 오라는 영을 내린다. 불개는 해를 삼켰다가 무명국에 가져와 토해낼 요량이었지만 해가 너무 뜨거워 그 자리에서 토해내고 만다. 몇 차례 삼켜보려 했으나 그때마다 뜨거워 도저히 입 안에 담아 놓을 수가 없었다. 무명국의 임금은 불개에게 달이라도 훔쳐 오라고 한다. 그러나 달은 너무 차가워 입 안에 담기 어려웠다. 불개는 이번에도 몇 차례 달 삼키기를 시도하다가 포기하고 무명국으로 되돌아온다. 무명국 임금은 포기하지 않고 또다시 불개를 유명국으로 보낸다. 그러나 불개는 해를 삼켰다가 토해내고, 달을 삼켰다가 토해내기를 반복할 뿐이다. 땅 위 세상에서 관찰되는 일식(日蝕), 월식(月蝕)은 무명국의 불개가 해, 달을 한 번씩 삼킬 때마다 일어나는 현상이라고 한다.

　어린이들이 즐겨 읽는 동화 '불개'의 기본 줄거리이다. 고대 중국인들은 뜨거운 불덩어리처럼 보이던 해의 정체가 실제는 해신 희화(羲和)가 낳은 열 마리의 금빛 까마귀였다는 이야기를 후세에 남겼다.[18] 해신이 낳은 열 마리의 금빛 까마귀는 명궁 예의 화살에 맞아 한 마리

그림4-1 섬서 신목 대보당한묘 화상석: 해

만 남기고 모두 땅에 떨어져 죽었다. 하늘의 법칙에 맞추어 하루에 한 마리씩 부상(扶桑)이라는 동방의 거대한 뽕나무에서 날아올라 하늘을 가로지르게 되어 있었지만, 한꺼번에 열 마리 모두 떠올라 세상을 불태울 지경을 초래했기 때문이다. 하늘임금의 명을 받은 영웅 예가 아홉 마리의 금빛 까마귀를 화살로 쏘아 떨어뜨렸던 것이다.[19] **그림4-1**

　그리스신화에서 명장 다이달로스의 아들 이카로스는 해에 가깝게

18　東海之外 甘水之間 有羲和之國 有女子名曰羲和 方浴日于甘淵.『山海經』「大荒南經」
19　堯時十日幷出 草木焦枯 堯命羿仰射十日 中其九日 日中九鳥皆死 墮其羽翼 故留一日也.『楚辭』「天問」王注引古本『淮南子』

날아올랐다가 새깃을 이어주던 밀랍이 녹아 날개가 떨어져 나가는 바람에 바다에 떨어져 죽고 만다. 파에톤은 아버지이자 해신인 헬리오스의 불수레를 너무 낮게 몰아 세상에 커다란 불의 재앙을 초래했다가 신 중의 신 제우스의 번개를 맞고 바다에 떨어져 죽는다. 그리스인들에게 해의 정체는 불의 말이 끄는 불수레였던 것이다. 중국과 그리스 사람들 모두 '해'가 세상을 불태울 수 있을 정도로 뜨거운 열과 눈부신 빛을 내뿜는다는 사실은 잘 알고 있었지만 해의 정체에 대한 인식은 서로 달랐음을 알 수 있다.

고대 동서 문명권에서 해가 구체적인 형상을 지닌 생명체, 인격신이 부리는 도구와 짐승으로 인식되었던 것과는 달리 달은 특정한 존재와 직결되어 묘사되지 않는 경향을 보인다. 그리스신화에서 달의 여신 모이라이가 거론되고, 수메르 신화에서 달의 신인 남신(男神) '신(Sin)'이 거론되는 식으로 달의 신은 믿어지지만 달이 새나 짐승, 도구로 인식되고 형상화되는 경우는 많지 않다. 대부분의 신화에서 달은 토끼나 두꺼비, 곰, 여우 등이 살고 있는 장소이거나 신화적 존재들을 태울 수 있는 배로 여겨진다.

이러한 신화적인 설명 방식의 차이에도 불구하고 해와 함께 묘사될 때 달은 새이기도 하고, 새가 운반하는 천체, 하늘을 가로지르는 마차이기도 하다. 중국 한대의 화상석에서 달은 해와 같은 방식으로 그려지고, 해와 함께 모습을 드러내는 사례가 많다.[20] 사천 화상전에서 달

---

20 전호태, 『중국 화상석과 고분벽화 연구』(솔, 2007) 제4장 참조.

그림4-2 사천 팽현 출토 한화상전 탁본: 월신 우인

은 해처럼 사람의 머리를 한 새의 등에 얹혀 하늘을 가로지르고**그림4-2** 산동 화상석에서는 해가 해신에 안겨 있듯이 달은 달신의 품에 있다.**그림4-3,4** 흥미로운 것은 하남 화상석에서 나타나는 '일월 합벽(日月合璧)', 곧 해와 달이 하나의 천체로 묘사된 경우이다.

  사천 화상전에서와 달리 하남 화상석에서 해는 원 안에 해를 나타내는 아무런 상징적 존재도 담지 않은 상태로 새의 등에 얹혀 하늘에 떠올라 있는 상태로 그려진다. 이때 달은 원 안에 두꺼비가 묘사된 상태로 성좌에 둘러싸여 있는 것이 일반적이다. 해는 동에서 서로 하늘을 가로지르지만 달은 제자리에 가만히 머물러 있는 셈이다.

  그런데 가끔 옥토끼가 별자리에 둘러싸인 상태의 천체, 곧 달과 안에 두꺼비가 들어 있는 원이 커다란 새의 등에 얹혀 하늘에 떠 있는 모

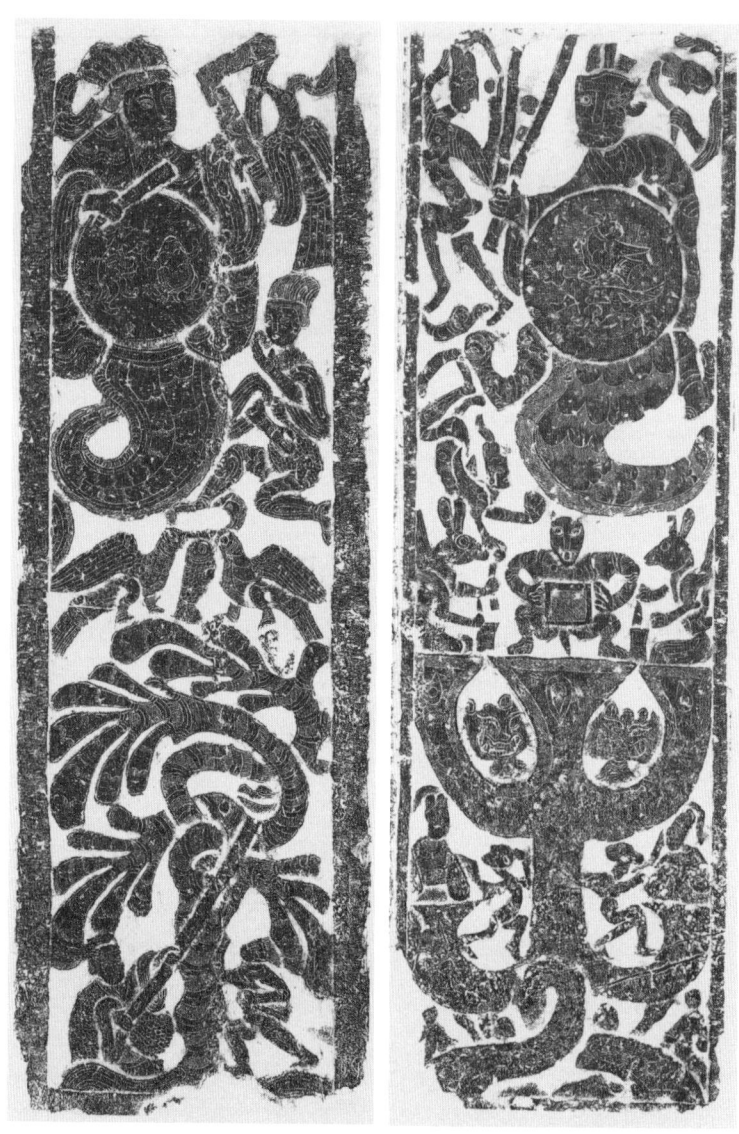

그림4-3, 4-4 산동 임기 백장한묘 출토 화상석 탁본: 일신, 월신

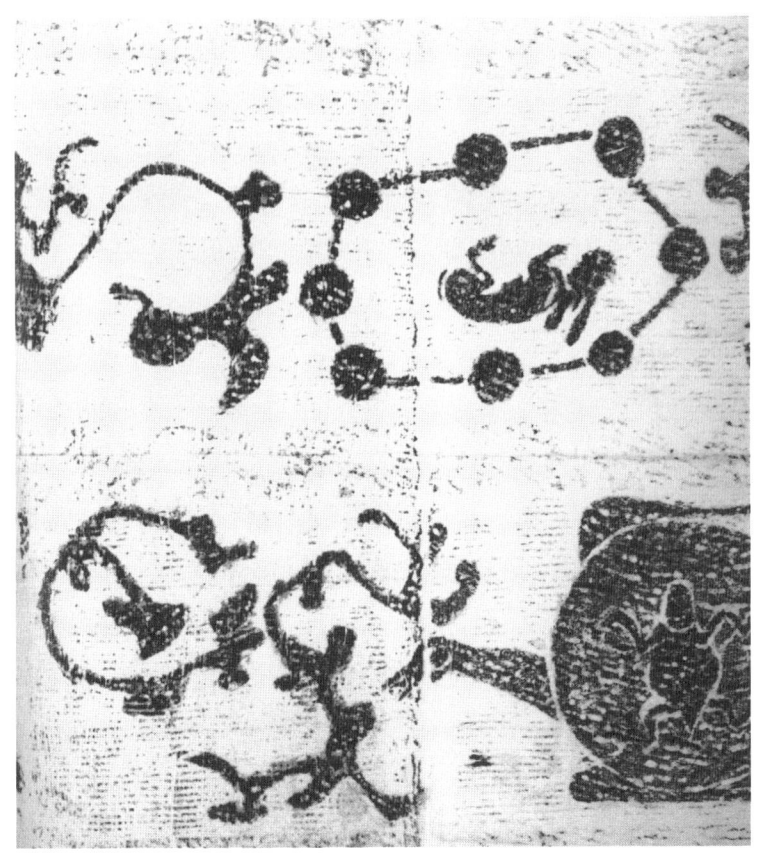

그림4-5 하남 남양 출토 한화상석 탁본: 일월 합벽

습이 함께 화상석에 등장한다.**그림4-5** 별자리에 둘러싸인 옥토끼는 그 자체가 달에 해당하므로 새가 등에 얹고 나르는 원은 해가 되어야 하지만 실제 원 안에는 두꺼비가 그려져 있는 것이다. 결국 이런 화면 구성에서 새가 등에 지고 나르는 천체는 달도 아니고 해도 아니다. 그렇다

면 이런 천체는 해와 달을 한꺼번에 나타낸 '일월 합체'로 보아야 할까? 그렇다고 대답할 수밖에 없다.

고대 중국에서 음양 조화는 우주 질서의 재생과 유지를 가능하게 하는 전제 조건으로 여겨졌다. 불개가 삼키지 못한 불덩어리와 얼음덩어리 이야기는 해와 달이 각각 음양을 대표한다는 인식에 바탕을 두고 성립한 신화가 세속화한 모습이다. 해가 지닌 양기(陽氣)와 달이 지닌 음기(陰氣)가 섞이지 못하고 겉돈다면 우주의 안녕, 세상의 평안은 기대하기가 힘들다. 두 기운의 만남과 조화가 필요한 것이다. 일월 합체형 천체의 등장은 이와 같은 음양 우주론에 근거를 두고 나타난 현상이라고 할 수 있다. 음양 일체, 음양 조화를 보여주는 일월 합체형 천체를 화상석에 묘사함으로써 이 화상석묘의 주인공과 일족은 현세와 내세 어디에서나 안정되고 평안한 삶을 누리려는 간절한 바람을 안팎에 드러내려 했던 것은 아닌지…. 답은 그 시대로 되돌아가 저들을 만나야만 알 수 있을 것이다.

5 달이 차고 이지러지기까지_
명협

시간에 대한 관념은 문화권마다 차이가 있고, 심지어 민족이나 종족에 따라서도 차이를 보인다. '천년을 하루같이, 하루를 천년같이'라든가 '영원하게 느껴지는 순간'이라는 말이 있는가 하면 '눈 깜짝할 시간을 수십에서 수만으로 나눈 시간의 단위' 혹은 '천지가 열렸다가 다음에 다시 열릴 때까지가 한 단위'인 시간을 상정하기도 한다.

시간을 어떻게 설정하는가에 따라 하루라든가 계절, 한 해를 인식하는 방법이 달라지고 사람이 사람을 대하는 방식이나 규칙까지도 변할 수 있다. 보통 동서고금을 통틀어 초기에는 하루를 해가 뜨고 다음날 해가 뜨기까지로 상정하는 것이 일반적이었지만 같은 하루를 다시 몇 개의 시간 단위로 쪼갤 것인가에 대해서는 관습과 전통에 차이가 있었다. 6이나 12로 나누는 경우가 비교적 많았으나 일부에서는 더 잘게 쪼개기도 하고 그냥 뭉뚱그려 낮과 밤으로만 나누기도 하였다.

한 해를 설정하는 방식도 다양했다. 후에는 열두 달이 가장 보편적이 되지만 그럼에도 불구하고 다시 문제가 되었던 것은 한 해의 기점을 언제로 잡는가였다. 초여름이 기점이 된 곳이 있는가 하면 겨울이 시작될 즈음을 한 해의 시작으로 삼기도 하였다. 자, 그럼 초여름이 한 해의

그림5-1 강소 수녕 구주집 발견 구녀돈한묘 화상석: 명협

기점인 사람들과 초겨울이 한 해의 시작인 사람이 만나 대화를 나누게 되면 어떤 현상이 벌어질까? 나이를 물어도 서로 계산 방식이 다르고, 지난 시점이든 앞으로 올 시간이든 서로가 자신에게 익숙한 시간을 기준으로 설명하고 이해를 시키려 든다면 어느 순간 언쟁은 다툼으로, 다시 싸움으로 발전할 수도 있다.

어느 쪽의 시간이 옳은가. 이슬람력이 있고 기독교력이 있으며 불기(佛紀)가 있고 단기(檀紀)가 있다. 일본에서는 지금도 관행적으로 새 천황 즉위와 함께 공포되는 연호를 기준으로 한 해를 계산한다. 소화 1년, 평성 2년 하는 식이다. 북한은 이른바 혁명력을 쓴다. 주체 1년, 주체 2년 식이다. 특정 종교 창시자의 출생이나 종교와 관련된 특별한 사건, 전설적 시조의 개국 선언, 한 국가가 겪은 사건, 왕의 즉위 등등 기준은 다양하지만 독자적인 시간 단위를 설정하려는 의도를 관

철시키고 시간 기준의 적용 대상을 확대하려는 의지가 깔려 있는 점에서는 모두가 같다. 결국 무력이든 정신적이든 힘이 더 있거나 설득력을 더 갖추는 수밖에 없을 것이다.

중국 강소성 수녕(睡寧) 구녀돈에서 발견된 한화상석 가운데에는 신비한 식물과 짐승들, 어깨에 날개가 돋은 듯한 선인들로 구성된 화면이 있다. 그림5-1 화면 왼편의 첫 번째 선인은 커다란 원반 아래 수수처럼 대가 올라오고 좌우로 잎이 길게 나와 그 끝이 아래로 휜 식물 앞에 무릎을 꿇고 앉아 있고 두 번째 선인은 줄기 좌우로 가지가 네 개씩 여덟 개가 수평으로 뻗어 나갔고 그 끝이 위로 꺾어져 오르면서 꽃 같은 것을 달고 있는 식물 앞에 한쪽 무릎을 꿇고 있다. 이 식물 아래에서는 원숭이와 새가 어떤 열매 같은 것을 줍고 있으며 그 옆의 선인도 왼쪽 어깨에 끝을 털로 만든 술로 장식한 지팡이를 기대고 오른손으로는 식물 가

그림5-2 산동 가상 무영사 석실 감실 동벽 화상석 탁본: 명협

지 끝의 꽃과 같은 것에서 무엇인가를 따내고 있다. 선인의 손 위에 표현된 둥근 구슬처럼 보이는 것들이 이 식물의 열매인 듯하다. 두 번째 선인의 뒤편에는 가운데 가지에서 꽃 한 송이가 크고 둥글게 피어오른 식물이 표현되었는데, 좌우로 뻗어 오른 가늘고 긴 여러 개의 잎과 어울려 화면의 분위기에 상서로운 기운을 더하고 있다. 산동성 가상 무개명사 화상석의 사례를 참고하면 왼편의 것은 가화(嘉禾)에 가깝고 오른편의 것은 명협, 그 오른쪽의 것은 영지(靈芝)로 보아도 크게 무리가 없을 듯싶다.[21]

명협은 전설적인 성군 요(堯)임금 때에 났다는 상서로운 풀이다. 그

---

21 무개명사 화상석 상서도의 명협 곁에는 '蓂莢 堯時'라는 명문이 남아 있다.

그림5-3 산동 가상 무영사 석실 감실 동벽 화상석: 명협

림5-2,3 초하루부터 보름까지 매일 잎이 하나씩 나다가 열엿새부터 그믐날까지는 다시 매일 한 잎씩 떨어졌는데, 이를 유심히 관찰하던 요임금이 여기에서 좋은 생각이 떠올라 달력을 만들었다는 것이다.[22] 이런 옛이야기에 바탕을 두고 생겨난 용어가 명력(蓂歷)이다. 명협의 생태가 달력의 근거가 되었다는 뜻이다. 명협을 달력풀이라고 부르는 것도 이런 까닭이다.

고대 중국의 지리서『산해경』에는 신기한 효능을 보이는 약초들이 다수 소개된다. 죽산(竹山)의 황관(黃雚) 열매를 물에 타서 그 물로 목

---

[22] 堯時有草來階而生 每月朔日生一莢 至月半則生十五莢 至十六日後落一莢 至月晦而盡 若月小餘一莢 王者以是占曆 名曰蓂莢 一名曆莢 一名瑞草,『太平御覽』卷4引『帝王世紀』

그림5-4 안휘 정원 고산향 출토 한화상석 탁본: 상서

욕을 하면 옴이나 종기를 낫게 할 수 있고, 고등산(鼓鐙山)의 영초(榮草)라는 풀을 먹으면 중풍이 낫는다.[23] 엄자산(崦嵫山)의 단목(丹木) 열매를 먹으면 황달이 낫고 화재도 예방할 수 있다.[24] 부주산(不周山)의 과일나무들은 그 열매에 근심을 없애주는 효능이 있으며 소요산(招搖山)의 미곡(迷穀)이라는 나무는 몸에 차고 다니면 길을 잃지 않는다

---

23 又西五十二里 曰竹山 其上多喬木 其陰多鐵 有草焉 其名曰黃藿 其狀如樗 其葉如麻 白華而赤實 其狀如蔗 浴之已疥 又可以已胕.『山海經』「西山經」; 又東北四百里 曰鼓鐙之山 多赤銅 有草焉 名曰榮草 其葉如柳 其本如雞卵 食之已風,『山海經』「中山經」

24 西南三百六十里 曰崦嵫之山 其上多丹木 其葉如穀 其實大如瓜 赤符而黑理 食之已癉.『山海經』「西山經」

고 하는데, 이 나무에서는 사방을 비추는 빛이 난다.[25] 또 반석산(半石山)의 가영(嘉榮)이라는 풀을 구하여 먹으면 벼락을 두려워하지 않게 되고 부희산(浮戲山)의 항목(亢木) 열매를 먹으면 요사스런 기운을 피할 수 있다고 한다.[26]

흥미로운 것은 명협은 이런 신비한 풀과 나무, 꽃과 열매 중의 하나

---

25 又西北三百七十里 曰不周之山 … 爰有嘉果 其實如桃 其葉如棗 黃華而赤柎 食之不勞.『山海經』「西山經」; 其首曰招搖之山 臨于西海之上 … 有木焉 其狀如穀而黑里 其華四照 其名曰迷穀 佩之不迷.『山海經』「南山經」

26 又東七十里 曰半石之山 其上有草焉 生而秀 其高丈餘 赤葉赤華 華而不實 其名曰嘉榮 腹之者不霆.『山海經』「中山經」; 又東三十里 曰浮戲之山 有木焉 葉狀如樗而赤實 名曰亢木 食之不蠱.『山海經』「中山經」

그림5-5 강소 서주 출토 한화상석: 상서

로 소개되지 않는다는 사실이다. 사람으로 하여금 병이 낫고 편안히 사는 데에 도움을 주는 것도 아니고 재난이나 액운을 피할 수 있게 해주는 것도 아니기 때문이다. 사람들의 일상과는 거리가 먼 식물이었던 것이다. 가화(嘉禾)나 옥승(玉勝), 목연리(木連理), 현규(玄圭) 등이 태평성대, 명군(明君)의 치세에 나타나듯이 명협도 시대를 평가하는 지표 가운데 하나였다. 그림5-4,5 요임금에게 시간을 어떻게 나눌 것이냐를 알려준 지혜의 풀이던 명협은 요임금의 시대가 지난 뒤에는 달력 속에, 혹은 하늘에 떠 있는 달 속에 나고 자라며 잎을 내고 떨어뜨리기를 반복했던 것이다.

왕조시대의 중국은 내부와 그 이웃에 대한 영향력 확인의 한 수단으로 중국 연호 사용을 요구했다. 이웃 민족이나 나라가 독자적인 연호를 사용하지 못하게 하고 중국 왕조의 시간 구분을 그 나라의 기준으로 삼도록 했다. 만약 이를 따르지 않으면 외교 관계를 단절하면서 전쟁을 통해서라도 이를 관철시키겠다는 의지를 보이고는 했다. 중국에서 개

발한 달력도 전하면서 동일한 절기를 받아들이고 이에 익숙해지도록 유도하기도 하였다.

    명협은 중국식 절기와 달력이 왜 보편적으로 사용되어야 하는가를 설명하려는 시도 속에 탄생한 여러 가지 가상의 생명체 가운데 하나일 가능성이 높다. '위대한 요임금의 시대에' 명협이 달력을 만드는 계기를 제공했으니, 달의 차고 이지러짐을 기준으로 짜인 월력(月曆)은 얼마나 신성한 것인가. 왕공 대부부터 무지렁이 백성까지 이 월력을 받아들이고 월력대로 살아야 하지 않겠는가. 중원 백성들도 사이(四夷) 사람들도 요임금의 월력대로 살자! 명협은 하늘에서 일부러 땅에 나게 한 신성한 지혜의 식물이니! 이런 식의 사고와 주장이 한대 정책 입안자들 사이에 널리 받아들여졌을지도 모른다. 그런 명협이니 한대 상서(祥瑞)의 주요한 표지 가운데 하나가 된 것은 어찌 보면 당연하다 할 수 있을 것이다.

6 ___ 성인의 현현인가, 불사(不死)의 성취인가 _ 목연리

　지리상의 발견 이전 북미 대륙의 일부 지역은 구릉이나 평지, 땅 위나 땅속 모두 나무와 나무뿌리 천지여서 쟁기를 이용한 개간은 꿈꿀 수도 없을 정도였다. 따라서 아메리카 인디언들 가운데 수렵으로 살아가던 종족들은 농사에는 손도 대지 않았고 일부 농지를 개간하는 경우에도 땅속을 이리저리 헤집고 다니며 서로 얽히고 설킨 나무뿌리를 건드리지 않으려고 애를 썼다고 한다. 인간의 손이 닿지 않은 땅은 뿌리뿐 아니라 줄기와 가지도 얽혀 있는 나무들로 가득 채워져 있었던 것이다.

　산동 미산(微山) 양성진(兩城鎭)에서 출토된 한화상석 가운데에는 두 그루의 나무줄기가 위로 뻗어 오르다가 그 가지들이 서로 얽기 시작하여 한 그루의 나무처럼 되어버린 상태가 묘사된 것이 있다.그림6-1 두 그루의 나무는 밑동도 서로 닿을 정도로 가까워진 상태여서 두 나무의 줄기 사이는 원형에 가까운 공간을 이루었다. 그 공간 한가운데에 한 사람이 두 손을 모은 채 정면을 향해 앉아 있으며 이 인물의 머리 위에는 새 두 마리가 서로를 마주 볼 수 있는 상태로 가지에 거꾸로 매달려 있다. 두 나무줄기의 바깥쪽에는 나무를 향해 활을 겨눈 사람 각 한 사람과 이들을 바라보는 양 한 마리와 말 한 마리가 묘사되어 있다. 서

그림6-1 산동 미산 양성진 출토 한화상석 탁본: 목연리

로 얽은 두 나무의 가지 끝에는 덩어리진 잎들이 표현되었고 그 위로 서로를 마주 보고 춤을 추는 듯한 자세의 원숭이 10여 마리가 새겨졌다. 원숭이들의 머리 위로는 새들이 날아다니기도 하고 화상석 윗면이 나뭇가지인 것처럼 허공에 거꾸로 매달리기도 했다.

이 화상석에 묘사된 내용은 일상의 숲과 나무에서는 찾아보기 어렵고, 특정한 관념을 사물의 형상과 행동을 통해 나타낸 경우이다. 한 대에 유행한 상서(祥瑞) 관념에 따르면 성인이 세상에 나오면 천하가 태평해지므로 만물이 이를 기뻐하게 되는데, 세상의 그런 움직임이 식물에도 미쳐 나무도 가지를 서로 얽어 그 기쁨을 나타낸다는 것이다.[27] 이를 목연리(木連理)라고 하는데 양성진 화상석은 이런 상서 관념을 가장 잘 형상화해내고 있는 사례라고 할 수 있다.

화상석에 표현된 두 그루 나무 사이의 인물을 성인이라고 상정하면 두 나무의 가지들이 서로 얽힌 이유가 확인된다. 나무가 지닌 기쁨은 춤추는 원숭이들을 통해 무엇보다 잘 드러나고 있으며 새들도 이런 움직임에 동조하고 있다. 새들을 겨눈 것으로 보이는 활 쏘는 사람들에게서는 상서로운 징조에 더하여 새가 뜻하는 수(壽)를 더 누리려는 인간의 소망과 의지를 읽을 수 있다. 양은 발음상 상(祥)과 통한다. 화상석의 주문자와 석공(石工)은 양을 묘사함으로써 화면이 담고 있는 뜻을 보다 노골적으로 드러내고 있는 것이다. 그림6-2

산동 가상 무량사 천장부 화상석에 표현된 목연리는 군주의 통치 아래에서 나라는 강하고 평화로우며 통일되어 있어야 하고, 이를 위해 군주는 인, 의, 예, 지 및 성실과 같은 덕목을 보여야 함을 나타내는 상징물이다.[28] 그러나 무량사에서처럼 목연리를 비롯한 갖가지 상서 관련 기물들이 정치적 의도의 표현 장치로 사용되는 것은 한화상석에서는 오히려 드문 경우에 속한다. 대부분의 화상석에서 목연리는 불사와

---

27 『白虎通義』「封禪」

그림6-2 산동 등주 출토 한화상석: 양두

장수에 대한 신앙과 얽혀 있으며 죽은 이와 산 자에게 미칠 '상서로움'에 대한 소망과 닿아 있는 표현이다.

미산 양성진 화상석 이외에 잘 알려진 상서 관념에 맞추어 목연리가 표현된 사례는 비교적 드물게 발견된다.그림6-3,4 제한된 화면에 최대한 많은 것을 담으려는 의지 때문이기도 하고 제재 표현 방식을 단순화시키려는 의도나 양식화의 경향으로 말미암은 영향도 있을 것이다. 어떤 이유에서든지 많은 화상석에서 목연리는 한 그루의 나무에서 가지들이 복잡하게 얽힌 모습으로 그려진다. 등나무와 같이 태생적으로

---

28 우훙 지음, 김병준 옮김, 『순간과 영원 – 중국 고대의 미술과 건축』(대우학술총서 515, 아카넷, 2001) ; Wu Hung, *MONUMENTALITY IN EARLY CHINESE ART AND ARCHITECTURE*, Stanford University Press, 1995). 무량사 목연리 화상 곁의 명문은 다음과 같다. 木連理 王者德純 洽八方爲一家 則連理生.

그림6-3 강소 서주 출토 한화상석: 연리수와 봉황

가지가 넝쿨을 이루며 뻗어가는 것도 아닌데, 가지들이 얽혀 있다면 이는 명백히 관념을 형상화하는 과정에서 나타난 현상이라고 할 수 있기 때문이다.

산동 미산 양성진에서 출토된 또 다른 화상석에서 양식화되고 보다 단순해진 목연리 표현의 사례를 찾아볼 수 있다.**그림6-5** 나뭇가지의 얽힘이나 가지 끝의 잎 덩어리에서 잘 나타나듯이 표현 양식은 유사하지만 나무는 한 그루이며 성인도 등장하지 않는다. 대신 수명을 상징하는 여러 마리의 새 외에 나무 꼭대기 부분에 선인과 봉황, 사람의 머리를 한 새가 커다랗게 표현되어 화면에 담으려는 상서의 의미를 강조하

그림6-4 강소 서주 출토 한화상석: 목연리

고 있다. 사람 머리의 새는 선인의 하나일 수도 있고, 당시에 유행한 천추(千秋), 만세(萬歲)가 형상화한 모습일 수도 있으므로 화면 속 상서의 의미는 앞의 전형적인 목연리 화상석보다 결코 못하지 않다고 할 수 있다. 화상석 표현을 담당한 장인은 제한된 화면에 두 그루의 나무를 나타내느라 어려움을 겪지 않으려 했을 뿐인지도 모른다.

한대에 목연리는 산동 가상 송산촌 출토 화상석을 비롯하여 많은 화상석에서 위의 또 다른 양성진 출토 화상석에서처럼 한 그루의 나무만으로 모습을 드러낸다. 더욱이 독립된 화제로서가 아니라 복잡한 화면 구성의 제재 가운데 하나이자 빠질 수 없는 상서의 표현 가운데 하나

그림6-5 산동 미산 양성진 출토 한화상석 탁본: 목연리

로 등장한다. 의미 있는 제재들이 늘 겪게 되는 관행화의 과정이라고 하겠다. 송산촌 출토 화상석에서 목연리는 양성진 화상석에서보다 양식화된 상태로 표현된다. 가지는 넝쿨처럼 서로 얽어졌고 잎은 하트 꼴과 은행잎 꼴로 정형화되었지만 나무 주위로 새들이 날아다니고 새를

쏘아 맞추려는 인물도 여전히 모습을 보인다.

그러나 섬서 화상석에서 목연리는 산동에서보다 훨씬 단순화, 양식화된 상태로 표현된다. 어떤 면에서는 상서로움을 나타내는 나무로서의 이미지만 남기고 있다고 해도 과언이 아니다. 섬서 수덕(綏德) 사십포진(四十鋪鎭) 출토 화상석의 아래쪽에 표현된 나무는 독특하게 구부러진 줄기와 두 차례 서로 교차하는 긴 가지들과 빗자루 형태의 잎들로 구성되었다. 그림6-6 목연리에 대한 인식이 있다 하더라도 이런 형태의 나무에 목연리 관념이 담겨 있을지를 의심할 수도 있는 표현 방식이 적용된 경우이다. 물론 이 나무도 화상 제재로서의 관념 및 조형상의 출발점을 찾아 거슬러 올라가면 산동 화상석과 닿을 가능성이 높다. 시간이 흐르고 지역이 바뀌고 사람이 달라지면서 '어느 사이엔가' 이런 형태의 목연리도 등장하게 된 것이라 짐작된다. 어쩌면 당시의 사람들이 목연리에 담아 후세에 전하려던 저들의 생각, 신앙, 의지 같은 것이 더 중요할지도 모른다.

그림6-6 섬서 수덕 사십포진 출토 한화상석: 이수

04

역사의 불빛

1 나와 너의 영원한 갈등_ 호한 전쟁

장면 하나. 가을이다. 추수의 계절이다. 하늘이 높고 공기는 상쾌하다. 고맙게도 벌써 며칠째 뙤약볕이다. 일주일만 더 맑고 볕이 좋으면 올해도 풍년이다. 올해는 기장밥을 배불리 먹을 수 있을지도 모른다. 저들만 내려오지 않는다면….

장면 둘. 가을이다. 벌써 날이 차다. 낮도 짧아졌다. 하늘이 높고 푸르다. 올해는 첫 서리가 이를지도 모른다. 아직 온기가 남아 있는 동안 부지런히 말들을 먹여야지. 열흘 안에 남쪽으로 내려가야 할 수도 있는데, 말들이 기운차지 않으면 곤란하다. 가을걷이 직후에 다녀오지 않으면 긴 겨울을 견뎌낼 양식을 충분히 챙길 수 없을지도 몰라. 이번 출정에는 저들의 저항이 지난해처럼 완강하지 않아야 할 텐데….

진의 만리장성은 유목 세계와 농경 지대 사이의 경계로 인식되었다. 진이 전국을 통일하기 전부터 북방 유목 민족과 이웃한 중국의 여러 나라들은 두 세계를 나누는 장성을 쌓고 이를 유지하고 지키는 데에 많은 힘을 쏟았다. 연, 조, 위, 진은 중국 내륙에서는 천하의 패권을 놓고 서로 다투는 강국이었지만 북방과의 관계에서는 수시로 열세에 몰

그림1-1 산동 기남 북채1호한묘 묘문 횡액 화상: 호한교전

렸다. 치고 올라갈 엄두는 내지 못했고 장성을 경계로 그 이남의 영토와 백성을 지키는 데에 급급했다. 북중국의 강국들에게 가을은 흉노로 대표되는 북방 민족의 말발굽 소리에 신경을 곤두세워야 하는 계절이었다. 강국들 사이의 갈등과 전쟁은 그 다음 문제였다.

진은 천하일통을 위한 전쟁에 돌입하면서도 북방 흉노의 움직임에 늘 주의를 기울였고, 흉노가 진의 배후를 치지 않게 하려 노심초사하였다. 진시황이 천하를 통일함과 동시에 인력과 물자를 대규모로 쏟아 부어 북방의 장성들을 하나로 이은 것도 흉노 군대의 가공할 파괴력을 우려한 까닭이다. 대규모 전차대와 보병을 동원하더라도 농경민 위주의 중국 군대가 맞상대하기에 흉노 군대의 기동력은 말할 수 없이 탁월했고 전투력도 막강했다. 그림1-1,2 중국 군인들의 눈에 흉노 기마병은 위

그림1-2 산동 기남 북채1호한묘 묘문 횡액 화상: 호한교전

는 사람이고 아래는 말인, 그에 더하여 활과 칼, 창도 자유자재로 다루는 일종의 전투 괴물과 같았다.

예나 지금이나 초원 지대 유목 민족들은 사막의 더위보다 무서운 긴 겨울과의 싸움에서 살아남아야 했다. 북방 초원 지대의 겨울은 사람이나 짐승 모두에게 지독한 추위와 굶주림을 견뎌내도록 요구했고 이를 받아들이지 못한 생명에게는 죽음을 선물했다. 정기적으로 찾아오는 상대적으로 깊은 추위와 심한 폭설은 눈 밑의 이끼조차도 찾기 어렵게 만들어 대규모 겨울 기근에 시달리게 했다. 이런 겨울이 오면 때로 초원의 움직이는 생명 가운데 3분의 2가 다음 해 봄을 맞지 못하는 경우도 있었다.

겨울 대비 차원에서도 유목 세계는 농경 사회와의 교역이 필요했

그림1-3 산동 가상 오노애 출토 한화상석: 호한교전

다. 유목 민족들은 초원 지대에서는 생산되지 않는 곡식과 과일을 우선 확보하려 하였고, 이외에도 가볍고 부드러운 옷감, 여러 종류의 약재 등 초원 생활에 요긴한 것들을 구하고자 하였다. 농경 사회에서는 말과 양, 여러 가지 가죽 제품과 유제품, 금속 공예품, 북방 산악 지대의 약재 등을 유목 세계로부터 사들였다. 문제는 유목 사회가 생산하는 가축과 각종 물품들 없이도 농경 지대는 생활에 큰 어려움이 없지만 농경 민족의 공급품이 유목 민족에게는 생존에 일정한 영향을 끼칠 정도로 중요하고 필요했다는 사실이다. 농경 사회가 국경 교역을 통한 곡식 등의 공급을 통제하거나 중단시키면 유목 세계는 곧바로 그로 말미암은 곤경에 처할 수 있었다. 유목 민족들로서는 농경 사회와의 국경 교역이 반드시 유지되어야 했으며, 그렇지 못할 경우 강제적이고 폭력적인 수단을 통해서라도 농경 세계의 공급품을 확보할 필요가 있었던 것이다.

한화상석에는 '호한 전쟁'을 테마로 한 장면이 심심치 않게 등장한다. 그림1-3 접전 중인 한의 기병대와 흉노 기병대, 위가 뾰족한 고깔 모양의 모자를 쓰고 손에 활을 쥔 채 산골짜기에 숨어 한의 기병대를 기다리는 흉노 군대, 짐승의 고기를 굽는 흉노 병사들, 고루 앞에 앉은 한의 고관 앞에 끌려 나가는 흉노족 포로들, 가지런히 놓인 흉노 병사들의 목.

산동 장청(長淸) 효당산(孝堂山) 석사(石祠) 화상에 등장하는 호한 전쟁도에서는 한(漢) 기병대의 활약이 돋보인다. 그림1-4 기병대 위주의 흉노족이 앞의 전투에서 패한 뒤 산자락에 숨어 한군이 매복(埋伏)의 덫에 걸리기만을 기다리는 형국이다. 현실의 전투에서는 보병 위주의 한군이 기병 중심의 흉노군에 일방적으로 밀리는 경우가 비일비

그림1-4 산동 장청 효당산 석사 서벽 화상석 탁본: 호한교전

그림1-5 산동 서주 사자산 병마용 출토 병마용

재했지만 죽은 이를 기리는 사당이나 무덤의 장식 속에서는 기세가 꺾인 흉노군을 향해 한군이 압박의 강도를 높이고 있는 것이다.

실제 전한(前漢) 무제(武帝) 시대의 적극적인 흉노 공략은 흉노 세력의 분열과 약화를 가져왔으며, 이후 북방과 남방 사이에 일정한 힘의 균형이 성립할 수 있게 해주었다. **그림1-5** 물론 이합집산의 시기를 지나 세력을 회복하면 유목 세계가 농경 사회를 압박하는 사태는 이후에도 거듭 일어났다. 후한 시대에도 변방에서는 흉노군과 한군 사이의 충돌

그림1-6 산동 가상 만동향 송산촌 출토 한화상석 탁본: 호한교전

이 계속되었다. 그림1-6 2세기 중반부터는 섬북(陝北) 지역에서부터 한의 북방 통제력이 약화되고 결국 와해의 길을 걸었다.[1] 어쩔 것인가. 흉노는 여전히 흉노였던 것이다.

---

1 140년 일어난 남흉노 구룡왕(句龍王) 오사(吾斯)·거뉴(車紐)의 반란을 계기로 섬서 북부 평정(平定)에 있던 서하군 군치(郡治)가 산서(山西) 이석(離石)으로 옮겨지면서 섬북은 흉노와 한의 접경 지대가 된다.〔(夏四月)… 南匈奴左部句龍大人吾斯車紐等叛 圍美稷… (九月)丁亥 徙西河郡居離石 上郡居夏陽 朔方居五原 句龍吾斯等東引烏桓 西收羌胡 冠上郡 立車紐爲單于 [注]離石 縣名 在郡南五百九里 西河本都平定縣 至此徙於離石, 『後漢書』「孝順帝紀」永和五年條〕

산동은 흉노 기병대의 말발굽이 직접 닿는 곳은 아니었지만 산동 출신의 관리와 병사들 역시 변방에 나아가 흉노와 마주치는 것을 피할 수는 없었다. 산동 사람들에게도 북방 유목 민족은 걱정과 두려움의 눈길을 거두지 말아야 할 대상이었던 것이다. 한동안 한화상석에서 '호한 전쟁'은 현실적이고 의미 있는 테마였다. 평화적인 나눔에 익숙하지 못했던 두 세계의 만남, 의심과 갈등, 충돌. 한대의 중국에서 흉노는 천하 평안을 위해 넘어서야 할 마지막 장애물과 같았다. 한의 관리들은 '흉노와 평화롭게 지낼 수 있는 방법은 없을까.'라는 질문을 던지고 답을 찾기보다는 '흉노 없는 평화로운 세상'을 꿈꾸면서 자신들의 사당이나 무덤 한편에 호한 전쟁도를 묘사해주도록 석공과 화사들에게 주문한 듯싶다.

2 천하 패권을 인정받으려면?_ 승정!

요(堯): 천하를 그대에게 넘겨주고 싶으니 왕위를 받아주시오.
허유(許由): 아니 이 무슨 해괴한 소리란 말인가. 살다가 별 소리 다 듣는구나. 에이, 고얀지고. 빨리 이 개울물에 더럽혀진 내 귀를 씻어야겠다.
소보(巢父): 무엇이라고. 그런 소리를 들은 귀를 이 물에 씻었다니, 안 되겠구나. 이런 더러운 물로 어찌 내 소들의 갈증을 씻으리오. 저 멀리 상류로 올라가야겠다. 큰일 날 뻔했네. 오늘은 참 별스런 날이로다.

중국의 전설적 명군으로 알려진 요임금이 천하를 넘겨주려 산중에 숨은 큰 인물을 찾다가 겪은 무안스런 사건의 전말이다.[2] '깨끗이 살자!'를 삶의 표어로 삼던 성인군자들에게 왕위는 그야말로 몸과 마음을 모두 더럽게 만드는 좋지 않은 자리였던 것이다. 천하를 넘겨주려다가 스스로도 더러운 사람으로 지목되었으니, 그날 밤 요임금은 밤잠을 못 이루었을 듯하다. 그렇다고 저들을 괘씸죄로 어찌할 수는 없지 않았겠는가.

---

2 자세한 것은 晉 皇甫謐의 『高士傳』 참조

그러나 이 이야기는 말 그대로 전설이다. 요임금이 전설 속의 존재여서가 아니라 이야기의 내용이 현실과는 너무 동떨어진 까닭이다. 예나 지금이나 천하는 둘째치고 손바닥만 한 권력조차도 눈앞에 있으면 열에 아홉은 이것을 손에 쥐려 용을 쓴다. 거저 준다면 이를 거절할 사람은 눈을 씻고 찾아도 쉽게 찾기 어렵다고들 한다. 그런데 만일 최고 권력자가 '예' 하기만 하면 그 순간 자신의 권력을 넘겨주겠다고 하는데 이를 거절할 사람을 찾기 쉽겠는가.

누가 산동의 한화상석에 자주 등장하는 간절한 눈길들의 모음을 하나만 들라고 한다면, 아마 '승정도(昇鼎圖)'를 꼽을 수 있을 것이다.**그림 2-1** 산동 화상석 특유의 세련된 기법으로 화면을 가득 채우며 정교하게 그려진 높은 다리와 그 위의 인물들, 다리 아래에는 물이 흐르고 물 위의 허공에는 커다란 세발솥 하나가 아래로 드리운 끈에 매달려 떠 있다. 위에서는 사람들이 기대에 찬 표정을 하고 있거나, 마침내 이루었다는 안도의 한숨을 쉬고 있으며 어떤 이는 두 팔을 위로 들어 환호하려 하고 있다. 조금만 더 좌우에서 힘을 보태 줄을 끌어올리면 세발솥은 다리 위에 이를 수도 있다. 고대하고 고대하던 '소원 성취'의 순간이다.

물 위에도 사람들이 있다. 배 위에서 허공으로 떠오르는 세발솥을 쳐다보면서 '드디어 전설 속의 세발솥을 찾아냈구나.' 하는 표정이다. 이 세발솥은 전설 속의 기물인 것이다. 화상석에 묘사된 세발솥은 천하를 지배하는 자의 곁에 두었다고 전하는 '구정(九鼎)'의 하나, 혹은 구정 그 자체이다.**그림2-2,3** 고대 중국에서 구주(九州)는 천하와 같은 말이다. 구주를 상징하여 제작한 것이 구정인 까닭이다. 중국의 전설상의

그림2-1 산동 가상 무개명사 석실 동벽 하층 화상석 탁본: 진시황사수승정

왕조 하(夏)의 명군 우왕(禹王) 때에 천하 구주의 '금(金)' 곧 금속(여기서는 구리)을 모아 만든 아홉 개의 청동 세발솥이 구정이니[3] 구정의 보유는 천하의 패권과 동일시될 수밖에 없었던 것이다.[4]

---

3 『左傳』宣公3年條.
4 주 무왕은 주왕(紂王)의 저항을 물리치고 상(商)의 정벌에 성공하자 곧바로 구정을 주의 수도 낙읍(雒邑)으로 옮겨 천하 패권이 주로 옮겨졌음을 내외에 과시한다.(武王克商 遷九鼎于雒邑, 『左傳』桓公2年4月條)

그림2-2 춘추전국시대 제사용 집기 진설 복원(하남성박물원)

'구정의 행방을 묻는다.'는 말이 천하 패권에 대한 야심을 드러낸다는 뜻으로 이해된 것도 이 때문이다. 하, 상(商), 주로 전해졌다고 하는 구정은 서주(西周)가 견융(犬戎)의 침입을 받아 호경에서 낙양으로 천도할 때에 낙수(洛水)에 빠졌다고도 하고, 동주 시대 말기의 혼란기에 행방불명이 되었다고도 한다.[5] 동주 전기의 춘추오패(春秋五霸) 시대인 기원전 605년 초(楚)의 장왕(莊王)은 진을 물리치고 회맹(會盟)을 주도하여 천하의 패자 자리에 오르면서 이름뿐인 종주국 주의 종신

그림2-3 섬서 건현 임평향 출토 상대 선문정

왕손만(王孫滿)에게 '구정의 크기와 무게'에 대해 묻는다. 장왕의 속마음을 읽은 왕손만은 구정의 유래를 설명하면서 '천명(天命)은 아직 주에 있는데 제후가 그것을 묻는 이유가 무엇이냐.'는 답변으로 크게 무안을 주었다고 한다.[6] 자, 그런 구정이 어디에 어떤 상태로 있는지 알

---

5 『史記』에는 사수(泗水)에 빠뜨려진 뒤 진시황에 의해 건져질 뻔했다는 기록이 전한다. 或曰宋太丘社亡 而鼎沒于泗水彭城下,『史記』「封禪書」; 始皇還 過彭城 齋戒禱祠 慾出周鼎泗水 使千人沒水求之 不得,『史記』「秦本紀」始皇6年條

6 楚子問鼎之大小輕重焉 對曰 在德不 不在鼎 昔 夏之方有德也 遠方圖物 貢金九牧 鑄鼎象物 百物而爲之備 使民之神姦 故民入川澤山林 不逢不若 螭魅罔兩 莫能逢之⋯ 成王定鼎于郟鄏 卜世三十 卜年七百 天所命也 今周德雖衰 天命未改 鼎之輕重 未可問也,『左傳』宣公3年條

그림2-4 산동 등주 관교진 후장대 출토 한화상석: 승정

수 없게 되었다.

중국에서 전국시대는 서주(西周) 말기 1000여 개에 이르렀던 제후국이 십 몇 개로 줄어든 상태로 시작되었다. 기원전 4세기에는 남아 있던 대부분의 나라들이 '왕'을 칭했고 이의 증거로 종묘(宗廟)에 구정을 갖추어 놓았다. 물론 이 구정들은 1974년 하북성 평산(平山) 중산국(中山國) 왕릉에서 출토된 구정처럼 각국이 자기 나라 장인들에게 만들게 한 가짜 구정이다. 기원전 3세기에 접어들면서 천하의 패권은 일곱 개의 대국 가운데 한 나라의 손아귀에 들어갈 것임이 명백해졌다. 결국 전국칠웅(戰國七雄)의 쟁패전 끝에 진(秦)이 일통의 주인공이 되

그림2-5 강소 수녕 구주집 발견 구녀돈한묘 화상석 탁본: 신정

었다. 그러나 시황제(始皇帝)가 천하의 지배자임을 내외에 알게 하는 진짜 구정은 어디에서도 찾을 수가 없었다. 애초에 주의 종묘에 전대로부터 전해져온 전설의 구정이 있었는지 여부도 미궁이지만 진실이 어떠하든 '구정을 찾으라.'는 명령이 떨어질 만하지 않겠는가.그림2-4

구정은 결국 어디에서도 모습을 드러내지 않았다. 온갖 소문만이 돌 뿐이었다. 한대에도 구정의 행방에 대한 관심은 완전히 사그라지지 않았다. 이 때문인지 구정이 어디에 있다, 누가 찾았다가 다시 잃어버렸다는 식의 소문이 몇 차례 돌다가 사라지고는 했다. 기원전 116년에는 산서성 분수 근처에서 정(鼎)을 발견하였다고 하여 연호를 원정(元鼎)으로 고쳤다고 하지만[7] 이때 발견된 세발솥이 전설상의 구정

가운데 하나인지 여부는 알 수 없다. 한화상석의 승정도는 구정 찾기가 후한 시대에는 일종의 잃어버린 보물찾기가 되었음을 짐작하게 한다.**그림2-5** 사람들은 시대의 욕망, 자신과 집단의 욕심을 이 사라진 세발솥에 투사했고 그것을 역사적 기억의 저편 깊은 곳에서 찾아내는 그림을 통해 이의 성취를 현실화하려 했던 것이다. 아마 승정도의 주문자나 제작자 모두 그림을 통해서나마 꿈을 현실로 바꿀 수 있다면 그것만으로도 만족하며 위안을 삼았을지도 모를 일이다.

7 『漢書』

3 ___ 누구를 위한 천하일통인가?_
      자객 형가

'팍스 몽골리카.'

세계적으로 널리 쓰였던 말은 아니지만 근래에 들어와 부쩍 관심의 대상이 되어 회자되는 사회학적·역사학적 용어이자 개념이다. 몽골의 세계 제국이 유라시아에 거대한 단일 경제권을 만들어내 정치적 혹은 사회 문화적 장벽을 넘어선 세계적 차원의 교류와 교역을 가능하게 했다는 것이다. 동서를 넘나드는 교역, 교류가 유례없는 번영을 가능케 했으니, 오늘날에도 몽골 세계 제국의 출현으로 가능해졌던 장벽 없는 교류와 번영, 제2의 팍스 몽골리카 시대를 열어보자는 뜻에서 유행하는 용어라고 하겠다. 이런 식의 해석과 논리를 과거의 세계 제국에 적용하면 팍스 로마나처럼 '팍스 지나'도 가능할 것이다. 팍스 지나란 기원전 221년, 진(秦)이 수백 년에 걸친 '약육강식'의 혼란을 무력에 의한 천하일통(天下一統)으로 끝을 낸 해를 기점으로 '진에 의한 평화'를 의미하는 말이 될 터인데, 이런 용어도 얼마든지 가능하리라 본다.

'China'라는 말을 탄생시킨 통일 제국 진은 기원전 879년경 중국 서북 변경의 작은 제후국에서 출발하였다. 1000여 개에 이르는 주(周)의 봉신국 가운데 하나였고, 게다가 척박하기 이를 데 없는 서북 지역

서융(西戎)과의 접경 지대를 봉지(封地)로 받은 시조 '비자(非子)'의 후손이 다스리는 소국에 불과했다.[8] 춘추 후기에 강력한 군사력을 자랑하는 제후국의 하나로 떠오르기까지 진은 중원의 대국들로부터 서융의 일개 세력으로 취급받았다. 춘추시대 패자(覇者)의 지위를 다투었음에도 오(吳), 월(越)이 진(晉), 제(齊)로부터 만이(蠻夷)로 여겨지고 홀대받았듯이 진, 초 역시 촌놈들이 세워 예를 모르는 나라로 평가되고 대우받았다.

그러나 역사는, 세상에는 영원한 중심도 변방도 존재하기 어렵다는 사실을 증언한다. 시간이 흐르면 입장도, 지위도 바뀌어 강자도 약자가 되고, 패자도 승자가 되기 마련이다. 외지고 척박한 땅에서 의지를 다지며 차곡차곡 쌓은 힘 앞에 중원의 강자들이 차례로 무릎을 꿇지 않을 수 없는 상황이 도래했던 것이다. 기원전 3세기 후반의 일이다. 전국칠웅이라는 그럴듯한 용어가 있었음에도, 합종(合從)과 연횡(連橫)이라는 외교적 전략의 대결에서 진은 다른 여섯 나라를 압도하였다. 진에 대항하는 6국의 연합인 합종은 제대로 맺어지지도 않고 기능하지도 못한 반면, 진이 6국 중의 상대적 강자와 협력하여 약자를 압박하는 방책으로 채택한 연횡은 효율적으로 맺어지고 작동하였던 것이다.

무너진 합종의 결과는 참담했다. 기원전 230년, 마침내 강대한 진의 육군이 동방으로 진군하면서 6국을 차례차례 쓰러뜨리기 시작했다. **그림3-1** 진의 천하일통을 위한 동방 정벌이 본격화되자 한 번의 전투에

---

8 『史記』「秦本紀」.

그림3-1 섬서 서안 진시황 병마용갱 전경

10만 정도의 군사가 불귀(不歸)의 객이 되고 역대의 귀족과 사대부가 죄수나 노예가 되는 일이 다반사가 되었다. 전쟁 기계처럼 훈련받은 진의 군대는 번영하던 도시와 마을을 삽시간에 인적 없는 폐허로 만들어 버렸다. 6국의 귀족과 백성들에게 진군의 진격은 저승사자들의 접근 그 자체였다. 진이 점령한 지역에는 엄격한 법가(法家)의 기율이 적용되었다. 상대적으로 여유롭던 중원 도시 백성들의 삶은 순식간에 병영 군인의 그것처럼 팍팍해졌다. 세상살이가, 숨 쉬고 사는 방식이 달라지고 말았던 것이다.

형가는 본래 위(魏) 출신의 협객이었다.[9] 자신을 쓸 주인을 찾아

이곳저곳을 떠돌다가 연(燕)의 서울에 이르러 은거 지사인 전광(田光)을 만났다. 연의 태자 단(丹)이 진의 동방 정벌을 중지시키고자 진왕 정(政)의 암살을 도모했는데, 전광의 추천으로 형가를 만났다. 형가는 진에서 연으로 망명한 장군 번어기(樊於期)가 스스로를 죽여 내놓은 목을 함에 담고 연의 노른자위 땅 독항(督亢)의 지도를 몸에 지닌 채 장사 진무양(秦舞陽)과 함께 진의 수도 함양을 향해 떠난다. 우여곡절 끝에 진왕 정의 암살은 실패로 돌아가고 형가는 죽임을 당한다.

한화상석에는 자객 형가의 이야기가 역사 고사의 한 장면으로 등장하는 예가 많다.그림3-2, 3 『사기(史記)』「자객열전(刺客列傳)」 '형가전'의 내용대로 함양의 진 궁정에서 형가가 암살을 시도하던 상황이 고스란히 형상화되어 있다. 형가는 등 뒤로부터 진의 병사에게 붙잡혀 팔을 허우적거리며 더 어찌지 못하고 있고, 독 묻은 비수로 옷소매가 잘린 진왕이 당황한 모습으로 달아나 기둥 뒤로 숨었다. 다른 한쪽에서는 창과 방패를 든 호위병들이 급히 현장으로 접근하고 있다. 형가와 함께 간 장사 진무양은 벌벌 떨며 땅에 엎드려 있다. 진왕이 몸을 피한 기둥 앞에는 형가가 던진 비수가 꽂혀 있으며 그 아래에 놓인 함 안에는 장군 번어기의 머리가 있다.

「자객열전」에 따르면 형가는 잠시 뒤 진왕이 휘두른 긴 칼에 왼쪽 다리를 베이고 여덟 곳에 상처를 입은 채 기둥에 기대어 눈을 부릅뜨고 큰 소리로 큰 일을 이루지 못함을 한탄하며 웃으면서 죽었다고 한

9 『史記』「刺客列傳」荊軻 ; 『戰國策』「燕策」.

그림3-2 산동 가상 무개명사 석실 북벽 하층 서측 화상석 탁본: 형가자진왕

그림3-3 산동 가상 무개명사 석실 북벽 하층 서측 화상석: 형가자진왕

그림3-4 산동 기남 북채1호한묘 화상석 탁본: 형가자진왕

다.그림3-4 이 사건은 연을 향한 진군의 진격 속도를 높여주었다. 차례로 요충지를 잃은 연은 기원전 222년 수도가 함락되면서 마침내 멸망하였다.

형가의 거사는 사마천(司馬遷)의 역사서에 그 전말이 상세히 기록되었을 뿐 아니라 후대의 사가와 문필가들 사이에 빈번히 언급되는 '의거(義擧)'가 되었다. 그림3-5 진시황이 폭군으로 낙인찍히면서 형가는 협객의 본보기로 여겨졌고 의협심 역시 높이 평가되는 일이 많았다.

그림3-5 산동 가상 무량사 석실 서벽 화상석 탁본: 자객열전

그러나 오늘날에는 만일 형가의 거사가 성공했더라면, 진의 천하일통을 지연시켜 중국의 분열과 혼란이 더 지속되었을 것이라는 역사 인식도 보이는 것 같다. 당시에는 하루라도 빨리 천하가 하나가 됨으로써 중국이 안정될 필요가 있었다는 시각을 드러내는 것이라 할 수 있다. 강국들 사이의 끝없는 갈등과 전쟁으로 백성들이 겪던 고초를 완화시키거나 끝내는 가장 좋은 방법은 바로 통일이었다는 입장이다.

이런 견해에 대해 그 가부를 논하기에 앞서 한 가지 짚고 넘어갈 부분이 있다. '팍스 로마나'나 '팍스 몽골리카'는 잔혹한 정복 전쟁의 산물이라는 사실이다. 마찬가지로 '팍스 지나'라는 말이 성립한다면, 이 역시 진이 주도했던, 시체가 산을 이루고 피가 강을 이루는 대규모 전쟁들의 최종 결과물인 것이다. 결국 '피로 물든 평화'인 셈이다. 현재 논

의되는 제2의 팍스 몽골리카가 피로 물든 번영이 되지 않으려면 어떤 방식을 취해야 할지 고민할 시점이 아닌가 싶다.

4 ___ 천하 명검보다 무서운 복숭아 두 개_ 이도살삼사

'누가 최고냐?'

남자도 여자도 이 질문에는 약하다. 약하다기보다는 자제력을 잃거나 갑자기 솟구치는 갖가지 우월감과 열등감 사이에 방황하면서 '최고'를 논하거나 겨루는 자리에 낄지 말지 고민하게 된다. 고대 그리스의 시인 호메로스의 대서사시 『일리아드』는, 트로이 전쟁은 왕자 파리스가 세 여신 헤라, 아테나, 아프로디테 사이에 벌어진 미(美)의 경쟁, '누가 더 아름다운가'를 결정하는 자의 자리를 마다하지 않으면서 그 씨앗이 뿌려졌다고 전한다.[10] 파리스가 미의 심판관 자리를 거절했더라면 그리스 세계의 영웅들이 모두 출정한 10년 전쟁, 조국 트로이의 파멸을 가져온 동방 대전은 일어나지 않았을지도 모른다. 최고의 미인 헬레네를 얻었지만 파리스 자신도 죽고 그 곁의 사람들마저 전부 죽은 자의 세계인 하데스로 가게 된 것이 아닌가.

한화상석에서는 '이도살삼사'로 알려진 고사를 테마로 한 장면을 자주 볼 수 있다. **그림4-1,2** 산동 가상 무개명사 석실에서는 몸에 칼을

---

10 『일리아드』

그림4-1 산동 가상 무량사 석실 북벽 화상석 탁본: 이도살삼사

그림4-2 산동 가상 무량사 석실 북벽 화상석: 이도살삼사

지닌 세 명의 역사와 받침대가 높은 그릇에 놓인 두 개의 복숭아, 또 다른 인물 셋을 한 화면에서 볼 수 있다. 두 명의 역사는 다투어 복숭아를 집으려 하고 다른 한 역사는 마치 이를 말리려는 듯이 한 팔을 쳐들고 이들에게로 다가가고 있다. 장사들의 오른쪽에는 시위무사와 지위 높은 인물, 홀을 받쳐 든 관리가 서 있다. '형가가 진왕을 죽이려 하다.'처럼 사건의 전모를 미루어 알 수 있을 정도로 화면의 전개가 구체적이지는 않다. 언뜻 고사를 잘 알지 못하면 제대로 이해되기 어려운 상황 묘사가 아닌가 생각될 수도 있다. 과연 그럴까.

두 개의 복숭아로 세 사람의 장사를 죽였다는 '이도살삼사'는 고대 중국에서는 인구에 많이 회자되던 유명한 이야기였다. 『동주열국지(東周列國志)』에 전하는 사건의 전모는 이렇다.[11]

『안자춘추(晏子春秋)』로 유명한 안자, 곧 안영(晏嬰)이 제(齊)의 경공(景公)을 도와 제가 다시 강국의 반열에 서게 하였다. 세 장사가 경공의 신변을 지켰는데, 하나같이 맨손으로 범을 쳐 죽일 정도의 용력을 자랑했다. 그러나 날이 갈수록 방약무인하여 조정의 걱정거리가 되었다. 경공도 후환이 두려워 이들을 쫓아버리지 못할 정도였다. 그러자 재상 안영은 어느 날 노공(魯公)을 초대한 자리에서 만수금도(萬壽金桃)로 불리는, 크기가 사발만 한 복숭아 여섯 개를 가져오게 하여 두 나라 임금과 재상이 하나씩 먹도록 하였다. 두 개가 남자 안영이 경공에게 말하기를 '복숭아 두 개가 남았으니 공께서 여러 신하 중에 가장 공

---

11 『東周列國志』

이 큰 사람을 나서게 하여 그 가운데에서도 나은 사람에게 상으로 내리심이 어떻겠습니까.' 하였다. 공이 좋다고 하며 좌우에 모셔 선 신하들에게 말을 전해 뜰아래 서 있던 신하들 가운데 복숭아를 먹을 만하다고 여기는 사람을 나서게 했다. 세 장사 가운데 공손첩(公孫偵)이 먼저 앞으로 나서며 경공을 모시고 동산(桐山)에서 사냥할 때 갑자기 달려든 호랑이를 맨손으로 쳐 죽인 공로를 내세웠고, 이어 고야자(古冶子)가 경공과 배를 타고 황하를 건너다가 말을 물고 들어가는 괴물을 뒤쫓아가 죽여 말을 되찾은 공을 말하였다. 경공의 명으로 안영이 두 장사에게 술과 복숭아를 내리자, 전개강(田開疆)이 뒤늦게 앞으로 나서며 경공의 명을 받아 서(徐)를 쳐 유명한 장수를 베고 군사 500을 사로잡아 서군(徐軍)을 포함하여 담군(澹軍)과 거군(渠軍)까지 한 자리에 모여 경공을 맹주로 받들게 한 공을 평가받고자 하였다.**그림4-3** 이에 안영이 전개강의 공이 다른 장군들보다 열 배는 나으나 복숭아가 없으니 술만 한 잔 내리고 복숭아는 내년을 기약하자고 경공에게 말하였다. 모욕감을 느낀 전개강이 자결하자 공손첩이 자신의 염치없음을 탓하며 역시 칼로 자신의 목을 쳐 죽었고, 고야자도 세 사람이 생사고락을 함께하기로 했는데 혼자 살아 있을 수는 없다며 스스로 목을 쳐 죽었다. 세 장사가 '커다란 복숭아 두 개' 때문에 일시에 스스로 목숨을 끊은 것이다.

　이렇게 하여 재상 안영의 꾀로 나라에 큰 공이 있었지만 우환거리가 되기도 했던 장사 세 사람이 한꺼번에 유명을 달리하게 되었다.**그림4-4** 삼국시대 촉한(蜀漢)의 재상으로 세상에 이름을 날린 제갈량(諸葛亮)은 세 장사의 무덤이 있던 임치 제성의 동문 바깥 탕음을 지나다가 「양

그림4-3 강소 서주 출토 한화상석: 무기고

그림4-4 하남 남양 출토 한화상석 탁본: 이도살삼사

보음(梁甫吟)」이라는 시를 지어 후세에 남긴다.[12] 시의 내용으로 보아 안자의 교묘한 책략을 칭찬한 것도 아니고 세 장사의 어리석음을 안타까워하는 것도 아닌 듯하다. 안자가 살던 시대나 제갈량이 마주친 사회나 본질적으로는 큰 차이가 없다는 사실을 깨달으며 읊은 시인지도 모른다.

걸어서 제나라 동문을 나가
멀리 탕음리(蕩陰里)를 바라보니
마을 가운데 무덤 셋이 있는데

12 『古文眞寶』「詩」梁甫吟.

04 — 역사의 불빛

그림4-5 산동 가상 무개명사 석실 북벽 화상석 탁본: 이도살삼사

나란히 잇대어 서로 닮았다.

이것이 뉘 무덤이냐 물으니

전강과 고야자라고 한다.

힘으로는 남산을 쉽게 밀어내고

문은 능히 지기를 끊었다는데,

하루아침에 음모에 걸리니

복숭아 두 개로 장사 셋이 죽었구나.

누가 능히 이 짓을 했을까.

제의 상국 안자라네.

「양보음」으로 세상에 더욱 널리 알려지기 전부터 제가 섰던 산동과 그 이웃 하남, 섬서 일원에서는 '이도살삼사'에 얽힌 고사가 널리 알려

그림4-6 산동 가상 무개명사 석실 북벽 화상석: 이도살삼사

지고 이야기되었다. 이들 지역의 한화상석에 이 고사가 빈번히 묘사되었던 것도 이런 까닭이다.

고사를 떠올리며 화상을 자세히 들여다보니 구하기 어려운 천하 명검도 아닌 하잖은 복숭아 두 개에 '공'의 높고 낮음을 걸자, 이에 눈이 먼 장사들이 서로 질투하고 견제하면서 신경을 곤두세우는 모양이 다급한 자세에 그대로 나타난다.그림4-5,6 함께 죽고 살기를 맹세할 정도로 의기투합했던 협객의 의리가 순식간에 산산조각이 나버린 형국이다. 사지(死地)를 헤쳐 나오며 맺었던 장사들의 수십 년 우정도 한순간의 질투 앞에는 무력했던 것이다.

5 절개를 지키렵니다_
과부 양고행

고행(高行)은 양국의 과부이다. 아름다웠을 뿐 아니라 행동도 칭찬받을 만했다. 남편이 죽어 일찍 과부가 되었으나 재혼하지 않았다. 양의 많은 귀족들이 다투어 저와 결혼하고자 했으나 아무도 얻지 못하였다. 양왕(梁王)이 이를 듣고 재상을 보내 선물을 주자 여자는 '제 남편이 불행히 일찍 죽어 저는 과부로 살며 그의 어린아이들을 기르고 있습니다. 그러나 정말 잘 기르는지! 많은 귀족들이 저를 얻으려 했지만 다행히 이를 피할 수 있었습니다. 이제 왕께서 저를 얻으려 하시는군요. 제가 듣기로 부인의 도리는 일단 결혼하면 바꾸지 않으며 정순함과 신의를 지키는 것이라 합니다. 죽은 이를 잊고 삶만을 구한다면 이는 신의라 할 수 없으며, 영예를 좇느라 초라한 것을 잊으면 정순함이라 할 수 없습니다. 의리를 버리고 이익을 좇는 것 역시 여인이 할 바가 아닙니다.'라고 말하고는 거울과 칼을 꺼내 들고 칼로 자신의 코를 베어버렸다. 다시 이르기를 '이제 저의 겉모습은 훼손되었습니다. 자살을 하지 않는 것은 차마 어린 것들이 고아가 되는 것을 볼 수 없어서입니다. 왕께서는 제가 아름답다고 하여 저를 구하시지만 이제 몰골이 사나워졌으니 위험을 피할 수 있겠군요.' 하였다. 재상이 이를 전하여 아뢰자 왕은 그 의로움

그림5-1 산동 가상 무량사 석실 후벽 화상석 탁본: 양고행 고사

을 칭찬하고 행동을 높이 평가하여 요역(徭役)을 면하고 더하여 고행이라는 칭호를 내렸다.[13]

13 『烈女傳』「貞順篇」梁高行.

『열녀전(烈女傳)』「정순편(貞順篇)」에 전하는 내용이다. 산동 가상 무량사에는 이 고사와 관련된 내용이 화상으로 표현되어 전한다.**그림5-1** 화면 왼편에는 마차가 있고 한 사람이 어깨에 절(節)을 걸치고 서 있다. 절은 왕이 보낸 사람이라는 표시이다. 그의 오른쪽에 사자라는 글이 쓰여 있다. 그 앞에서는 한 인물이 무릎을 꿇고 두 손으로 덩어리 몇 개가 담긴 쟁반을 받쳐 들고 있다. 그 위에 '봉금자(奉金者)'라는 글자가 있어 이 덩어리들이 금이라는 사실을 알 수 있다. 봉금자와 마주 보는 사람이 고사의 주인공인 양고행이다. 부인은 등판이 있는 탑과 같은 기구 위에 앉았는데 오른손에는 청동거울을 쥐고 있다. 고사의 내용이 떠올라서 그런지 부인에게서 풍겨나는 분위기가 자못 싸늘하다. 부인이 청동거울을 들여다보며 화면상 보이지 않는 왼손에 쥔 칼을 비스듬히 세워 들고는 봉금자에게 무언가 말을 하고 있는 장면이다. 부인의 뒤에 시종인 듯한 사람이 편면(片面)을 들고 서 있다. 선 채 몸을 앞으로 기울이고 있어 부인을 위해 부채를 부치다가 눈앞에 펼쳐진 상황에 당황하여 마치 이를 말리려 나서는 듯하다. 고사의 전개 과정으로 보아 부인은 이미 칼로 자기의 코를 벤 상태이다.

유학에서 언급하는 예교 질서가 국가 운영의 세부적인 데까지 영향을 미쳤던 한대에는 충(忠)과 효(孝)의 모범을 보여준 사람들에 대한 이야기와 함께 절개와 지조를 지킨 여인들에 대한 이야기도 사회적 차원에서 널리 퍼졌다.**그림5-2,3** 왕공 귀족부터 여염집 백성에 이르기까지 이런 이들을 본받아 이웃의 귀감(龜鑑)이 되라는 것이다. 과부의 재혼이 법적으로 금지되지는 않았지만 수절(守節)하며 고인이 남긴 자식들

그림5-2 산동 가상 무개명사 석실 후벽 소감 서벽 화상석 탁본: 교훈담

을 잘 키워 가문을 빛내고 나라에 보탬이 되게 하라는 '보이지 않는' 사회적 강요가 홀로 된 여인들을 압박하였다. 이런저런 이유로 부모나 인척들로부터 재혼을 권유받거나 재혼을 하게 될 지경에 이른 여인들이 절개를 지키려는 자신의 의지를 보이기 위해 스스로 신체를 훼손하는 사례도 종종 있었다. 양고행은 코를 베었다고 전하지만 어떤 과부들은 손가락을 자르거나 귀를 도려내 재혼의 위험에서 벗어났다.[14] 충성스런 신하가 두 군주를 섬기지 않듯이 신의 있는 과부는 재혼하지 않는다는 것을 내외에 보여주기 위해서였다.

---

14 『華陽國志』에 소개된 彭非, 王和, 李進娥 등이 그런 사례에 속한다. 楊樹達, 『漢代婚喪禮俗考』(上海商務印書館, 1933).

그림5-3 산동 가상 무량사 석실 동벽 화상석 탁본: 교훈담

과부는 재혼하지 말고 남편이 남긴 아이를 잘 키워야 한다는 식의 명문화되지 않은 사회적 법규는 남자가 재혼하여 얻은 아내는 전처의 아이들을 학대하기 마련이라는 조작된 인식을 만들어내 퍼뜨리는 데에도 한 몫을 하였다. 한대에는 못된 계모에 얽힌 이야기들도 항간에 널리 퍼져 여인들로 하여금 사회적으로 더욱더 위축된 삶을 꾸려 나가게 만들었다.

『효자전(孝子傳)』의 등장인물 가운데 하나인 민손(閔損)은 어머니가 죽은 뒤 아버지가 재혼하자 새어머니로부터 심한 학대를 당하였다.

계모는 민손에게 갈대 줄기로 채워진 겨울옷을 주었고 자기가 낳은 아들에게는 솜을 두텁게 넣은 옷을 입혔다. 이를 모르고 있던 민손의 아버지가 아들로 하여금 수레를 몰게 했다. 날이 매우 추워 민손은 말채찍을 손에서 떨어뜨렸다. 그러나 계모의 아들은 별 사고 없이 수레를 잘 몰았다. 아버지가 화를 내며 민손을 야단쳤지만 아들은 묵묵히 그 말을 듣고 있을 뿐이었다. 마침내 아버지가 두 아들의 옷을 살펴보고 나서야 그 이유를 알게 되었다고 한다.[15]

민손은 자기에게 못되게 행동했지만 새어머니도 어머니인 만큼 그 잘못을 드러내려 하지 않았기에 효를 다했다. 그럼에도 계모는 유학자들이 말하는 '계모답게' 전처의 아들을 괴롭힌 것이다. 아버지가 재혼한 것이 문제가 아니라 후처로 들어간 여인이 부덕한 데에 원인이 있다는 식이다. '여자가 문제!'라는 것이다.

이외에도 문제를 일으킨 못된 계모에 대한 이야기는 많이 있다. 아버지의 무덤을 정성껏 돌보는 아들을 죽이려다가 실패한 계모 이야기도 그 가운데 하나이다. 계모는 전처의 아들이 독약을 넣은 술을 먹고도 죽지 않자 칼로 찔러 죽이려 한다. 그러나 아들이 갑자기 깨어나는 바람에 이마저도 실패하자 이 효성스러운 아들은 하늘이 보호하고 있다고 판단하여 결국 마음을 돌리고 만다.[16] 이 이야기에서도 아들은 착한데 계모는 악독하다. '후처는 반드시 전처의 아들을 학대한다.'는 선

---

15 『孝子傳』閔損傳.
16 『孝子傳』蔣章訓傳.

그림5-4 산동 가상 무량사 석실 서벽 화상석 탁본: 교훈담

입견을 확인시켜주는 또 하나의 사례이다.

　당연한 것이지만, 한대에 민간에 회자된 다양한 교훈담 가운데 계모를 괴롭힌 불효자나 아내를 학대한 남편, 후처의 아이를 지극 정성으로 돌본 남자의 이야기는 찾아볼 수 없다. 상상도 되지 않을뿐더러 현실적으로도 불가능한 일이었던 까닭이다. 무엇보다 이런 이야기를 통해 얻을 교훈이 없었다. 여인의 절개와 지조를 강조하며 과부의 재혼을 금기시하고 못된 계모 인식을 일반화한 이면에는 '남편의 아이를 잘 키워 국가의 동량(棟樑)이 되게 해야 한다.'는 국가 차원의 현실적 사고와 필요가 있었기 때문이다.**그림5-4** 물론 이 국가는 유학자들이 강조하던 가부장적 질서에 입각한 남성 위주의 정치 체계를 운영 원리로 삼

고 있었다. 이나저나 가장 중국다운 왕조로 평가받기도 하는 한대부터 중국 여인들은 '보이지 않는 손'의 작용으로 재혼도 마음대로 하지 못하는 답답한 지경에 들어서게 되었던 것이다. 아름다운 얼굴에 스스로 큰 상처를 내야 했던 양의 한 과부의 진심은 무엇이었을까. 양고행은 다른 여인들도 자신처럼 행동하기를 원했을까. 자신의 무서운 결단이 빌미가 되어 다른 여인들도 그를 뒤따르도록 사회가 강요할 것임을 예측하고는 있었을까. 확신하건대, 저 가련한 양의 과부는 이런 곤혹스런 질문들은 받고 싶지 않았을 것 같다.

6 ___ 풍요로운 가을을 꿈꾸며_ 야합

야합은 통상 '남녀가 몰래 정을 통하거나, 사람들이 좋지 못한 목적으로 서로 어울리는 행위'를 가리키는 말로 부정적인 분위기를 강하게 풍기는 용어이다. 제대로 된 절차를 거치지 않았다는 것은 사회적으로 공인받는 과정이 생략되었다는 뜻이기도 하다. 인간 사회에서 남녀 관계는 그 사회가 인정하는 일정한 규율 아래에서만 인정받을 수 있으며, 이를 무시하면 사회의 구성원으로서 자격을 잃거나 사회적 제재를 받아야 한다는 의미가 내포되어 있다. 어떤 면에서 원초적이라고 할 수 있는 남녀 관계도 사회적 차원의 규제 아래 있다는 것이다. 이런 복잡한 사회적 함의가 내포된 용어였던 까닭에 야합은 원래의 의미에서 더 확대되어 사회적으로 부정적인 영향을 끼칠 수 있는 어울림에도 적용되게 되었고, 오늘날 사회적으로 확대된 부정적 의미로 해석되고 적용되는 경우가 더 많아졌다. 그러면 야합은 처음부터 몰래 이루어지는 남녀의 어울림을 가리키는 부정적 의미의 용어였을까.

사천에서 출토된 한화상전 가운데에는 '사일야합(社日野合)'으로 명명된 남녀 정사 장면을 생생하게 나타낸 것들이 있다. 사천 성도 신룡향(神龍鄕)에서 수집된 화상전을 보면 가지와 잎이 무성한 커다란 나무

그림6-1 사천 성도 신룡향 출토 한화상전: 야합

가 있고 그 아래에서 두 남녀가 성교에 열중하는 장면이 묘사되어 있다. **그림6-1** 여자는 누워 두 다리를 벌렸고 남자는 성기가 발기된 상태로 그 위에 무릎을 꿇고 엎드린 상태이다. 무릎을 굽힌 남자의 뒤에서 다른 한 남자가 한쪽 무릎은 꿇고 다른 쪽 무릎은 굽혀 세운 채 두 손으로 그의 엉덩이를 밀고 있다. 옆으로 길게 뻗어나간 나무줄기에는 두 남녀의 옷이 걸렸고 여자의 머리 오른쪽에는 대바구니가 팽개쳐 있다. 나뭇가지의 중간쯤에서 꽁지깃이 세 갈래로 길게 뻗어나간 새 한 마리가 목을 빼고 두 남녀의 모습을 보고 있으며 그 윗가지의 새도 이 장면에 관심을 보이고 있다. 가지의 오른쪽 끝에서는 원숭이 두 마리가 나무에 매달려 놀

고 있다. 나무의 큰 줄기 중간에도 두 마리의 짐승과 새가 있고, 큰 줄기 뒤쪽 곧 화면 왼편 끝에는 성기가 발기된 한 남자가 벌거벗은 채 턱을 치켜들고 두 남녀와 한 남자의 모습을 바라보고 서 있다.

신룡향에서 출토된 또 한 점의 화상전에도 이와 유사한 장면이 묘사되었다. 남자의 엉덩이를 뒤에서 밀던 남자가 생략되고 나무 왼편에 서 있던 남자가 두 다리를 벌린 채 앉아 있는 점이 앞에 소개한 화상전과 구성이 다르다. 이 남자 역시 성기의 발기된 상태가 강조되고, 원숭이와 새가 나뭇가지에 묘사된 점은 앞의 화상전과 같다.

커다란 나무 아래에서 이루어지는 남녀의 성교가 화상전의 제재로 선택되어 자세히 묘사된 이유는 무엇일까. 화상전의 제목에서 미루어 짐작할 수 있듯이 화면 속 남녀의 성교가 이루어지는 장소는 사목(社木)이 있는 곳이다. 고대 중국에서 사(社)는 화재, 가뭄, 홍수 등을 막고 풍요로운 가을 추수를 보장받기 위해 제를 지내던 곳이다.[17] 시(市)가 양기(陽氣)를 내는 곳이었다면 사는 음기(陰氣)를 관리하기 위한 주술행위가 이루어지는 장소였다. 사람들은 비가 너무 많이 내리면 이를 그치게 하려고 붉은 실로 사를 열 바퀴 두르기도 했고, 가뭄이 오래 되면 비를 오게 하려고 사에 구덩이를 파 마을 어귀 바깥의 도랑까지 잇고 구덩이에는 다섯 마리의 두꺼비를 넣었다.[18]

---

17 李成九,「中國古代의 求雨習俗과 徙市」『古代中國의 理解』5(서울대학교 동양사연구실 편, 지식산업사, 2001)

18 以朱絲縈社十周 …『春秋繁露』「止雨」; 鑿社通之於閭外之溝 取五蝦蟆 錯置社之中.『春秋繁露』「求雨」

그림6-2 사천 성도 출토 한화상전: 야합

　사에는 사목이 있었다. 사와 사목은 동일시되기도 하였다. 고대 중국에서는 떡갈나무, 상수리나무, 야생 뽕나무같이 거대하게 자라거나 자라고 있는 나무들이 숭배되었고 이런 나무가 있는 곳에 사를 두었기 때문이다. 제의 곡원(曲轅)의 사목이었던 거대한 떡갈나무는 1000마리의 소가 그 그늘에서 쉴 수 있었고 둘레가 100아름이나 되며 높이가 산과 맞먹을 정도였다고 한다.[19]

　사에서 기우제나 풍요, 다산을 기원하는 제의들이 열리면 가무가 동반되었고 모여든 남녀들 사이에 연애와 성행위가 뒤따랐다.**그림6-2**

19　匠石之齊 之乎曲轅 見櫟社樹 其大蔽千牛 絜之百圍 其高臨山 十仞而後有枝.『莊子』「人間世」

그림6-3 사천 형경성 교외 출토 한화상전: 입맞춤

사에서의 집단적인 남녀 성행위는 천지의 교감을 얻어 비를 내리게 하며, 대지가 다시 기운을 얻게 한다고 믿어졌으므로 제지되기보다는 장려되었다. 잎과 가지가 무성한 사목 아래에서 이루어지는 남녀 성행위는 공감 주술의 일부로 인식되었던 셈이다. 성스러운 나무 아래에서 행하는 성스러운 행위였기에 남녀의 성적 방종으로 인식되고 통제되지는 않았던 것이다.

1969년 사천 형경(滎經) 엄도(嚴道) 고성지(古城址)에서 출토된 한대 석관에는 마주 앉은 남녀가 입맞춤하는 장면이 묘사되었다.**그림6-3** 두 남녀가 무릎을 꿇고 마주 앉은 채 남자는 팔을 들어 손으로 여자의 턱밑에 대었고 여자는 손을 남자의 팔목 근처에 대면서 목을 길게 빼면서 턱을 약간 치켜들었다. 남녀의 입술이 막 포개졌고 두 사람만의 공간은 따뜻한 사랑의 기운으로 부드럽게 채워져 있다. 화면 왼편 남녀의

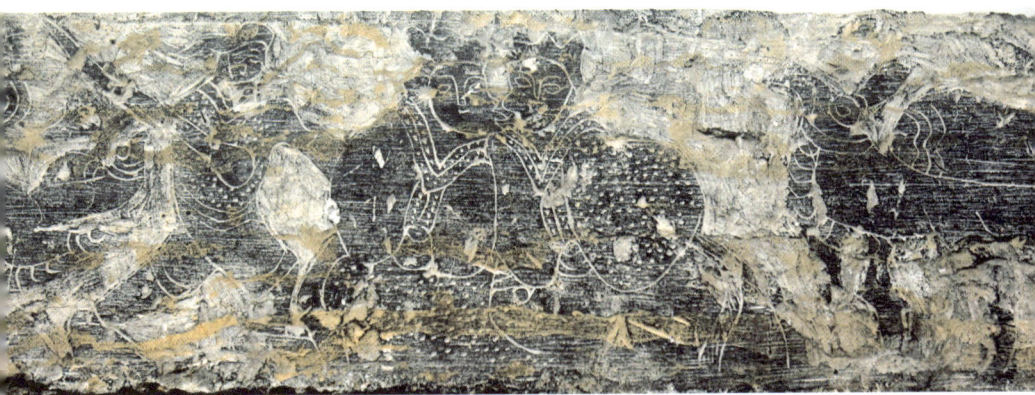

그림6-4 강소 서주 출토 한화상석: 입맞춤

입맞춤 분위기를 알아챘는지 가운데에는 한 여인이 문의 한쪽을 살짝 열고 한 손으로는 닫힌 문 자락을 잡은 채 살포시 바깥을 내다보고 있다. 문 좌우에는 주작이 묘사되었고, 화면 오른편에는 서왕모가 정면을 향해 앉아 있다.

형경 석관에 묘사된 남녀의 입맞춤이 서왕모가 주재하는 곤륜선계에서 이루어진 일이든, 내세의 다른 어떤 공간에서 벌어진 일이든 화상의 이 장면은 남녀의 사랑, 혹은 부부애의 진한 표현이지 그 외에 다른 의미는 부여하기 어렵다.**그림6-4** 그러나 화상전의 '야합'은 명백히 주술적 효과를 염두에 둔 종교적 행위라고 해야 할 것이다. 비록 제의를 명분으로 한 남녀의 성적 방종이라 할지라도 사회적 합의 아래 이루어지는 공적 행위의 일부인 것이다.**그림6-5** 후대에 '야합'이라는 단어에 덧씌워지는 부정적 의미와 인식이 사천에서 야합을 주제로 한 화상전

그림6-5 강소 서주 출토 한화상석: 비희

이 만들어지던 때에는 씨앗의 상태로만 숨어 있었다고 보아도 지나치지는 않을 것이다.

7 ___ 날마다 극진히_제사

　이 석당(石堂)은 연평(延平) 원년(106년) 12월 갑진(甲辰) 14일에 완성되었다. 목성이 병오(丙午)의 자리에 있었다. 나 노국(魯國) 북향후(北鄕侯)는 조정에도 나가지 않고 유학도 공부하지 않은 채, 고향집에 머무르며 슬퍼하고 있다. 나는 섬기면서 참배하려고 한다. 나는 효성으로 갚지 못함을 슬프고 안타깝게 생각한다. 끝없이 통곡하다 못해 곧 죽을지도 모르겠다. 매일 아침 제사를 드리고 늘 음식을 봉헌한다.

　산동성 곡부(曲阜)에서 발견된 양삼노사(楊三老祠)라는 사당의 명문이다.[20] '상을 치를 때에 효자는 슬픔을 극진히 하며, 제사 드릴 때에는 최대한 엄숙히 해야 한다.'는『효경(孝經)』의 구절을 연상시키는 봉헌문이 담긴 이 명문은 현재 북경 역사박물관에 보관되어 있다.
　산동 기남 북채 1호한묘에는 사람이 전혀 등장하지 않는 건물이 화

20　方若,『校碑隨筆』(朋友書店, 1923)에 소개. 우훙 지음, 김병준 옮김,『순간과 영원 – 중국 고대의 미술과 건축』(대우학술총서515, 아카넷, 2001) ; Wu Hung, *MONUMENTALITY IN EARLY CHINESE ART AND ARCHITECTURE*(Stanford University Press, 1995), p. 469 에서 재인용.

그림7-1 산동 기남 북채1호한묘 중실 남벽 횡액 서단 화상석 탁본: 사자용 건물

상으로 남아 있다.**그림7-1** 대문을 들어서면 회랑으로 둘러싸인 중정과 바깥채가 있고 다시 중문을 들어서면 주인 부부가 기거하는 안채 공간이 나오는 일반 귀족 저택의 기본 구조를 갖춘 집이다. 대문이 있는 저택 바깥의 한쪽에 큰북이 세워졌고 바깥채의 중정 한편에는 도르래식 우물이 있다. 정작 특이한 것은 안채 마당 한가운데 놓인 큰 상이다. 평상에 가까운 넓은 판 위는 텅 비어 있고 그 좌우에는 술 단지와 음식물을 담은 큰 합들이 놓여 있다. 안채의 섬돌 위의 당에 해당하는 공간에는 커다란 기둥이 세워졌을 뿐이다. 건물 전체에 인기척이 전혀 없는 것이다. 한대에 묘 옆에 세워지던 사자용 건물을 묘사한 것으로 해석될 수밖에 없는 것도 이 때문이다. 안마당 가운데 놓인 큰 상은 제사용 술

과 음식을 올려놓는 제사상이고 상 좌우의 술 단지와 음식 담긴 합들은 죽은 이를 위해 마련된 제물들이라고 하겠다.

위에 인용한 명문에서 미루어 짐작할 수 있듯이 한대에는 상장례(喪葬禮)가 극히 중시되었고 죽은 부모나 친지, 스승에게 제대로 예를 표현하고 효와 충을 나타내는 것이 일종의 불문율처럼 받아들여졌다. 만일 이런 부분에서 소홀함이 발견되면 해당자는 관직에서 쫓겨날 뿐 아니라 나라로부터 처벌받는 경우도 있었다. 실제 친구 진탕(陳湯)이 아버지가 죽었음에도 급히 집으로 달려가지 않아 옥에 갇히자 그를 추천했던 부평후(富平侯) 장발(張勃)은 '못된 사람을 관리로 추천한 죄'로 봉읍을 잃었다.[21]

이런 사회적 동향 때문에라도 집안의 누군가가, 그것도 나라의 녹을 먹던 사람이 죽으면 그 사람의 부모, 형제, 처자, 친우들은 장례에 만전을 기하고 상복을 입는 기간 동안 정성껏 죽은 이의 혼백을 위로하지 않으면 안 되었다. 당연히 제사는 날마다 극진한 마음으로 드려야 했다. **그림7-2,3** 산동 지역 허(許)의 졸사 안국(安國)이 죽자 그의 동생과 부모는 사당을 만들고 흙을 등에 지고 나르면서 봉분을 올렸으며 키 큰 잣나무를 그 둘레에 심었다. 사명(祠銘)에 의하면 이들은 매일 아침저녁으로 제사를 드리고 때마다 마치 형이 여전히 살아 있는 것처럼 여러 가지 맛난 음식을 제사상에 올렸다고 한다.[22]

---

21 富平侯張勃與湯交 高其能 初元二年 元帝詔列侯擧茂材 勃擧湯 湯待遷 父死不犇喪 司豫奏湯無循行 勃擧故不以實 坐削戶二百.『漢書』「列傳」甘延壽

그림7-2 사천 성도 출토 한화상전: 제사행렬

산동 가상 무개명사의 제단에는 제사상의 상차림이 화상으로 남아 있다.[23] 그림7-4 다섯 개의 접시 두 줄로 나뉘어 표현되었고 나란히 묘사된 뒷줄 두 개의 큰 접시에는 깃털이 뽑힌 닭이 한 마리씩 묘사되었다. 앞줄 좌우의 작은 접시 두 개에는 물고기가 한 마리씩 그려졌으며 접시만 비어 있다. 만일 날마다 사당 앞에서 제사를 지냈다면 제물은 이 비어 있는 접시에만 놓인 셈이다. 비록 '날마다 극진히'라고 하지만 현실은 현실 아닌가. 상다리가 부러지도록 제사 음식을 마련하여 날마다 차

---

22 산동 가상 송산 출토 『安國祠銘』(산동 석각서예박물관 소장), 명문 전문은 齊寧地區文物條・嘉祥文管所, 「山東嘉祥宋山一九八〇年出土的漢畵像石」『文物』1982年 5期에 소개.

23 林巳奈夫, 『古代中國生活史』(吉川弘文館, 1992) 도면10-23에 소개.

그림7-3 산동 기남 북채1호한묘 중실 남벽 횡액 서단 화상석 탁본: 제사

린다는 것은 보통 일이 아니었을 것이다. 비용도 비용이려니와 그 수고도 만만치 않은 것이다. 명문상으로는 매일 맛난 음식을 상에 올렸다고 해도 실제로는 비어 있는 접시 하나 둘 정도에 예에 가장 적절한 음식 혹은 죽은 이가 가장 좋아했고 묘나 사당에 거한다고 믿어졌던, 백(魄)으로서도 불만이 없을 만한 음식이 마련되어 올랐음을 짐작할 수 있다.

그림7-5

고대 중국에서는 사람이 죽으면 그 혼백(魂魄)이 나뉘어 혼은 저 세상 곧 조상신의 세계로 가고 백은 시신과 함께 이 세상에 남아 있는다고 믿었다.[24] 살아 있는 사람들에게는 조상신의 하나가 된 혼도 혼이려니와 시신을 떠나지 않고 이 세상에 남은 백을 어떻게 대해야 하는가가

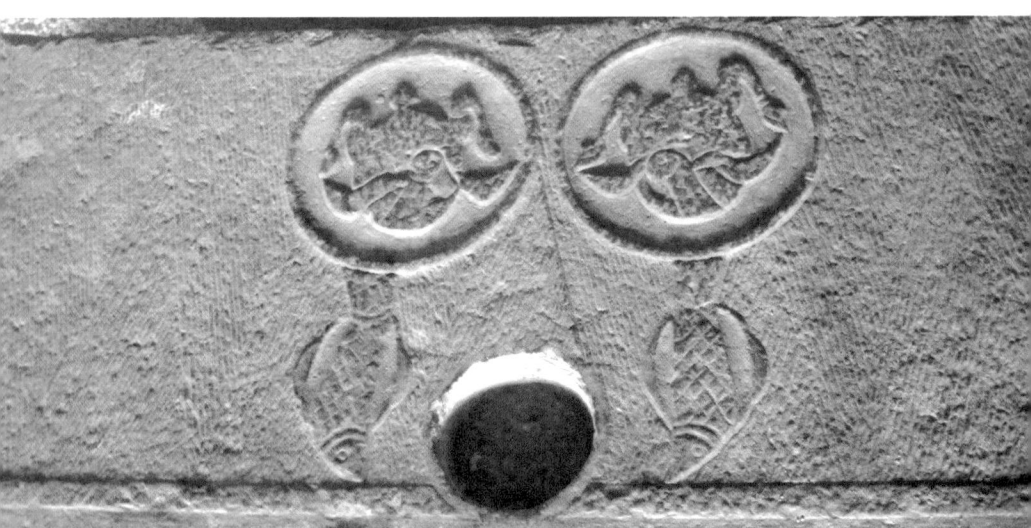

그림7-4 산동 가상 무개명사 제단석

큰 문제였다. 억울하거나 불쌍하게 죽은 사람들, 전쟁이나 난리통에 죽어 그 시신이 제대로 수습되지 않고 산야(山野)에 방치되어 있는 이들의 귀백(鬼魄)은 원통함을 풀고자 살아 있는 자들에게 해를 입힌다고 믿었기 때문이다.[25]

    춘추전국시대의 유물들 가운데 백의 출몰을 두려워하며 백을 달래고 함부로 나다니지 못하게 하려는 주문(呪文)이 새겨지거나 적힌 것

---

24 혼백 구분은 전국시대부터 뚜렷해지는 듯하다.(魂氣歸于天 魄氣歸于地,『禮記』「郊特牲」)
25 백에 대한 의식과 관련한 제반 행위에 대해서는 마이클 로이 지음, 이성규 옮김,『古代中國人의 生死觀』(지식산업사, 1986) 참조. 이외 한·위진 시기 항간의 귀백 관념(鬼魄觀念) 자료집에 가까운『風俗通儀』「怪神篇」및『搜神記』도 참조.

그림7-5 강소 수녕 고비 출토 한제단석

이 자주 발견되는 데에는 다 이유가 있는 것이다. 한대에도 백에 대한 사람들의 두려움은 가시지 않았다. 이 시대의 기록 중에도 백의 괴롭힘을 받아 사람이 죽거나 상했다는 이야기가 종종 발견된다.[26]

한대에 큰 발전을 보며 왕공 귀족부터 여항의 백성과 노비에게까지 영향을 미친 유학에서 효와 충, 예(禮)와 서(序)를 강조하며 이를 사회적으로 관철시키는 수단의 하나로 제사를 강조하였음은 익히 알려졌다. 그러나 그 이면에 여전히 사람들 사이에 믿어지고 관습적으로 유지

---

26 원귀는 심지어 전염병도 일으킬 수 있었다.(長吏殺生自己 死者多非其罪 魂神究結 無所歸訴 淫厲疾疫 自此而起.『後漢書』「列傳」襄楷)

그림7-6 산동 제남 장청구 쌍유산 제북왕릉 출토 금병

되던 죽은 이의 혼백에 대한 태도를 감안한 부분이 없었다고는 하기 어렵다. 예를 다한 상장례와 정성스런 제사는 죽은 이의 혼백을 달래는 데에 가장 유효한 수단인 까닭이다. 그림7-6, 7

산 자의 몸을 상하게 하고 재물을 탕진하게 하는 데까지 이를 만큼 후하게 치러지는 상장례와 제사에도 불만을 품을 혼백이 어디 있겠는가. 이런 대접을 받고도 산 사람에게 해를 입히려는 백이 있다면 이는 신이 노할 일인 것이다. 백에게도 예의염치(禮儀廉恥)가 있을 것이기 때문이다. 이 정도의 정성으로도 만족하지 못하는 후안무치(厚顏無恥)한 백이 있다면 신의 사자가 원귀(寃鬼)가 되어버린 그런 백들을 붙잡아 도삭산(度朔山)의 호랑이 먹이로 삼을 것이다.27 아마 집안의 기둥

그림7-7 산동 미산 양성진 출토 영화4년명 한화상석 탁본: 부부

뿌리가 흔들릴 정도로 비용을 대서 장례를 치르고 제사를 지내지만, 앞으로도 구만리장천 쇠털같이 많은 날을 살아야 했던 남은 자들은 속으로 이런 말을 뇌까렸을지도 모른다. 가세가 기울면 사당 앞 제단의 빈 접시 하나 채우기도 만만치 않을지 모르는데….

27 1장의 주34 인용 『論衡』「訂鬼篇」 참조.

05

즐거운 세상

1 올이 가늘수록 고급!_ 옷감과 직기

비단! 도자기와 비단은 대뜸 중국을 떠올리게 하는 대표적인 물품이다. 두 가지 모두 중국과 연결되면 명품, 고급이라는 이미지를 그 속에 담게 된다. 특히 비단은 '실크로드'라는 이름의 무역로를 탄생하게 한 물품이고 인류가 만들어낸 옷감 가운데 가장 고급스러우면서도 대단히 실용적인 것이다.

1972년 호남성 장사(長沙) 교외의 마왕퇴(馬王堆)라는 커다란 언덕 한 귀퉁이에서 시작된 고고학적 발굴은 그 결과가 세계의 이목을 끈 것으로 유명하다. 전혀 도굴의 손을 타지 않은 전한시대 지방 고위 관리 부인의 무덤이 온전히 발굴된 까닭이다. 여러 차례 도굴이 시도되었지만 어떤 이유에서인지 매장부에는 도굴꾼의 손길이 미치지 못했던 것이다. 장사국 재상이던 대후(軑侯) 이창(利蒼)의 부인 신추(辛追)의 무덤 마왕퇴1호한묘에서는 온전히 보존된 미라와 함께 칠기, 악기, 도자기, 견직물, 인형 등 무려 3000여 점의 각종 유물이 수습되었다.[1] 특히 눈길을 끌었던 것은 피부의 탄력이 그대로 남아 있는 미라와 원형이

---

1 湖南省博物館·中國科學院考古研究所, 『長沙馬王堆1號漢墓』(文物出版社, 1973).

그대로 유지된 채 그릇에 담겨 있던 과일과 곡식들이었다.

사실 마왕퇴1호한묘와 뒤이어 발굴된 2호한묘, 3호한묘 출토품 가운데 주목되어야 할 것은 미라나 과일뿐이 아니었다.[2] 기원전 160년대 한 문화의 수준이 알려졌던 것보다 훨씬 높아 특정 부문에서는 후대의 수준을 크게 넘어선다는 사실이 확인되었기 때문이다. 그 가운데 하나가 비단 직조술이었다. 마왕퇴한묘에서 출토된 비단 제품에는 올의 가늘기가 눈으로 확인하기 어려울 정도인 것도 있었고, 무늬를 넣는 기술 가운데에는 현재도 재현이 거의 불가능할 정도로 정교한 것도 포함되어 있었던 까닭이다. 그림1-1 몇 겹을 겹쳐 입어도 무게를 느끼지 못할 정도의 얇은 것도 있었고 워낙 투명하여 여러 겹을 겹쳐 입어도 입은 이의 살갗이 비치는 것도 있었다. 말 그대로 '얇기는 매미 날개 같고, 가볍기는 연기 같은' 고급 비단이 옷의 재료로 쓰였던 것이다. 이미 기원전 2세기경 중국에서는 비단 직조 기술이 더 이상 이르기 어려울 정도의 수준에 도달해 있었던 셈이다.

비단 짜기에 사용되는 실의 원료는 누에가 만들어낸다. 누에의 먹이는 싱싱하고 깨끗한 뽕나무 잎이어서 중국에서는 일찍부터 뽕나무의 재배가 시도되었고 성공적으로 이루어졌다. 좋은 잎을 많이 내는 뽕나무는 특별히 귀중히 여겨져 일부에서는 숭배의 대상으로까지 격상되었다. 뽕나무 숲은 마을 단위로 공동 관리되었고 극상품 뽕나무 잎으로

---

2 湖南省博物館・中國社會科學院考古硏究所, 「長沙馬王堆2・3號漢墓發掘簡報」『文物』1974年 7期 ; 湖南省博物館・湖南省考古文物硏究所, 『長沙馬王堆2・3號漢墓』 全2卷(文物出版社, 2004).

그림1-1 호남 장사 마왕퇴1호한묘 출토 직물: 무늬비단

키운 누에의 고치에서 뽑는 실로는 뽕나무 여신에게 바치는 옷감이 별도로 직조되었다. 이런 옷감으로 만든 옷을 신의라 했고, 신의에 쓰일 옷감을 짜고 이것으로 신의를 만드는 일을 담당한 여자를 신녀(神女)라고 불렀다. 후대에 견우직녀설화로 많이 알려진 직녀의 본래 모습도 신녀였다.[3]

신성한 뽕나무는 제의의 대상이 되었고 뽕나무 숲에서는 정기적으

---

3 전호태, 「고구려 고분벽화의 직녀도」, 『역사와현실』 38(한국역사연구회, 2000).

로 축제가 열렸다. 매년 처음 뽕나무 잎을 딸 때에는 제의 겸 축제가 마을의 뽕나무 숲과 그 주변에서 열렸고 이때에는 남녀 간의 짝짓기가 자유롭게 이루어졌다.[4] 긴 갈고리대와 바구니를 들고 뽕잎을 따러 온 여인들과 이들에게 사랑을 얻으려고 허리에 검을 차고 찾아온 남자들이 뽕나무 숲에서 서로 어우러지는 광경은 춘추전국시대 유물의 장식무늬로도 잘 남아 있다.

일찍부터 양잠이 이루어졌던 양자강 유역에서는 비단 직조술도 빠르게 발전했는데, 신석기시대인 기원전 2000년대 초에 이미 1센티미터 정도의 너비 안에 48줄의 올이 들어가는 견직물을 생산해 옷을 만들어 입을 정도에 이르렀다.[5] 기원전 1000년경에는 야생누에를 집누에로 길들이는 데에 성공한 것에 힘입어 올실 두 줄을 한 조로 하여 꼰 날줄 사이에 씨줄을 끼워 짜 얇고 가는 것이 특징인 비단 사(紗), 실의 광택이 표면에 잘 드러나게 짠 무늬 비단인 능(綾)도 짜내는 수준에 이르렀다.

기원전 6세기부터 4세기 사이에는 거미줄처럼 가늘고 섬세한 질감의 중국제 비단이 인도와 유럽까지 전해져 그리스, 로마 사람들이 중국을 비단의 나라로 부르게 만들었다. 진한시대에 이르러 중국의 비단 직조 기술은 전국시대와는 비교도 되지 않을 정도의 발전을 보였는데, 그 수준이 마왕퇴한묘 발굴로 수습된 실물을 통해 확인된 것이다.

마왕퇴한묘 출토 견직물 가운데 특별히 내외의 이목을 집중시켰던

---

4 李成九, 「中國古代의 求雨習俗과 徙市」, 『古代中國의 理解』 5(서울대학교 동양사연구실 편, 지식산업사, 2001).
5 林巳奈夫, 『古代中國生活史』(吉川弘文館, 1992).

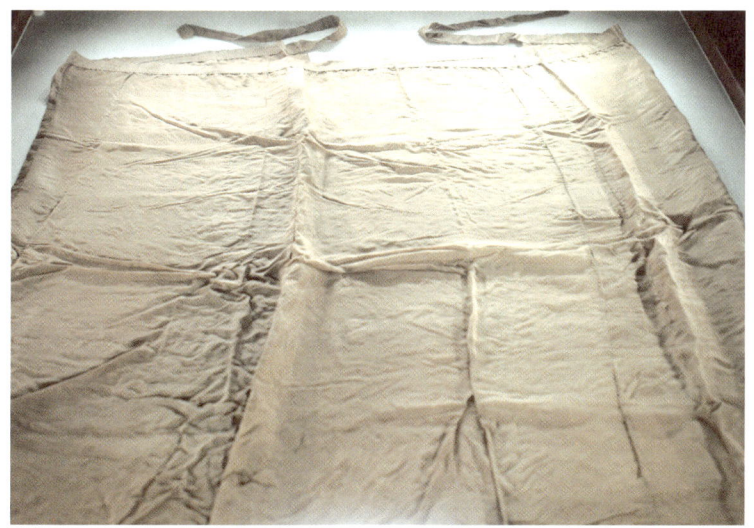

그림1-2 호남 장사 마왕퇴1호한묘 출토 직물: 소사단의

것은 대나무 상자 안에 들어 있던 19점의 옷 가운데 두 점인 소사단의(素紗襌衣)였다. **그림1-2** 옷 두 벌의 무게가 각각 48, 49그램에 불과했고, 소매와 목둘레의 비단을 제외하면 두 벌 모두 합게 25그램이었다. 또한 두루마기의 목둘레나 허리띠, 향주머니 등을 만드는 데에 사용한 융권금(絨圈錦)이라 불리는 비단의 경우 너비 1센티미터에 166에서 224줄의 날실이 들어갔음이 확인되어 세인의 혀를 내두르게 하였다.

『서경잡기(西京雜記)』에 따르면 한 소제(昭帝) 때에는 하북성 거록(巨鹿)에서 진보광(陳寶光)이라는 사람의 아내가 120개의 섭을 사용할 수 있는 비단 직조기를 발명하여 120개의 날줄을 써 60일이면 무늬 비단 한 필을 짤 수 있게 되었다고 한다.[6] 왕일(王逸)이 남긴 「기부

그림1-3 강소 서주 동산 홍루촌 출토 한화상석 탁본: 방직

부(機婦賦)」는 후한 시대에 무늬를 짜는 사람은 3척 높이의 화루에 앉아 무늬를 짜면서 잉아를 움직이고 그 앞에 놓인 기계틀에는 직공이 앉아 씨줄만 짜는 방식으로 무늬 비단을 짰음을 묘사하고 있다.[7] 장사 마왕퇴한묘 출토품에서 확인된 고급 비단 직조술이 전한 중기 이후에도 발전을 거듭하였음을 짐작하게 하는 기록들이다.

서주 동산(銅山) 출토 한화상석에는 당으로 보이는 건물 안에서 세 명의 여성이 직기를 이용하여 직물을 짜고 실을 풀고 감는 장면이 묘사

---

6 『西京雜記』
7 「機婦賦」

그림1-4 강소 서주 출토 한화상석: 방직

되었다.**그림1-3** 건물 바깥인 화면 왼편 끝에서는 한 여성이 이들에게 무언가 말을 건네는 중이다. 건물 안 왼편에 놓인 직기에는 한 여성이 두 발을 페달 기능을 하는 봉 위에 올려놓고 가로대에 걸터앉은 채 포를 짜다 말고 몸을 뒤로 돌려 물레를 돌리면서 가는 관에 실을 감는 여성에게 말을 걸고 있다. 왼손으로 큰 바퀴의 손잡이를 돌리며 실을 감는 여성이 손에 쥔 실은 천장 가까운 곳의 수평봉에 걸친 두 개의 실패에서 풀려 나오고 있다. 물레 오른쪽에는 바닥에 놓인 네모진 테에 실타래가

그림1-5 사천 성도 증가포한묘 후실 후벽 화상석 탁본: 생활상

수평으로 감겼고 한 여성이 테에서 실을 풀어내 천장에 걸린 봉을 거쳐 한 손에 잡고 있는 원추형의 실타래에 다시 감고 있다. 후한 시대에 어떤 기구를 써서 실을 감고 풀어내며 이런 실로 어떻게 직물을 짜는지를 잘 보여주는 사례이다. **그림1-4**

화상석에 보이는 직기는 천 수백 년 뒤에도 그 기본 형태에 큰 변화를 보이지 않고 사용된다. **그림1-5** 기술상의 발전이 더 이상 이루어지지 못했다기보다는 직물을 짜는 기기의 작동 원리가 늦어도 한대에는 충분히 파악되어 직기 제작에 적절히 적용되었던 까닭이다. **그림1-6** 이후 기기의 세부적인 개선은 속도를 높이고 너비를 확대하는 차원에서 시도되고 일정한 성과를 이루었을 뿐이다. 1000여 년 뒤까지 세계적 찬

그림1-6 경기도 과천과학관 소장 직기

탄의 대상이 되었던 중국 비단의 비밀은 오히려 직기보다는 얼마나 얇게 실을 뽑아내고 얼마나 교묘하게 무늬를 내는가에 있었다. 신녀가 짜는 신의는 쉽게 외부에 그 비밀을 드러내지 않았던 것이다.

2 ___ 좀 더 아름답게 비추어 다오_ 동경

거울아, 거울아, 이 세상에서 누가 제일 예쁘니? 공주님이오.
거울아, 거울아, 지금은 이 세상에서 누가 제일 예쁘니? 왕비님이오.

잘 알려진 동화 『백설공주』 줄거리의 결정적 장면에 해당하는 두 부분이다. 마녀가 가진 요술 거울은 모든 것을 비추어낼 수 있고 말도 한다. 안타깝게도 이 거울은 사람과 달리 거짓말을 할 줄 모른다. 계속 백설공주가 제일 예쁘다고 하면서 거울에 그 모습을 보여주니까 마녀인 왕비로서는 견딜 수 없었던 것이다. '고것만 없애면 내가 세상에서 제일 예쁜데, 고것이 눈엣가시로군.' 하면서 결국 독(毒)사과를 한 입 깨물게 하여 공주로 하여금 깨어날 수 없는 깊은 잠에 빠지게 한 뒤, 다시 요술 거울에게 묻는다. '누가 제일 예쁘니?' 당연히 거울은 '왕비님'이라고 답변할 밖에. 그러나 결국 공주는 천생연분 왕자님의 입맞춤으로 다시 깨어나고 마녀는 몰락한다. 해피 엔딩!

산동 가상 무개명사 화상석에는 귀부인이 자신의 꾸밈새가 어떤지 살펴보기 위해 시녀가 내민 거울에 자신의 옆얼굴을 비추는 듯한 장면이 나온다. 그림2-1 화면 오른쪽 시녀는 박물관에서 쉽게 볼 수 있는 청동

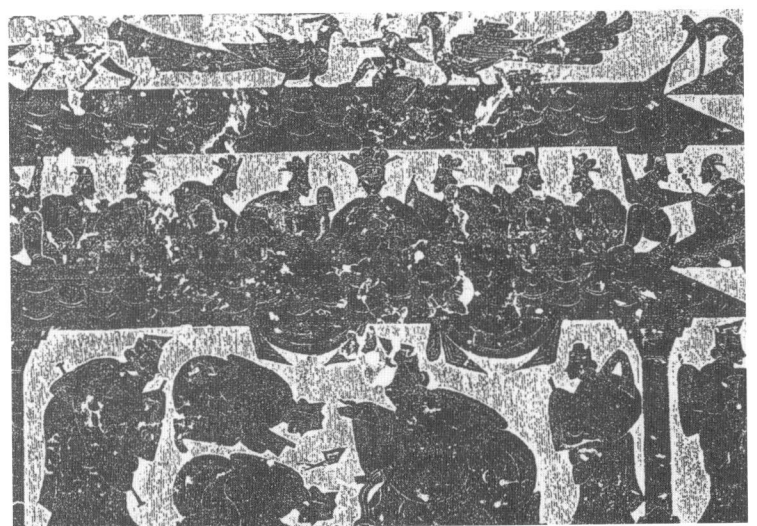
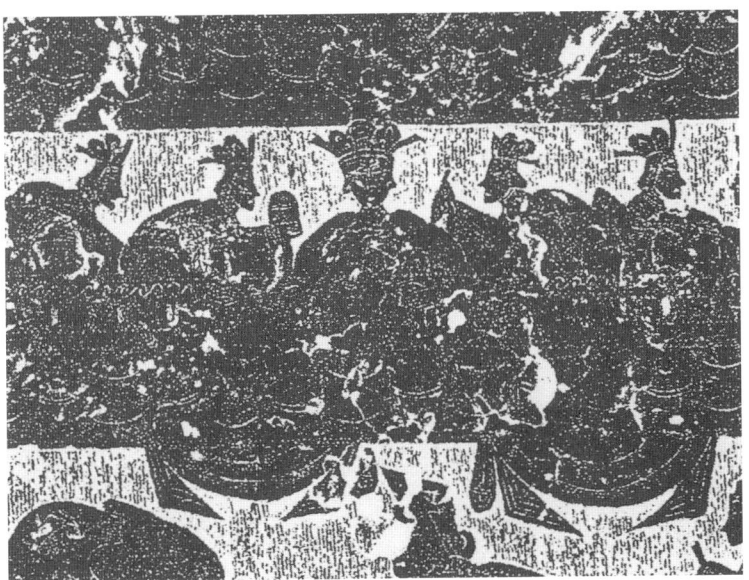

그림2-1 산동 가상 무개명사 석실 북벽 소감 북벽 화상석 탁본: 거울을 보는 귀부인

거울 뒷면 가운데 돌기 부분 구멍에 꿴 끈을 손에 매어 잡고 거울의 반짝거리는 앞면을 귀부인의 얼굴 가까운 곳에 가져갔다. 가운데 표현된 귀부인이 정면을 향해 앉은 상태여서 거울에 비친 자기 얼굴의 옆쪽을 볼 수는 없는 상태지만 이 장면을 통해 당시의 청동거울 사용법은 확실히 드러난다. 화면 왼편의 시녀는 화장품 함으로 보이는 용기를 귀부인을 향해 내밀었다. 하남 화상석에서는 여인이 손에 청동거울을 들고 직접 자기 얼굴을 비추어 보는 장면도 확인된다. 그림2-2

청동거울은 한대 귀부인의 필수품 가운데 하나였다. 그림2-3 호남성 마왕퇴1호한묘에서 출토된 귀부인의 소지품 가운데 하나인 칠기로 만든 화장품 함에서는 여러 가지 향료와 함께 비녀, 족집게, 분 바르는 솔, 빗, 작은 칼, 도장, 청동거울이 나왔다.[8] 그림2-4 청동거울을 비롯한 화장 용구들은 각각 곱게 자수를 한 비단에 싸여 있었다.

고대 중국의 청동거울은 이미 전국시대부터 만들어지지만 관리의 부인

그림2-2 하남 남양 출토 한화상석 탁본: 거울을 보는 여인

8 湖南省博物館·中國科學院考古硏究所, 『長沙馬王堆1號漢墓』(文物出版社, 1973).

그림2-3 산동 기남 북채1호한묘 후실 남측 격장 동면 화상석 탁본: 거울걸이를 들고 가는 여인

그림2-4 호남 장사 마왕퇴1호한묘 출토 화장품 함

그림2-5 산동 출토 서한 성운문 동경
그림2-6 산동 출토 동한 장의자손(長宜子孫)명 동경

들까지 사용할 수 있을 정도로 널리 보급되는 것은 한대여서 한경(漢鏡)이라는 용어가 따로 있기도 하다. 보통 거울의 앞면은 본래의 용도에 맞게 얼굴을 비칠 수 있게 민면이 되게 하지만 뒷면은 다양한 무늬로 장식하였다. **그림2-5,6** 뒷면 가운데에는 끈을 꿸 수 있는 구멍이 있는 둥근 돌기 부분을 만들고 주위를 원으로 처리하거나 하늘의 사방 성좌를 상징하는 사엽형(四葉形) 장식으로 마무리한다. 하지만 그 외의 공간은 하늘의 각종 신격이나 신이한 존재들, 신선 신앙과 관련한 설화적 장면, 하늘 별자리와 수호신들 등으로 장식하는 것이 일반적이다. 청룡, 백호, 주작, 현무와 함께 천황대제(天皇大帝)와 남극노인(南極老人), 동왕공, 서왕모, 황제(黃帝), 제(帝), 구망(句芒), 수신에 더하여 죽은 뒤 신선이 된 것으로 전하는 백아(伯牙), 종자기(鍾子期)가 함께 형상만 표현되는가 하면, 서왕모와 동왕공 등의 신격들과 상서로운 새와 짐승들 사이에서 불사약 찧기에 여념이 없는 선인들이나 육박을 즐기는 왕자교와 적송자 같은 선인들이 묘사되기도 하였다.

　장면들을 구분하기 위한 방식의 하나로 공간들 사이에 둥근 테를 한둘 더 넣고 그런 띠들에 제작 연대, 제작처를 알리는 명문을 넣기도 하고 부귀, 장수, 자손 번창을 기원하거나 선계에 들어가 불사의 선인으로 영원히 사는 모습을 상정한 글귀를 넣기도 한다.

　청동거울은 뒷면의 무늬 내용과 명문을 근거로 종류를 나누기도 한다. 일광경(日光鏡), 소명경(昭明鏡) 등은 명문 구절에 의해 붙은 이름이고, 초엽문경(草葉文鏡), 성운문경(星雲文鏡), 방격규구경(方格規矩鏡), 연호문경(連弧文鏡), 수문경(獸文鏡), 반룡문경(蟠龍文鏡), 신

그림2-7 한대 동경의 앞면과 뒷면(절강 양주역사관)

수문경(神獸文鏡) 등은 무늬와 도안의 특징에 따라 불리게 된 명칭이다. 연호문소명경, 방격규구사신경, 방격규구수문경 등은 두 가지 이상의 특징이 함께 나타나는 청동거울에 붙인 이름이다.

여성의 화장 용구로 만들어져 사용되었지만 청동거울은 '비추는' 기능 때문에 일찍부터 주술성을 지닌 도구로도 인식되었다. 그림2-7 청동거울을 몸에 지니고 다니면 사귀(邪鬼)의 접근을 막고 복과 재화를 부를 수도 있다고 믿어진 것이다. 진한 이래 청동거울이 다수 무덤에 껴묻어지는 것도 벽사(辟邪)의 기능이 있다고 믿어졌기 때문이다.

청동거울은 사람의 얼굴도 비출 수 있지만 보이지 않는 것들의 정체도 드러낼 수 있다고 여겨졌다. 신선 신앙이 체계화되는 위진 시대에는 청동거울이 지닌 '비추어 그 정체를 알아내는' 주술적 기능에 대한 믿음이 더욱 구체성을 띠면서 강해진다. 도사 갈홍(葛洪)은 '그 옛날 입산 수도자는 모두 직경이 아홉 치 이상 되는 깨끗한 거울을 등에 짊어 졌는데 이렇게 하면 오래 묵은 요물이 감히 가까이 오지 못하였다. 혹 시험하러 오는 자가 있으면 거울에 비추어 보아야 한다. 그것이 선인이 거나 산속의 신선이면 거울에 비추어 보아도 사람의 형체일 것이다. 만약 새나 짐승, 사악한 요물이면 그 모습이 다 거울 속에 보일 것이다.' 라며 선을 닦는 이들이 청동거울을 지니고 다닐 것을 권유하였다.[9]

위진 시기에는 청동거울에 벽사의 기능 외에 예언의 기능도 있는 것으로 인식되었으며 결국은 스스로 모습을 바꾸는 능력까지 지닌 생명체로 믿어지기에 이른다. 위진 시기의 저술에 우물 속에 떨어져 수백 년의 세월이 흐르는 동안 변화의 술법을 익혀 미인이 되어 나타나는 오래된 청동거울에 대한 이야기가 실리는 것도 이 때문이다.[10] 신선 신앙이 널리 믿어지면서 백설공주에 등장하는 요술 거울과 같은 기능이 청동거울에도 있다는 믿음이 백성들 사이에 서서히 자리 잡게 되었던 것이다.

한대에는 청동거울이 생활 용구이자 주술 용구로 제조되었고 보급되었다. 벽사의 기능까지 지닌 화장용 도구라는 점 때문에 고위 관리 이하 계층의 수요도 적지 않았으므로 다양한 무늬와 도안이 들어간 청

---

9 是以古之入山道使 皆以明鏡徑九寸以上 懸於背後 則老魅不敢近人 或有來試人者 則當顧視鏡中 其是仙人及山中好神者 顧鏡中故如人形 若是鳥獸邪魅則其形貌皆見鏡中矣.『抱朴子‧內篇』.
10 鄭在書,『도교와 문학 그리고 상상력』(푸른숲, 2000) 제7장「거울의 도교적 기능과 그 문학적 수용」참조.

동거울들이 대량 제조되었으며 시기에 따라 유행하는 종류도 달랐다. 한의 정치적·문화적 영향이 동아시아 각지로 확산되자 청동거울도 '선진 문화'의 상징처럼 여겨지면서 한의 바깥 세계로 흘러나갔다. 일본열도를 비롯한 일부 지역에서는 한에서 만들어진 청동거울을 필요한 만큼 구하지 못하자 이를 모방한 방제경(倣製鏡)이 다수 만들어지기도 하였다.

한의 바깥 세계에서도 청동거울과 방제경들은 무덤 속에 껴묻어졌음이 오늘날의 고고학 발굴을 통해 확인된다. 문제는 한에서처럼 한의 바깥 사회에서도 청동거울의 화장 용구로서의 성격과 벽사적 기능이 동시에 인식되고 믿어졌는지이다. 청동거울이 무덤에 함께 묻힌 이유가 한에서처럼 벽사적 기능에 대한 믿음 때문이었는지, 아니면 무덤에 묻힌 자의 사회적 지위를 과시하기 위한 위신재로 인식된 까닭인지, 혹 두 가지 다이기 때문인지를 판단하기 어렵다. 문득 한을 떠나면서 청동거울의 어떤 기능은 본토에 그대로 남겨진 것은 아닐까 하는 생각도 든다.

3 ___ 구경만으로도 즐거운 곳_ 시장

새벽부터 삼삼오오 골목길에 모인 사람들이 이제나저제나 하는 표정으로 귀를 세우고 기다린다. 때가 되었는데, 해가 중천인데, 왜 소식이 없누. 볼메고 투덜거리는 소리가 여기저기서 들려오고 웅성거림이 커지는가 싶을 때, 고루(鼓樓)에서 둥둥거리는 소리가 들린다. 개장을 알리는 큰북소리이다. '이제 시장을 엽니다.'라는 공식적인 신호인 것이다. **그림3-1**

지금은 목을 빼고 기다렸지만 이제 해 넘어갈 무렵이 되면 장꾼들은 정반대 입장에서 조바심을 낼 것이다. 벌써 해가 기우네, 너무 빠르구먼, 아직 때가 아닌데 걱정이네. 혼잣말로, 때로는 입에서 입으로, 아침에는 그토록 기다리는 소리가 이제는 들릴까봐 걱정한다. 고루에서 큰북이 울리면 아직 팔 것 못 팔고, 구할 것 못 구해도 오늘 장은 끝인 까닭이다. '이제 시장을 닫습니다.'라는 공식적인 신호도 큰북을 울려 온 시장에 알렸던 것이다.

사천 성도에서 출토된 화상전에는 시장의 이런 풍경이 잘 묘사되어 있다. **그림3-2** 화면의 한가운데 2층 누각이 있고 2층 처마에는 큰북이 걸려 있다. 1층에서는 시장을 관리하는 사람들이 사무를 보고 2층에서

그림3-1 요녕 철령 용담사산성 내 용담사 고루

는 시장의 개폐를 알리는 큰북을 울렸다. 사통팔달(四通八達)의 거리 한가운데 세워진 2층 건물 주변에서는 사람들이 모여 온갖 거래에 열중하고 있다. 좌판으로 보이는 것을 가운데 두고 말이 오가는 장면도 보이고 무엇을 배달하는 듯이 물건을 들고 앞 사람의 뒤를 따라 걷는 사람도 있다. 물건 없이 이야기만 나누는 듯한 자세를 취한 이들도 있다. 시장 큰 도로의 아래쪽을 제외한 다른 세 방향 끝에는 관문에 해당하는 것이 있고 그중 두 곳에는 각각 '북시문(北市門)', '동시문(東市門)'이라는 글자가 쓰여 있다. 큰북소리가 울리면 이 문들이 열리고, 또 닫히

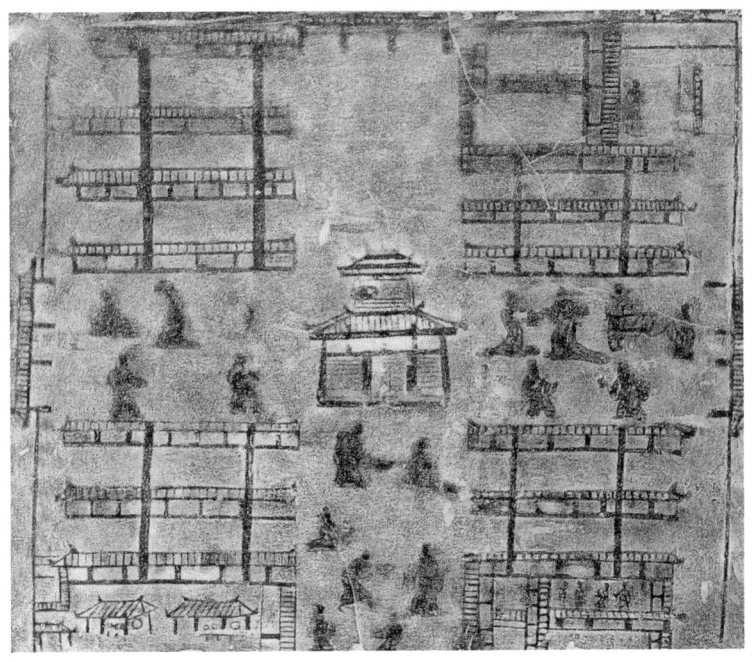

그림3-2 사천 성도 신도 신빈진 출토 한화상전 탁본: 시장

는 것이다.

한대에는 시장 안에도 각각의 구획된 공간이 있어 그 안에서 상거래가 이루어졌다. 구획된 공간마다 상가들이 열을 지어 늘어섰고, 사람들은 각각의 열에서 다시 공간을 나누어 들어선 점포에 들러 필요한 것을 사거나 자기가 가져온 물건과 바꾸었다. 사천 팽현 의화향 수집 화상전에는 시장에서 이루어지던 상거래의 현장이 생생히 묘사되어 보는 이의 호기심을 자극한다.그림3-3 화면의 왼편은 북시문 일대이고, 오른편은 남시문 근처이다.

그림3-3 사천 팽현 의화향 출토 한화상전 탁본: 시장

　　북시문이라는 글자 바로 곁에는 주점이다. 가게 안의 사람이 바깥의 사람에게 그릇과 같은 것을 건네고 있다. 바로 곁에서는 커다란 평상 위에 한 사람이 무릎 꿇고 앉아 손에 쥔 긴 막대를 흔들면서 상 앞에 선 사람과 흥정을 하는 듯하다. 남시문이라는 글자 바로 곁의 건물에서는 주인인 듯한 사람이 손님으로 보이는 두 사람과 대화를 나누면서 무엇인가를 건네는데, 이들 사이에 항아리와 같은 것이 묘사되었다. 화면 둘째 줄 왼편의 건물에서는 한 사람이 물건을 들고 시장으로 나오고 있으며 그 옆에는 커다란 양산 밑에 자리를 펴고 앉은 여자가 등에 갈대로

만든 물건 같은 것을 맨 여성이 앞에 놓은 큰 함지에 무엇인가를 담으려 하고 있다. 이들 옆에서는 두 사람이 물건을 주고받으려는 중이고 화면 오른쪽 중간의 건물에서는 한 남자가 위에 둥근 고리가 있는 막대 같은 것을 들고 시장으로 들어서는 중이다. 화면 셋째 줄의 왼편 끝에는 한 여자가 광주리 같은 것을 앞에 두고 그 앞의 사람에게 값을 흥정하는 듯하고 그 오른쪽에서는 자리에 펼쳐 놓은 것을 한 여자가 손가락으로 가리키며 값을 묻고, 앉아 있는 사람은 그에 답하면서 흥정을 시도하고 있다. 이들의 오른쪽 두 사람은 물건을 들어 저울에 달아보려는 중이며 오른쪽 끝의 건물에서는 한 사람이 곡식을 되어 바깥의 사람에게 주려는 것으로 보인다.

　시각이 따로 표시되지는 않았지만 시장에서는 지금 한창 거래가 무르익고 있다. 아마 화상전의 제작자는 북적거리고 소란스러우며 활기와 흥이 어우러지던 시장의 분위기를 제대로 살리고 싶었던 것 같다. 시장을 관리하는 관청의 입장에서는 사람이 많이 모이고 거래가 활발할수록 장세도 많이 거둘 수 있으니 싫을 리 없다. 이런저런 이유로 공적인 세 외에 조금씩 얻는 것도 있을 것 아닌가. 그래도 때가 되면 시장 닫는다는 북소리는 울려야 하는 것이다.

　한대의 상거래에는 둥근 원판 가운데에 네모난 구멍을 뚫은 청동전인 오수전(五銖錢)이 기본 화폐로 많이 쓰였다. 그림3-4,5 일정한 폭과 길이의 마포(麻布)도 화폐 대용으로 쓰였는데, 오수전과의 환산율은 법률로 정해져 공표되었다. 시장에서는 곡식, 소금, 건어물, 각종 직물, 칠기와 여러 가지 수공업 제품 등 온갖 것이 거래되었다. 거래되는 상

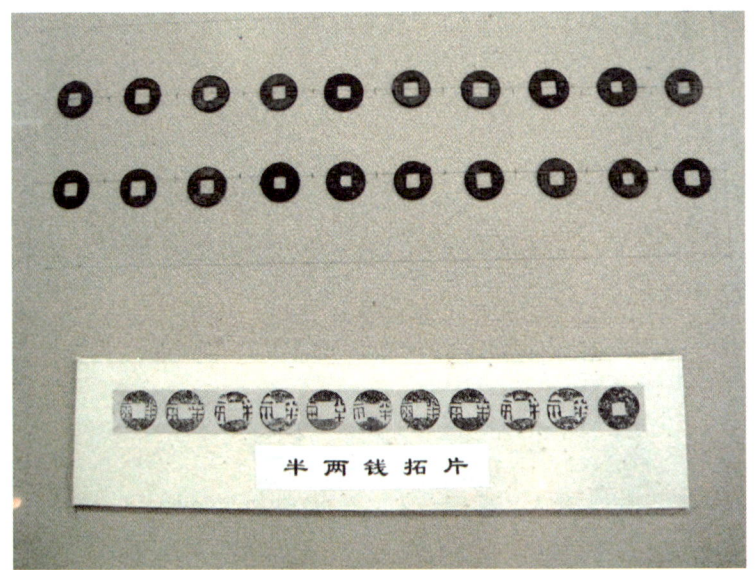

그림3-4 산동 임기 은작산1호한묘 출토 반량전

그림3-5 강소 서주 운룡산 출토 오수전 용범

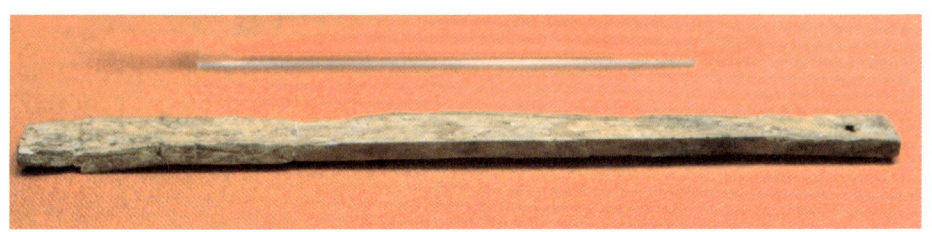

그림3-6 강소 서주 납리산1호한묘 출토 상아자

품의 양, 길이와 너비, 무게 등은 진의 천하일통 이래 진의 도량형을 기준으로 일률적으로 정해진 뒤 이를 환산하거나 측정하는 데에 어려움이 없게 되었다.그림3-6 저울의 기준이 되는 분동(分銅)도 수, 량, 근을 맞추어 잴 수 있도록 관에서 공인한 것만 보급되어 사용되었다. 길이를 재는 자, 양을 재는 되도 관(官)의 기준에 맞추어 만들어지고 보급되었으며 기준에 맞지 않게 만들어지거나 변형되어 사용하는 것은 엄격히 금지되었다.[11]

고대 중국에서 처음으로 시(市)라는 공간이 설정되었을 때 그 용도는 대단히 포괄적이었다. 재화가 모이고 나누어지는 공간으로도 쓰였지만 기본적인 기능은 신의 강림을 매개로 이루어지는 제례와 행형이었다. 사람들이 모여 신의 강림을 기원하고 제사를 드리며 춤추고 노래 불렀던 성스러운 공간이 시였던 것이다.[12] 신의 이름으로 죄인에게 형

---

11 林巳奈夫, 『古代中國生活史』(吉川弘文館, 1992).
12 李成九, 「中國古代의 求雨習俗과 徙市」『古代中國의 理解』 5(서울대학교 동양사연구실 편, 지식산업사, 2001).

그림3-7 사천 성도 신도 신농향 출토 한화상전 탁본: 시장

벌이 가해졌고 지나치게 많이 내리는 비를 그치거나, 오래도록 내리지 않는 비를 구하는 제의, 이를 빌미로 한 남녀의 집단적인 성행위도 시에서 이루어졌다. 애초에 재화의 집적과 재분배는 시에서 이루어지는 부차적 행위에 불과했다.

　시간이 흐르면서 제례는 사(社)를 포함한 특정한 공간, 심지어 신전이나 묘사 같은 별도의 건물에서 펼쳐지게 되었고, 비를 구하거나 그치게 하려는 제의도 따로 마련된 장소에서 행해지게 되었다. 형벌은 오래도록 사람들이 북적거리는 시에서 가해졌지만 이는 사람들에게 경각

심을 일으키려는 일종의 본보기 차원에서 의도적으로 행해졌을 뿐이다. 시에는 자연스럽게 처음에는 부차적이었던 재화가 모이고 다시 나누어지는 기능만 남게 되었다. 도시와 시골 각처에서 만들어지고 생산된 온갖 물품들이 모였다가 필요한 사람들의 손에 들어가 다시 흩어지는 '일상생활의 가장 중요한 공간'으로 재탄생한 것이다. 그림3-7

아마 한대 시장에 나온 평범한 백성들은 시가 지녔던 성스러운 공간이라는 성격은 까마득히 모르고 있었을 것이다. 나라에서 주관하는 형벌이야 '애구, 안되었군!'이라든가 '에이, 고얀 놈, 그럴 만도 해.' '우리 집안사람이 저런 일을 겪으면 정말 곤란하겠어.' 같은 반응 정도나 보였으리라. 대다수의 가장 큰 관심은 '오늘 장에 나가면 그걸 구할 수 있을까. 싼 값에 살 수 있으면 참 좋겠어.' 또는 '이번 장에서는 좀 비싸게 팔 수 있으면 좋으련만. 시세가 어떨지 모르겠군.'이 아니었을까.

4 ___ 땅속에 가득한 흰 보석_ 소금

문제 하나. 늘 구할 수 있고 중요한 줄도 모른다. 그러나 없으면 큰일이다. 이것을 얻기 위해 전쟁도 벌어졌고 이것으로 나라가 부강해지기도 했다. 짐승들도 이것이 없으면 살 수 없다. 고대 로마에서는 이것을 군인의 봉급으로 지급하기도 했다. 북아프리카에서는 상인들이 낙타에 이것을 싣고 사하라 사막을 건너 다녔다. 이것은 무엇일까?
답. 소금

사천 성도에서 출토된 한화상전 가운데에는 염정(鹽井), 곧 소금 우물에서 소금물을 길어내 소금을 만들어내는 광경이 상세히 묘사된 것이 있다. **그림4-1, 2** 2세기경 사천 지역에서 볼 수 있던 풍경이다. 화면 왼편 아래에 지붕이 있는 높은 망루가 있고 제일 높은 곳의 가로대에 도르래가 설치되어 있다. 망루의 아래층에 두 사람, 위층에 두 사람이 있어 한쪽에서는 밧줄을 끌어올리고 반대쪽에서는 당겨 내리고 있다. 화면에 보이지 않는 밧줄 양쪽 끝에 두레박이 묶여 있어 그 안에 소금물이 담겨 있을 것이다. 소금물로 가득한 깊은 우물이 망루 아래에 있으리라.

망루 위층 발판 오른쪽에 수조(水槽)가 묘사되었다. 수조에 부어

그림4-1 사천 비현 출토 한화상전: 염정

그림4-2 사천 비현 출토 한화상전: 염정

진 소금물은 오른쪽으로 뻗어나간 나무관을 타고 화면 오른쪽 아래 산 밑에 설치된 제염소로 흘러갈 것이다. 제염소에는 커다란 부뚜막이 설치되었고 여러 개의 가마 확이 있어 그 위에 가마솥이 올려졌다. 부뚜막 왼쪽 끝에 아궁이가 있고 그 안에 장작들이 놓였으며 불이 지펴진 상태이다. 아궁이 앞에서는 불길을 조절하는 사람이 웅크린 자세로 부채질을 하고 있다.

화면의 중단과 상단에는 산봉우리들이 겹겹이 솟았고 산에는 나무가 울창하고 짐승들이 가득하다. 제염소 왼편 산 밑에서는 등에 땔감을 가득 진 사람들이 제염소를 향해 걸어오고 있다. 제염소 위쪽의 산속에서는 사냥이 이루어지고 있는 중이다.

중국에서 소금 채취는 신석기시대인 기원전 6000년경 산서 북부의 소금 호수 운성호(運城湖) 일대에서 처음으로 이루어진 것으로 추정되고 있다.[13] 한여름에 호수의 소금물이 일부 마르면서 생겨나는 소금 결정을 얻는 정도였을 것이다. 그러나 역사시대에는 운성의 소금이 부의 원천으로 여겨져 적극적으로 채취되고 중국 각지로 팔려 나갔다. 이때에는 소금 항아리에 소금물을 담아 물을 말려서 소금을 얻든가 둑으로 구획된 작은 공간에 소금물을 붓고 햇볕으로 물을 말린 뒤 소금을 채취하거나 하는 방식으로 소금 생산이 이루어진 듯하다. 춘추시대의 유명한 거상(巨商) 계연(計然)은 산서상인을 가리키는 진상(晉商)의 개조(開祖)에 해당하는 인물로 소금 매매로 큰돈을 번 뒤 다른 품목의

---

13 이와 관련한 간결한 정리는 마크 쿨란스키 지음, 이창식 옮김, 『소금』(세종서적, 2003) 참조.

그림4-3 호북 형문 향령강 출토 전국시대 쇠솥

교역에도 손을 뻗었다고 한다.[14] 기원전 5세기 중반에는 쇠솥에 소금 물을 담아 끓이는 자염법이 고안되었다. 그림4-3 보다 짧은 시간에 보다 정제된 소금을 대량으로 생산해내는 방법이 개발된 것이다. 한대에 들어서면서 널리 보급된 소금가마용 쇠솥은 고고학적 발굴을 통해서도 그 실물이 확인된다.[15]

    기원전 3세기 중엽에는 도강언(都江堰)이라는 수리 시설을 만들어 사천을 곡물이 넘쳐나는 풍요의 땅으로 만든 태수 이빙(李氷)이 염정을 파 지하의 소금물을 직접 길어 올려 소금을 생산하도록 하였다.[16] 그

---

14 『左傳』計然;『史記』「貨殖列傳」計然.
15 한대 산동 지역에서 사용된 자염용 쇠솥이나 사천 일대 염정에서 쓰인 제염용 쇠동이 등에 대해서는 林仙庭·崔天勇,「山東半島出土的幾件古鹽業用器」『考古』1992年 12期 ; 龍騰·夏暉, 「四川浦江發現漢代鹽鐵盆」『文物』2002年 9期 참조.

그림4-4 사천 공협 화패방 출토 한화상전 탁본: 염정

림4-4 사천이 천부(天府), 곧 하늘 곳간으로 불리게 하는 또 하나의 품목이 이빙 자신에 의해 추가된 것이다. 사천에서는 기원전 3000년경부터 소금이 생산되었지만 지하에서 바깥세상으로 스며 나온 소금물을 항아리에 담아 말리는 방법을 썼을 뿐 우물을 파 땅속의 소금물을 퍼올린다는 생각은 못했다가 이빙에 의해 '사고의 전환'을 경험한 셈이다.

그러나 소금 우물이 점차 깊어지게 되면서 염정 주변에서는 이상한 일들이 일어나고는 했다. 우물 속에서 불꽃이 솟아오르는가 하면 우물을 파러 지하로 내려갔던 사람들이 이상한 냄새에 정신을 잃거나 깬 뒤 집에 돌아와 몸져누웠다가 죽는 일도 생겨났다. 때로는 우물을 파려다가 이유를 알 수 없는 큰 폭발이 일어나는 바람에 여러 사람이 한꺼번에 죽기도 하였다.[17]

일반 백성들 사이에서는 사귀(邪鬼)들이 사는 땅속 깊이 파 들어가서 일어난 일이니 소금 우물을 막아야 한다는 이야기도 돌았다. 그러나 말 그대로 소금값이 금값이던 시대에 땅속에서 무진장으로 캐낼 수 있는 '흰 보석'을 누가 포기하겠는가. 사람들은 사귀에 씌우는 것이 두려우면서도 소금 우물을 파고 그 속에서 흰 보석을 담은 물 퍼 올리기를 계속했다. 사귀를 달래고 그 기운을 꺾기 위해 정기적으로 푸닥거리를 행하고 일꾼들은 작은 청동거울과 같이 부적에 해당하는 것들을 몸에 지닌 채 소금 채취 작업에 나서는 수밖에 없었.

---

16 『華陽國志』「蜀志」.
17 『華陽國志』「蜀志」; 마크 쿨란스키 지음, 이창식 옮김, 『소금』(세종서적, 2003).

사실 이 사악한 기운, 혹은 사귀의 정체는 천연가스였다. 후한 시대에는 오랜 경험을 통해 사람이 천연가스에 해를 입지 않고 역으로 이를 이용하는 방법이 개발되어 적극적으로 활용되기도 하였다.[18] 진흙과 석회로 이음새를 밀봉한 대나무관으로 가스를 제염실로 보내 보조 연료로 쓰기도 했다고 한다.

고대 중국에서는 소금 호수나 소금 우물에서도 소금이 생산되었지만 바닷물을 이용한 소금 생산도 이루어졌다. 오히려 바닷물을 이용하면 생산비도 저렴하고 생산량도 많았다. 실제 산동 지방은 중국 최대의 소금 생산지였다. 해안 지대에는 염전이 즐비하였고 산동 소금은 곡창지대인 산동을 더욱 풍요롭게 하는 또 다른 요소 가운데 하나였다.**그림 4-5** 사천이 서쪽의 하늘 곳간이라면 산동은 동쪽의 하늘 곳간이었다.

산동을 터로 삼았던 제는 춘추시대부터 소금의 국가 통제를 고려하였지만 이를 정책으로까지 채택하지는 않았다.[19] 그러나 천하 통일에 성공한 진은 소금과 철의 전매제를 도입하여 가격을 통제하고 막대한 염세(鹽稅)를 징수하였다. 진의 염세는 막강한 상비군을 유지하고 만리장성을 수축하는 데 드는 비용을 조달하는 데에 큰 도움을 주었다.

진을 이은 한은 일시 전매제를 폐지하지만, 흉노와 장기간 전쟁을 벌인 무제 시대에 허약해진 국가 재정을 되살리기 위해 이를 부활시켰다. 무제를 이은 소제 시대에는 전매제의 유지 여부를 놓고 국가 차원

18　白廣美, 「中國古代鹽井考」『自然科學史硏究』 1985年 2期.
19　『管子』

그림4-5 산동 지역 염전

의 찬반 토론이 벌어졌지만 결론이 나지 않았고 토론 과정을 정리한 『염철론(鹽鐵論)』이라는 책 한 권만 달랑 남겨졌다.[20]

　소금 전매제는 일반 백성들에게는 꼭 필요한 소금을 말할 수 없이 비싼 값에 살 수밖에 없게 만들었다. 귀족들은 자신의 부와 지위를 과시하고자 새하얀 소금이 담긴 그릇을 손님과의 식사 자리에 내놓았지만 백성들은 소금을 '자린고비'처럼 써야 했다. 금 같은 소금이었던 것이다. 소금 때문에 수많은 민란이 일어났다. 먼 훗날 당대에 일어난 소금 상인 황소(黃巢)의 난은 세계 제국으로서의 위용을 자랑하던 당을 긴 쇠퇴의 길에 접어들게 만들기도 하였다.[21] 국가가 소금에 대해 너무 짰던 것이다.

20　관련 내용은 『史記』「平準書」 및 『漢書』「食貨志」, 『白虎通儀』 참조.
21　『舊唐書』「列傳」 黃巢.

05 — 즐거운 세상

5 ─ 마음부터 배부른 곳_ 부엌

동아시아에서 '밥'은 마음과 몸을 풍요롭게 하는 말이다. 용어나 발음은 차이가 있어도 쌀을 주식으로 하는 지역에서 솥에 담아 익힌 쌀이라는 설명보다는 '밥'이라는 말 한마디가 담고 전하는 이미지는 대단히 따뜻하다. 그런데 지역성을 지닌 밥이나 빵, 국수 등과 달리 부엌은 고금동서의 제한을 받지 않는 통시대적·범세계적인 용어이자 누구에게나 거의 동일한 이미지로 다가오는 단어이다. 밥도 빵도, 이에 뒤따르는 온갖 먹거리들도 먹기 좋은 상태로 부엌에서 나오는 것이다.

산동 가상 송산촌 출토 한화상석 가운데에는 한대의 부엌이 묘사된 것이 있다. 그림5-1 솥에서 김이 무럭무럭 나고 큰 동이에서 향긋하고 구수한 냄새가 흘러나오지는 않지만, 한대의 부엌 풍경이 어떠했는지를 알 수 있는 좋은 자료라고 할 수 있다. 화면 왼편에는 아궁이와 굴뚝이 'ㄴ'자를 이루는 부뚜막이 표현되었다. 부뚜막 가운데 뚫린 가마에 솥이 걸쳐졌고 그 위에 커다란 시루가 올려졌다. 가마 앞에도 또 하나의 가마가 있어 작은 솥이 걸쳐졌다. 아궁이 앞에서는 한 여자가 무릎을 꿇고 왼손에 쥔 불쏘시개로는 장작을 이리저리 움직여 불기운을 조절하고 오른손에 쥔 도구로는 작은 가마의 솥 안에 든 음식물을 손 보

그림5-1 산동 가상 송산촌 출토 한화상석 탁본: 부엌 풍경

고 있다. 큰 시루에서는 무엇인가를 찌고 작은 솥에서는 어떤 음식물을 끓이고 있는 듯하다. 이 여자의 뒤에서는 다른 한 여자가 팔을 걷어붙이고 한 손으로는 아가리가 넓은 그릇의 한쪽 끝을 잡고 다른 손은 그 안에 넣었는데, 수수나 기장 같은 것을 씻고 있는 듯이 보인다. 부뚜막 시루 위에는 여러 가지 음식 재료가 고리에 걸려 있다. 고깃덩어리, 짐승의 머리, 말린 토끼, 새, 물고기 등이다. 바로 그 오른쪽에서 한 남자가 손을 들어 물고기를 잡고 있고 그의 뒤에서는 다른 한 남자가 왼손에 칼을 들고 급히 달려오는 자세를 취하고 있다. 생선 다듬기가 빨리 이루어져야 하는 것처럼 보인다. 화면 오른쪽에는 용두레 우물에서 물을 길어 올리는 여자와 나무 기둥에 개로 보이는 짐승을 매달아 놓고 한 남자가 한 손으로는 짐승의 앞다리를 잡고 다른 손에는 칼을 들고 손보는 모습이 묘사되었다. 나무기둥 위의 가로대 위와 옆으로 두 마리의 새가

그림5-2 사천 팽현 출토 한화상전 탁본: 음식 장만

날고 있는데, 왼쪽의 새는 생선 다듬으려는 사람을, 오른쪽 새는 물 긷는 여자를 바라보고 있다.

    가상 송산촌 화상석에서는 부엌에서 이루어지는 여러 가지 행위가 비교적 잘 묘사되었다고 할 수 있다. 송산촌 화상석에 묘사되지 않은 상차림은 연회 장면을 나타낸 다른 화상석에서 확인할 수 있다. 사천 팽현(彭縣) 출토 화상전에서는 야외로 보이는 열린 공간에서의 조리와 상차림이 간결하게 묘사되어 있어 흥미롭다. **그림5-2** 화면의 왼편에는 긴 상을 앞에 두고 두 남자가 앉아 있는데, 두 팔을 상 위에 걸치고 젓가락처럼 보이는 도구를 손에 쥔 채 기대에 찬 눈초리로 조리 장면을 보기도 하고 옆 사람에게 말을 건네기도 하는 모습이 표현되었다. 이들의 머리 위로 가로 걸쳐진 대가 있고 짐승의 넓적다리 둘, 말린 고기 한 가닥이 대에 걸려 있다. 화면 가운데 위쪽에는 상이 네 개 중첩되어 쌓였

그림5-3 사천 팽현 출토 한화상전 탁본: 부엌 풍경

고 각각의 상 위에는 5~6개의 그릇이 올려졌다. 이미 기본 상차림이 되어 있는 것이다. 화면 오른쪽에는 커다란 솥이 세 개의 다리로 받쳐졌고 그 아래에는 장작불이 지펴졌다. 솥의 왼쪽에 한 남자가 무릎 꿇고 앉아 열심히 부채질을 하고 있다. 마음은 급하고 음식은 빨리 익거나 끓지 않고 있음을 짐작하게 한다. 아마 왼쪽 두 사람의 머리 위에 걸려 있던 고깃덩어리들 가운데 일부가 솥에 담겨져 삶기고 있을 것이다.

팽현에서 출토된 다른 화상전에는 위와 유사한 장면이 실내를 배경으로 묘사되었다. 그림5-3 화면의 위쪽에 기와지붕이 있고 다리받침을 한 솥 대신 부뚜막의 가마에 놓인 솥과 시루가 등장한다. 그러나 사람들이 자아내는 분위기는 앞의 조리 장면에서와 크게 다르지 않다. 조리하는 남자는 마음이 급한지 한 손으로는 시루 뚜껑의 꼭지를 쥐었고 다른 손으로는 시루의 아구리를 잡았다. 음식을 기다리는 두 남자 가운

그림5-4 산동 고당성 동고하 출토 부뚜막

데 한 남자는 아예 한쪽 무릎을 세우고 몸은 앞으로 굽혔다. 다른 한 사람은 비교적 점잔을 빼며 바른 자세로 앉아 있지만 두 사람 모두 눈길을 부뚜막에 주고 있기는 한가지이다. 세 사람 모두 '이제나저제나'인 것이다.

한대 무덤에서 발견되는 부뚜막 모형들은 부뚜막 한가운데에 큰 가마 하나가 뚫렸고 아궁이에 가까운 쪽에 작은 가마가 두 개 나란히 뚫려 있는 경우가 많다.**그림5-4** 한 번 불을 때면서 밥이나 죽과 국물 있는 음식들을 함께 조리하기 위해서였을 것이다. 섬서 수덕(綏德) 사십리포(四十里鋪)와 연가분(延家岔)한묘에서 출토된 석제 및 도제 부뚜막 모형에는 가마 둘레에 각종 취사도구들도 표현되어 있었는데, 국물을 휘젓거나 간을 맛보거나 국을 떠내는 등 용도에 따라 구분하여 사용할

그림5-5 산동 임기 출토 한화상석: 부엌

수 있는 여러 가지 형태의 국자와 주걱, 그릇받침, 고기류를 찍는 갈고리, 포크 형태의 찍개, 음식물을 고르게 만드는 도구 등으로 구성되었다. 중국에서는 전국시대에 이미 음식물의 다양한 조리법이 개발되었다.[22] 한대에는 이에 더하여 다종다양한 식사 도구들까지 갖추어지고 사용되었음을 알 수 있다.

중국의 음식 문화가 본격적으로 꽃피는 것은 동서 교류가 유례 없이 활성화되고 강남 개발의 혜택을 본격적으로 받는 수당대부터이다.[23] 그렇지만 오랜 분열 시대 끝에 진을 이어 통일과 번영의 시기를

---

[22] 혼백을 부르기 위해 마련된 여러 가지 맛있는 음식을 소개한 송옥(宋玉)의 노래 가사를 통해서도 그 정도와 내용을 짐작할 수 있다.(『楚辭』「招魂」)

그림5-6 산동 기남 북채1호한묘 중실 남벽 횡액 동단 화상석 탁본: 부엌 풍경

맞았던 한대에도 이전과는 다른 수준의 음식 문화가 왕실과 제후, 귀족 가문을 중심으로 발달하였다.[24] **그림5-6, 7** 요리에 따라서는 조리법이 정리되어 세대를 내려오며 전해지게 되었고, 최고의 음식 재료가 나는 지역들이 호사가의 입에 오르내리기도 하였다. 선진시대 이래의 유명한 요리사들이 문헌에 언급되는 것도 이 시기이다. 한화상석을 통해서 한대의 유명한 요리사나 최고의 요리, 최고의 음식 재료를 알기는 어렵

---

23 중국 음식 문화의 전개 과정을 알기 쉽게 정리한 글로는 장징 지음, 박해순 옮김, 『공자의 식탁』(뿌리와이파리, 2002)가 대표적이다.

그림5-7 산동 고당성 동고하 및 장구 보집묘장 출토 음식물 장만하는 도용

다. 그러나 거친 기장밥에 씀바귀 국이든, 산해진미(山海珍味)든 음식을 조리하고 상을 차릴 때에는 시장통 곁 일반 백성 집 부엌이든 왕공귀족 저택의 부엌이든 분위기가 별로 다르지 않을 것 같다. 이제 조금만 더 있으면 한 상 차려 먹는 즐거운 시간이 온다는 설레임과 기대에 찬 분위기 말이다.

---

24 한위(漢魏) 시기를 음식을 즐기는 것을 중요시했던 시대로 평가하기도 한다. 郭必恒 等, 『中國民俗史』漢魏卷(人民出版社, 2008).

6 ___ 고된 하루를 잊게 하는 음료_술

수수께끼 하나. 이것과 만나면 처음에는 모두를 기분 좋게 만들어 서로를 칭찬하고 격려하며 사이좋게 지내게 하다가 좀 더 있으면 너무 좋아서 춤추며 노래하게 만든다. 그런데 더 시간이 흐르면 사나워져서 서로에게 욕을 하고 주먹질을 하다가 정신을 잃게 만든다. 이것은 무엇일까. 또는 사람으로 하여금 양이 되었다가 원숭이가 되고 마지막에는 이리가 되게 만드는 것은?

이미 모두 답을 알고 있으리라 생각된다. 답. 술!

그리스신화에도 잘 나타나듯이 술은 본래 신들의 음료였다. '넥타'라는 음료는 일종의 과일 발효주와 같은 것이었는데, 불사의 올림포스의 신들만이 마실 수 있었다. 아마 인간뿐 아니라 님프나 일반 정령들에게도 허용되지 않았던 음료였던 것 같다. 사람들은 이 음료를 마시면 불사의 존재가 된다고 믿었다. 신 디오니소스는 넥타를 마실 수 없는 사람들에게 포도주를 선물했다. 사람들은 아쉽지만 포도주를 들이켜면서 넥타를 마시는 올림포스 신들이 느끼던 것과 동일한 기분에 빠지고 싶어 했다. 디오니소스 축제가 벌어지면 포도주로 인사불성이 되어 자신

그림6-1 산동 제남 대졸장유지 출토 청동제 주기

을 신들과 동일시하며 날뛰는 사람들이 많았던 것도 이 때문이리라.

중국에서도 술은 신을 위한 음료였다. 사람들은 신에게는 술을 드려야 한다고 생각했다. 귀한 곡물을 씹어 발효시켜 만들었던 초기의 술은 희생 제의를 비롯한 각종 제의에만 사용되었다. 정교한 장식무늬로 유명한 중국 상대 후기의 청동기들은 대부분 제의용이고, 이 가운데 압도적 다수가 '술'을 담고 따르기 위한 기물이었다. 이들 제의용 청동기들은 그 형태나 용도가 신석기 말기의 제의용 토기에서 비롯된 것이 많다. 기록은 남아 있지 않으나 상대 전기 및 그 앞선 시기의 토기와 청동기들 가운데 많은 종류가 제의용 주기(酒器)였을 것이다. 상을 이은 주에서도 술을 담거나 끓이기 위한 청동기물이 다수 만들어졌다.**그림6-1** 상대만큼

그림6-2 산동 등주 대곽촌 출토 한화상석: 서왕모 제의

제의가 빈번하지는 않았지만 조상신들에 대한 제사를 중시하고, 종법 질서의 유지를 위한 '예(禮)'를 사회적 행위의 처음과 끝으로 여겼던 까닭에 주대에는 '술'과 관련된 기물의 종류가 오히려 더 다양해졌다.

한화상석에도 술과 관련된 기물들은 제의와 관련되어 자주 표현된다. **그림6-2** 곤륜선계의 주인으로 알려지면서 민간 차원의 신앙 운동 대상까지 되었던 서왕모 관련 화면에는 여러 가지 방식으로 술동이인 준(樽)과 이배(耳杯)로 불리는 술잔들이 등장한다. 많은 경우 화상석 화면의 위층에 서왕모나 동왕공, 선인, 상금서수 등이 묘사되었고 그 아래쪽에는 사람들이 나란히 앉아 있다. 이들 곁에 사람만 한 크기의 준이 여럿 있고 이배도 함께 놓여 있으면 대개는 서왕모 제의에 사용된 술동이요 술잔으로 보아야 할 것이다.

이런 제의에 사용된 술은 제의가 끝나면 어떻게 처리되었을까. 비록 신과의 교통을 위해 신에게 바쳐진 것이라고는 하지만 벌건 대낮에, 아니 캄캄한 밤이라 할지라도 신이 직접 제상 앞에 나타나 동이에 든 술을 국자로 떠서 마시지는 않을 것이기 때문이다. 그릇 안의 술은 제의가 끝나도 그대로 여전히 남아 있었을 것이다. 제의가 끝났으니, 그릇도 술도 말끔히 치워야 하지 않았을까.

한화상석에는 서왕모 제의에 쓰인 술동이와 술잔도 등장하지만 일상의 한 장면 가운데에도 술과 관련된 기물들이 빈번히 모습을 드러낸다.**그림6-3,4** 사람들이 여럿 등장하면 반드시 준과 이배가 표현된다고 해도 과언이 아닐 정도이다. 술과 관련된 기물들은 육박을 즐기는 선인들 사이에도 있고 고인으로 보이는 인물과 그 인척과 가족, 후손들이 만날 때에도 한쪽에 놓여 있다. 음식 준비에 바쁜 부엌과 그 근처의 공간을 오가는 사람들 사이에도 있고 시장통의 와자지껄한 분위기를 배경으로 한 장면에서도 빠지지 않는다. 무덤의 주인이 주연을 베푼 자리에는 당연히 다른 장면에서보다 많이 놓여 있다.

2003년 중국 섬서성 서안 북쪽 교외 전한시대 무덤에서는 초록색 액체가 담긴 청동기가 발견되었다. 청동기물 위의 흙과 녹, 뚜껑 주위의 생칠(生漆)을 제거하고 뚜껑을 열자 용기 안에 초록색 액체가 남아

그림6-3 한대 술상 재현 절강(절강 양주역사관)

있었고 그것에서 술 냄새가 났다. 바로 2000여 년 전에 제조된 술이었고 분량이 25리터나 되었다.[25]

고대 중국에서 만들어진 술은 대부분 곡물을 발효시켜 만든 곡주였다. 과일보다는 밀이나 보리, 쌀, 기장 등을 원료로 제조한 곡주가 희생제의나 왕공 제후들이 주관한 행사에 자주 쓰였다. 흉년이나 가뭄이 아니더라도 사회적으로 식량에 여유가 없을 때도 많았으므로 술의 제조와

---

25 2003년 3월부터 6월에 걸친 서안북교조원 서한묘(西安北郊棗園西漢墓) 발굴 결과는 國家文物局 主編, 『2003中國重要考古發現』(文物出版社, 2004)에 소개되어 있다. 술이 담겼던 청동 용기의 정식 명칭은 '유금주작유동종(鎏金朱雀紐銅鍾)'이다.

그림6-4 호북 수현 증후을묘 출토 술동이와 국자

유통은 자주 금지되었다.[26] 그러나 희생 제의나 조상 제사를 핑계로 왕공 귀족만 술을 독점하는 시기가 얼마나 오래가겠는가. 최초의 술도 과일의 자연 발효 상태에서 알려졌을 것이고 곡물 발효주 제조법도 민간에 비밀일 수 없는데 여염집 백성들이 술을 만들어 마시는 것을 어찌 막을 수 있었겠는가. 더구나 술을 조금이라도 맛본 적이 있는 사람들에게는 그 유혹이 얼마나 강했을지 짐작하고도 남는다. 술 마시면 신선이 따

---

26 한위 시기에는 국가에서 자주 금주령을 내렸지만 제대로 시행되지는 못하였다.(太祖時禁酒 而人竊飲之 故維言酒 以白酒爲賢人 淸酒爲怪人,『太平御覽』引『魏略』)

그림6-5 사천 대읍 안인향 출토 한화상전: 주연

로 없는데….[27]

　사천 화상전에는 술을 만들어 팔던 곳을 묘사한 것 같은 장면이 등장한다.그림6-6 앞과 옆이 휜히 트인 한 집에 커다란 솥과 단지가 놓였고 주인으로 보이는 사람이 가게를 찾은 사람에게 무엇인가를 담아 건넨다. 조금 떨어진 곳에 한 사람이 서서 약간 부러운 듯한 표정으로 두 사람을 쳐다본다. 누룩으로 만든 원액에 물을 탄 막걸리 비슷한 술인지, 맛이 달콤하다 하여 감주로 불린 과일주 비슷한 것인지 알 수 없지만 혹 술을 사고파는 장면은 아닌지 궁금하다. 한 번 마시면 3년 동안

27　후한 말 조조(曹操)의 금주령에 대한 공융(孔融)의 비웃는 글에 얽힌 일화에서 이런 점이 잘 드러난다.(曹公制酒禁 而孔融書嘲之 日 夫天有酒旗之星 地列酒泉之郡 人有旨酒之德 故龍不先千鐘無以成其圣 此桀紂以色亡國 今令不禁婚姻也, 『太平御覽』引『九州春秋』)

그림6-6 사천 팽현 승평향 출토 한화상전: 주연

죽은 듯 무덤에 묻혀 있다가 3년 뒤 깨어나도 곁에 있던 사람들이 그 술 냄새에 다시 세 달이나 취할 정도로 독하다는 중산주(中山酒)는 아니더라도 고된 하루의 피로 풀기에만 충분하다면 그것만으로도 족하지 않았을까.

7 ___ 부단한 노력, 신기한 재주_ 교예

어두운 무대 한가운데 불이 비치면 턱시도로 한껏 멋을 낸 신사가 서 있다. 신사는 주머니에서 볼을 하나 꺼내더니 공중에 던져 올리고 순간 윗도리 안주머니에서 두 개의 공을 더 꺼내 모두 세 개의 공을 공중에 번갈아 던지면서 두 손으로 받아 올리기를 계속한다. 다시 곁에서 날아온 한 개의 공이 더해지고 차례차례 던져지는 공을 모두 공중에 던져 번갈아 올려 받기에 사용한다. 관객들이 문득 정신을 차려 공중에서 놀고 있는 공을 세어 보니 무려 일곱 개이다.

곡예, 교예로도 불리고 오늘날 흔히 서커스로 통칭되기도 하는 재주는 인류 역사에서 가장 오래된 놀이이자 공연의 한 장르이다. 손재주, 발재주, 몸재주 외에도 다양한 도구를 이용한 갖가지 재주가 있지만 가장 널리 알려지고 누구에게나 사랑받은 것은 빠른 몸놀림을 전제로 한 손재주와 발재주이다.

사천에서 출토되는 한화상전은 일상생활의 다양한 모습을 간결하면서도 구체적으로 담은 것이 많다. 그 가운데 하나가 재주 장면이다. 대읍 출토 한화상전 가운데 하나에는 악기 연주에 맞추어 진행되던 여

그림7-1 사천 대읍 안인진 출토 한화상전 탁본: 재주

러 가지 재주들이 사진 찍듯이 생생하게 묘사되었다. **그림7-1** 화면 오른편 위에는 중국에서는 도환(跳丸)으로 일컫는 구슬을 던져 올려 번갈아 받기에 열중하는 재주꾼 한 사람과 도검(跳劍)과 요전(耍轉)의 혼합 재주인 듯 한 손에는 칼과 비슷한 물건을 들고 다른 손의 팔꿈치로는 병을 받쳐 올리며 공중에 머물게 하는 묘기를 보이는 다른 재주꾼이 묘사되었다. 바지만 걸친 것으로 보이는 두 사람의 자세가 대단히 역동적이어서 화상전을 보는 이로 하여금 재주 부리는 현장에 와 있는 듯이 느끼게 한다. 두 사람의 아래 상이 하나 놓였고 아래쪽 모서리에는 두 발로

는 살짝 뛰어 올랐다가 내려오며 반(盤), 혹은 반고(盤鼓)를 가볍게 밟아 소리를 내고 두 손에 든 긴 천 자락을 좌우로 휘두르는 여인이 표현되었다. 한대에는 이를 반무(盤舞)라 하였다.[28] 여인의 왼편에는 상투를 드러낸 한 남자가 한 손에는 북자루를 잡아 돌리면 양쪽 끝의 구슬이 북면을 치게 만든 악기 도고(鼗鼓)를 든 채 여인과 대를 이루며 박자에 맞추어 무릎을 살짝 굽히고 어깨춤을 추어올리는 자세로 덩실덩실 춤을 추고 있다. 남자 춤꾼의 발 앞에 끈이 달린 둥근 물건이 있는데 용도를 정확히 알기 어렵다. 이 사람의 뒤편에 상이 하나 더 있고 그 위쪽에 두 사람이 나란히 자리 위에 앉아 소(簫)를 불고 있다. 이들의 오른쪽 위에 크고 작은 술동이가 하나씩 놓여 있고 그 안에는 국자가 들어 있어 자루가 밖으로 나와 있다. 화면의 왼쪽 위에는 남녀가 나란히 앉아 있는데 남자는 왼편 팔을 뻗어 긴 소매를 앞으로 늘어뜨린 채 재주 부리기에 열중하는 두 사람을 쳐다보고 있다. 두 사람의 앞에 둥근 그릇이 놓였고 그 위에 낮은 이배 같은 것이 표현되어 있는 것으로 보아 이미 술동이인 준에 담긴 술을 한두 잔 따라 마신 듯하다.

　화상전의 이 장면 하나로도 후한대 사천 지역의 사대부와 호족들이 간단한 주연에 덧붙여 즐기던 놀이 공연의 한 자락을 짚어볼 수 있다. 사천 팽현에서 출토된 또 다른 화상전에는 구슬 던져 올려 번갈아 받기, 발로 북을 두드리며 소매춤 추기 외에 상을 무려 열두 개 쌓아 올

28　중국 잡기의 역사는 傅起鳳·傅騰龍, 『中國雜技史』(上海人民出版社, 2004)에 시대별로 잘 정리되어 있다.

그림7-2 사천 팽현 태평향 출토 한화상전: 재주

린 뒤 그 위에 물구나무서서 고개는 들고 하체는 활처럼 거꾸로 휘게 하여 발끝이 눈앞에까지 내려오게 하는 재주도 표현되었다.**그림7-2** 지금도 중국 서커스단의 공연에 반드시 포함되는 묘기들이다. 이미 최소 2000년 전부터 자주, 곳곳에서 공연되고 널리 사랑받던 재주들이 오늘날까지 그 생명을 잇고 있는 셈이다.**그림7-3**

잡기(雜技), 백희(百戲)의 일부이기도 한 교예는 불을 토하고 칼을 삼키는 환술(幻術)과는 구분된다. 관객이 알아차리지 못할 정도의 빠른 손재주, 교묘한 눈속임이 전제되는 환술은 오늘날 마술로 불리는 일종의 눈속임 재주라고 할 수 있지만 교예는 직접 몸을 써서 보통 사람으로서는 해내기 어려운 여러 가지 기술을 선보이는 행위이다. 음악, 무용 등 예술의 다른 장르들과 함께 발전해온 교예는 동서 어디에서나 오

그림7-3 사천 광한 출토 한화상전: 재주

랜 기원을 갖고 있다. 교예는 대개의 경우 왕공 귀족의 후원을 받으며 공연 예술의 한 장르로 발전하다가 직업 공연단이 많아지고 움직임이 활발해지면서 점차 일반인들도 즐길 수 있게 되었다.

중국에서 교예는 한대에 이르면 이전에 비해 재주의 종류도 매우 다양해지고 일반 백성들도 공연을 즐길 수 있게 된 것으로 보인다. 교예도 포함되었을 것으로 보이는 전한 무제 때의 대규모 각저희(角抵戱) 공연에는 인근 300리 안의 사람들이 몰려들기도 하고, 경사의 민들도 관람했다는 기록이 전한다.[29] 한화상석과 화상전은 앞 시기보다 다양해진 재주의 종류를 구체적으로 알게 한다. **그림7-4, 5** 위에 소개된 것 외

29　春 作角抵戱 三百里內皆觀.『漢書』「武帝紀」元封3年條 ; 京師民觀角抵于桑林平樂館.『漢書』「武帝紀」元封6年條

그림7-4 하남 신야 이호 출토 한화상전: 재주

에 화상석이나 화상전을 통해 확인되는 다른 종류의 곡예로는 한 손으로 물구나무서서 하체를 활처럼 휘게 하는 재주, 한 손으로 물구나무서서 두 발로 공 굴리기, 춤추면서 바퀴 굴리기, 공중에 칼과 방울 던져 번갈아 받기, 사람의 이마에 대를 세우고 십자꼴 대 위에서 사람들이 재주 부리기, 달리는 말 위에서 각종 재주 부리기, 여러 마리의 뱀과 도마뱀 다루기, 일곱 개의 반(盤) 위를 뛰어다니며 춤추기 등 실로 다양하다.[30] 위진을 거쳐 수당대에 이르면 사람들에게 선보이는 재주는 더 다양해지며 이 가운데에는 보기에도 어렵고 위험한 것도 많게 된다. 장사가 머리 위로 올린 대 위에 네 사람에서 일곱 사람까지 올라가 재주를

---

30 張衡은 「西京賦」에서 당시에 알려진 거의 모든 재주를 소개하고 있다.(『太平御覽』 引 「西京賦」) 풍속지인 『西京雜記』에서도 한대 백희(百戱) 잡기(雜技)에 관한 기사들을 찾아볼 수 있다.

그림7-5 하남 신야 임영촌 채집 한화상전: 재주

부리는 것도 그러한 재주 가운데 하나이다.

열두 개까지 겹쳐 쌓은 상 위에 물구나무서서 하체를 활처럼 거꾸로 휘어 자신의 두 발이 눈앞에 오게 하는 재주에서 미루어 짐작할 수 있듯이 재주꾼이 특정한 재주를 사람들에게 선보이게 되기까지는 오랜 기간의 훈련과 노력이 필요했다. 일반인들로서는 흉내조차 내기 어려운 재주를 늘 실수 없이 보이려면 쉼 없는 훈련이 필요했고 공연 때에는 긴장감과 집중력을 유지해야만 했다. 잠시라도 훈련을 게을리 하고 긴장이 풀어져 있다가 공연 도중 실수라도 한다면 자신은 물론이고 공연단 전체에 대한 신뢰에도 금이 갈 수 있는 일이었다. 만일 재주꾼의 실

수가 자꾸 반복되면 공연단은 왕공 귀족들의 집안 잔치나 관의 행사에 불려 나가지 못할 뿐 아니라 도시와 마을의 백성들을 상대로 한 공연에서도 관객의 외면을 받을 수 있는 것이다. 당장 자신들의 생계와 공연단의 미래가 걸린 일인 만큼 완벽한 공연을 위한 재주꾼 개인들의 부단한 노력은 필수였다. 한대에도 관객들은 즐겁고 편하게 참여하는 여흥의 일종이요 하루 한두 차례의 공연 관람에 불과했을지 몰라도, 재주꾼들 각각에게는 늘 긴장되는 공연이요 재주 부리기였던 것이다. 그리고 보니 한화상전에서도 그런 기운, 긴장감 같은 것이 보는 이를 향해 번져 나오는 것 같다.

8 ___ 신이 내려준 소리_ 연주

 1978년 중국 호북성 수현(隨縣)에서는 기원전 433년경 만들어진 전국시대 무덤이 1기 발굴되었다. 후에 뇌고돈(酪鼓墩) 증후을묘(曾侯乙墓)로 불리게 된 이 무덤은 춘추전국시대 이 지역의 소국 증국(曾國)에서 대를 이어 제후왕의 지위를 누리던 증후의 것으로 도굴을 겪지 않은 상태로 발견, 조사되었다.[31] 증후을묘에서는 9정8궤(九鼎八簋)를 비롯한 다수의 청동 제품이 수습되었는데, 발굴자들의 눈길을 끌었던 것이 고대 초문화의 특색을 잘 담고 있는 여러 종류의 악기들이었다. 편종(編鐘), 편경(編磬), 금(琴)과 슬(瑟), 소, 북 등 120여 점의 악기가 일부 파손된 부분들도 있었지만 원형을 거의 그대로 유지한 채 발견되었던 것이다. 특별히 청석과 옥석을 재료로 하여 만든 32매의 편경과 3층 8조의 지지대가 그대로 남은 채였던 65개의 청동제 편종은 춘추전국시대 제후국에서 연주되던 음악의 성격을 파악하는 데에 더없이 중요한 자료여서 국제적인 관심의 대상이 되었다.

 중국의 신화 전설에서 음악은 신의 발명품이다. 복희가 거문고,

---

31 湖北省博物館, 『隨縣曾侯乙墓』 全2卷(文物出版社, 1980).

그림8-1 강소 서주 태람산 서한 초왕묘 출토 도용: 무용과 연주

여와가 생황(笙篁), 황제가 종, 북, 경쇠를 만들었다는 이야기가 전하는가 하면, 불의 신인 축융(祝融)의 아들 태자장금(太子長琴)이 처음 노래를 지어 불렀고 제준(帝俊)의 아들 안룡(晏龍)이 거문고와 비파를 만들었으며 염제(炎帝)의 후손인 고(鼓)와 연(延)이 종(鐘)을 발명했다는 설도 있다. 제준의 여덟 아들이 처음으로 춤을 추며 노래를 불렀다는 기록도 전한다.[32] **그림8-1** 하나같이 최고의 신격이거나 그 일족, 후손들이다.

---

32 有槶山 其上有人 號曰太子長琴 顓頊生老童 老童生祝融 祝融生太子長琴 是處槶山 始作樂風.『山海經』「大荒西經」; 帝俊生晏龍 晏龍是爲琴瑟.『山海經』「海內經」; 炎帝之孫伯陵 伯陵同吳權之妻阿女緣婦 緣婦孕三年 是生鼓延殳 殳始爲侯 鼓延是始爲鍾 爲樂風.『山海經』「海內經」; 帝俊有子八人 是始爲歌舞.『山海經』「海內經」

음악의 기원을 신의 활동에서 찾는 것은 동서가 공통적이다. 아마 음악이 지니는 강력한 호소력, 음악적 활동의 전제가 되는 여가, 음악의 가장 큰 장인 축제 등을 감안하면 음악이 신으로부터 기원했다는 이야기가 성립한 이유를 미루어 짐작할 수 있을 것이다. 무지렁이 백성들이 일터에서 함께 흥얼거리거나 마을 단위의 축제에서 춤추며 노래하는 식으로 음악을 즐겼던 것과는 달리 지배층인 왕공 귀족들은 좀 더 짜임새 있는 절차와 내용을 담은 음악을 창안해내고 이를 정치, 사회, 종교 문화 제 방면에 활용하였다.

고대 중국에서 많은 비용을 들이고 정교하고 오랜 작업 끝에 만들어진 악기들은 종묘나 사당, 궁중에서 엄격하고 번잡한 절차를 거쳐 연주되었으며 그 곡의 분위기는 장중했다. 모든 종의 무게가 무려 2500킬로그램에 이르고 종마다 각기 다른 두 개씩의 음색을 낼 수 있는 65개의 청동제 편종이 3층으로 된 종틀에 달려 있는 모습을 상상해보라. **그림8-2** 두 명 이상의 악공이 기묘한 무늬로 채색된 목퇴와 목봉을 두 손에 들고 좌우로 걸음을 옮기면서 특별한 무늬와 문자들로 장식된 크고 작은 종들의 위와 아래를 번갈아 칠 때에 그 소리와 느낌은 어떠할까.

증후을묘 출토 편종과 편경을 복원하여 시도된 연주를 통해 음악가들은 중국은 전국시대에 이미 12음계 체계에 바탕을 둔 작곡을 하고 이를 바탕으로 악기를 다루었음을 확인하였다. 편종의 음역이 대단히 넓어 무려 8옥타브의 음역 연주가 가능하며 각각의 음은 매우 고르고 정확하다는 사실도 알게 되었다. 편종, 편경과 어울려 생황과 금슬, 소고가 낸 음에서 듣는 이들에게 무엇이 전해졌는지는 구체적인 이야기

그림8-2 호북 수현 증후을묘 출토 편종·편경 복원품(호북성박물관)

가 전해지지 않는다.

 그러나 이런 악기들을 동원한 연주는 신들이 거주하거나 정기적으로 강림한다고 여겼던 묘당이나 궁전의 특별한 장소에서 이루어졌다. 그 음을 왕공 귀족이나 시종들만 듣지는 않았던 것이다. 조상신을 비롯한 여러 신격들이 저들에게 바치는 음악으로 받고 즐겼으며 이에 대한 대가로 후손들에게 복과 재화, 긴 수명을 내리고 사귀와 악령이 후손들의 삶에 끼어들지 못하게 막거나 멀리 쫓아버렸다.

 고대 이스라엘에서 다윗 왕조의 개창자 다윗은 사울 왕조의 장군으로 있으면서 악신이 깃들어 괴로워하던 왕 사울을 위해 수금(竪琴)을 연주한다. 악신(惡神)은 수금 소리를 들으면 사울을 떠났다가 시간이 흐르면 다시 사울에게 깃들어 왕을 고통에 시달리게 하였다고 한다.[33] 고대 중국에서도 음악은 악한 존재를 물리치는 데에 도움이 된다고 믿었던 것으로 보인다. 최고신에게 도전한 치우 세력과의 싸움에서 도깨비들의 신음소리에 혼을 빼앗겼던 황제의 군대는 황제가 뿔피리를 불어 내는 용의 울음소리에 힘입어 전세를 뒤집는다.[34] 황제는 또 유파산(流波山)에 살던 기(夔)의 가죽으로 북을 만들고 뇌택(雷澤)의 주인 뇌수(雷獸)의 뼈로 북채를 만들어 500리 밖까지 들리는 큰북소리를 내 치우의 군대가 전열을 잃게 만든다.[35]

비록 신들의 전쟁에 사용된 것이지만 뿔피리와 북을 연주하여 내는 소리로 거인 과보(夸父)와 이매(魑魅), 망량(魍魎) 등을 거느린 치우의 무리에게 큰 타격을 준 것이다. 실제 전쟁에서 북과 피리는 군대의 전진과 후퇴, 공격과 방어를 알리는 신호기로 쓰이기에 가장 효과적인 도구였다. 고대의 전쟁이 신들의 싸움으로 여겨졌음을 고려하면 악기들은 날카로운 각종 무기들에 결코 뒤지지 않는 역할을 했다고 할 수 있다. 전쟁에서 악기가 지니는 역할은 음악이 지니는 신성성과 세속성을 동시에 읽게 하는 부분이기도 하다.

산동 기남 북채1호한묘에는 각종 기예를 위한 악단의 연주 장면이

---

33 『성경』「사무엘상」
34 蚩尤氏師魑魅以與黃帝戰於涿鹿 帝令吹角作龍吟以禦之.『通典』「樂典」
35 東海中有流波山 入海七千里 其上有獸 狀如牛 蒼身而無角一足 出入水則必風雨 其光如日月 其聲如雷 其名曰夔 黃帝得之 以其皮爲鼓 橛以雷獸之骨 聲聞五百里 以威天下.『山海經』「大荒東經」; 雷澤中有雷神 龍神而人頭 鼓其腹.『山海經』「海內東經」

그림8-3 산동 기남 북채1호한묘 화상석 탁본: 악단과 연주와 백희

묘사되었다. 그림8-3 악단은 건고(建鼓)로 불리는 외발 위에 세워진 큰북과 연주자, 대형의 청동종 두 개가 걸린 종틀과 그 앞에 긴 목봉을 들고 서 있는 사람, 네 개의 편경이 걸린 경틀과 연주자, 속에 겨가 채워진 작은북 형태의 악기와 네 명의 연주자와 한 사람의 지휘자로 구성된 첫 번째 열, 네 명의 소 연주자와 한 명의 징 연주자로 이루어진 두 번째 열, 슬과 오카리나 연주자, 노래하는 사람, 우 연주자 등 네 명으로 이루어진 세 번째 열까지 모두 17인으로 이루어졌다. 악단 옆에는 작은 상 위에 국자가 걸쳐진 술동이가 놓였고, 악단 뒤에는 술잔들이 올려진 쟁반을 나르는 사람이 묘사되었다.

화상석의 이 장면은 한대에 이르면 전국시대 제후의 궁정이나 묘당에서 연주되던 편종과 편경이 보다 간소한 형태를 갖춘 채 일반 관리

그림8-4 사천 성도 소각사한묘 출토 화상전: 주연

집안의 행사에도 등장하게 되었음을 알게 한다. 다른 악기들의 갖춤새나 주변에서 이루어지는 각종 기예의 내용으로 보아 악단이 연주하는 음악에서 장중함이 전하거나 긴 여운이 흐르는 것도 아닌 듯하다. 화려함 속에 약간의 흥청거림도 섞인 행사를 위해 악단이 동원되고 음악이 연주되고 있다고 보아야 할 것이다. 장면 구성으로 보아 악사들은 자신의 악기를 연주하지 않는 대목에서는 술도 한 잔씩 하며 긴장도 풀고 행사의 즐거움에 잠시 몸을 맡기기도 했던 것 같다. **그림8-4, 5**

그림8-5 하남 신야 출토 한화상전: 연주

    세월의 흐름 속에서 음악이 신을 위한 소리만이 아니게 되었듯이 편경이나 편종도 왕공 귀족들을 위한 공간에서만 연주되지는 않았던 것 같다. 아래 사람들의 흥얼거림과 윗사람들의 짜임새 있는 소리가 어느 사이엔가 섞여 들었고, 장단 맞추기 위한 가볍고 경쾌한 서민들의 북소리가 음계를 갖춘 느리고 장중한 편종, 편경의 울림과 어우러지게 되었다. 기남한묘 화상석의 그림은 그러한 흐름의 한 장면을 잘 담아낸 음악사의 귀중한 기록 가운데 하나라고 해야 할 것이다.

9 ___ 절박한 뜀박질,
거친 숨소리_사냥

　사천성 대읍 안인향에서 출토된 한대 화상전에는 고요한 가운데 매우 역동적인 풍경이 사실적으로 묘사되어 있다. 그림9-1 위로는 청동오리와 같은 철새들이 무리를 지어 하늘을 날고 아래에는 큰 못이 있어 연잎이 떠 있고 솟아오른 줄기에는 연꽃과 연밥이 달려 있다. 못 속에서는 커다란 물고기가 헤엄치고 있으며 새와 짐승도 몇 마리 서 있다. 왼편 구석에 땅이 있고 나무가 있으며 허공의 새들을 쏘아 맞추려는 듯 두 사람의 사냥꾼이 긴 활을 한껏 당겼다가 시위를 막 놓으려는 순간이다. 활에 걸린 화살 뒤쪽으로 실이 흘러 땅 위의 실패에 닿아 있다. 화살이 새를 쏘아 맞히거나 달려 있는 실이 새를 낚아 떨어뜨리면 사냥꾼은 실을 잡아당겨 실패에 감으며 멀리 떨어진 새를 끌어오는 것이다. 주살〔繳〕이라는 방식의 새 사냥법이다.
　전국시대 진에서 출간된 『여씨춘추(呂氏春秋)』「의상(義賞)」에는 '못과 저수지의 물을 빼 고기를 잡으면 어찌 못 잡을까마는 다음 해에 잡을 물고기가 없으며, 수풀에 불 질러 사냥을 하면 어찌 못 얻을까마는 오는 해에는 사냥할 짐승이 없으리라.'는 구절이 있고, 같은 책의 「응동(應同)」에는 '둥지를 뒤집어 알을 깨면 봉황이 이르지 않을 것이

그림9-1 사천 대읍 안인향 출토 한화상전: 사냥

요, 짐승의 배를 갈라 그 태를 먹으면 기린(麒麟)이 오지 않으리라.'는 내용이 있다.[36] 새의 알이나 짐승의 어린 새끼를 함부로 잡지 말 것이며 물고기를 남획하지 말도록 경고하는 글들이다. 그렇지 않으면 이런 자원이 고갈될 것이므로 이를 예방하려고 하는 조치인 것이다.[37]

전국시대에도 이처럼 국가적 차원에서 어렵 자원의 관리가 시도되

---

36 『呂氏春秋』「義賞」;『呂氏春秋』「應同」
37 李成九,「時令的 支配의 지향」『中國古代의 呪術的 思惟와 帝王統治』(一潮閣, 1997) 제4장.

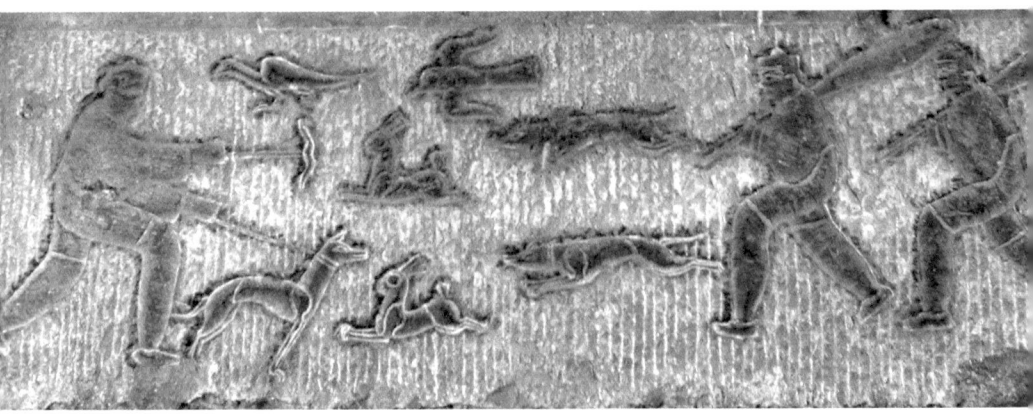

그림9-2 산동 미산 양성진 출토 한화상석: 사냥

었음에도 불구하고 사냥과 물고기 잡이는 여염집 백성들에게는 부족한 식량을 보충하거나 별미를 즐기는 차원에서, 경사대부(卿士大夫)들에게는 희생 제물의 확보와 운동, 훈련을 겸하는 측면에서 피하기 어려운 유혹이었다. 지역에 따라서는 무절제하게 이루어지기도 했지만, 홍수와 가뭄 등으로 식량 생산이 고르지 않거나 나라가 거두려는 세금은 줄어들지 않은 상태에서 제사와 희생은 불가분의 관계에 있었으므로, 어렵은 일상적으로 행해질 수밖에 없는 일이기도 했다.

한대에 새를 주살로 잡았다면 토끼는 그물주머니 같은 것으로 잡았다. 사람들은 평면상으로는 배드민턴 라켓을 타원형으로 늘인 것처럼 보이는 그물주머니 달린 막대를 도구로 삼아 토끼 사냥에 나섰다. 보통 사냥개로 토끼를 몰았으며 그물 막대 사용이 여의치 않을 때에는 쇠뇌를 쓰기도 하였다. 간혹 토끼 대신 멧돼지라도 나타나면 쇠뇌만큼 적절한 사냥 기구도 없었다. 아무리 사납게 달려드는 멧돼지도 쇠뇌살 한 방이면 땅에 나동그라지게 할 수 있었다. 매는 꿩 사냥에 주로 쓰였지만 토끼를 잡아채는 데에도 쓰였다.

산동 미산(微山) 양성진 출토 화상석에는 그물 막대와 쇠뇌, 매, 개가 모두 등장하는 장면이 있다. 그림9-2 한대의 사냥 방식과 도구를 잘 알게 하는 좋은 사례라고 하겠다.

곰이나 호랑이 같은 맹수 사냥은 특별한 경우가 아니면 시도되지 않았다. 위험하기도 했지만 토끼, 사슴, 멧돼지 등과 달리 맹수는 사냥하여도 가죽 외에는 특별히 얻을 것도 없었던 까닭이다. 물론 호랑이라도 한 마리 잡으면 사냥한 이의 명성이 크게 올라가고 그 가죽도 상당한 값어치를 지녔지만 전문적인 사냥꾼이 아니면 위험을 무릅쓰고 굳이 맹수 사냥에 나설 까닭 없었다. 멧돼지나 사슴처럼 제의의 희생 제물로 쓰일 수도 있고 그 고기를 식용으로 삼을 수도 있는 일반 짐승 사냥이 실용적이었던 것이다.

한대에도 왕공 제후가 주관하거나 참가하는 사냥은 공식성을 띠고 큰 규모로 열리는 경우가 많았다. 그림9-3 많은 백성들이 몰이꾼으로 동원되었고 며칠에서 수십 일씩 많은 인원이 산야를 뒤덮으며 이리저리 내몰리는 짐승들을 창으로 찌르고 활로 쏘았다. 보통 한 번의 사냥 행사로 수백 마리의 각종 짐승이 창과 활에 희생되었고 사냥에 동원된 백성들은 농사일을 포함한 일상적인 활동들을 일시 중지해야 했다. 사냥에 참가한 왕공 귀족들에게 음식물을 공급하고 잠자리를 위한 물품이나 장소를 제공하는 것도 보통 일이 아니었다. 희생 제물을 마련하기

그림9-4 섬서 수덕 황가탑한묘 출토 화상석 탁본: 사냥

그림9-3 산동 제남 장청구
효리진 대가촌 출토 한화상석과
탁본: 사냥

그림9-5 강소 비현 육정향 광구촌한묘 출토 화상석: 사냥

위한 사냥으로 포장되기도 했지만 왕공 귀족들의 사냥은 놀이 차원으로 치러지는 경우가 많았으므로 이들이 참가하는 사냥이 잦아지면 백성들의 고충도 늘어났고 원성도 자자해졌다.

    군사 훈련을 겸한 것이든 놀이나 운동 차원의 것이든 왕공 귀족이 주관하는 사냥은 규모가 작으면 작을수록, 횟수가 적으면 적을수록 백성의 일상생활에는 덕이 되었으므로 제후국의 지각 있는 신하들은 주군이 가능하면 사냥에 나서지 않도록 말렸다.

    나라의 살림을 맡은 신하들에게 주군의 사냥 행차는 주지육림(酒池肉林)이나 대형 토목공사만큼이나 경계되는 일 가운데 하나였다. 한화상석에 대규모 야외 행렬이나 큰 잔치가 벌어진 장면은 적지 않게 표현되어도 대규모 사냥 장면은 거의 보이지 않는 것도 이를 경계하는 사회적 분위기와 관련이 있을지도 모른다. **그림9-4, 5**

　왕공 귀족이 참가한 사냥은 얻은 짐승의 수보다 몇 배수의 민심을 잃을 수도 있는 위험한 행사였던 것이다.

도판 목록

01. 신들의 공간

그림1-1 — 산동 기남 북채1호한묘 묘문 동입주 화상석: 고매와 복희, 여와(ⓒ최종택)

그림1-2 — 하남 남양 출토 한화상석 탁본: 고매와 복희, 여와

그림1-3 — 산동 등주 용양진 고묘촌 출토 한화상석: 고매와 복희, 여와(ⓒ최종택)

그림1-4 — 하남 당하 침직창 출토 한화상석 탁본: 고매와 복희, 여와

그림2-1 — 사천 숭경 출토 한화상전: 복희형 해신과 여와형 달신

그림2-2 — 섬서 수덕 출토 한화상석: 동왕공, 서왕모와 해, 달

그림2-3 — 섬서 신목 대보당 96SDM11호한묘 묘문 우문주 화상석: 욕수형 달신

그림2-4 — 사천 낙산 애묘 출토 한대 석관 화상: 복희형 해신과 여와형 달신

그림3-1 — 산동 임기 백장한묘 출토 화상석 탁본: 서왕모와 곤륜산

그림3-2 — 감숙 주천 정가갑5호위진묘 널방 천장고임 벽화: 서왕모

그림3-3 — 산동 등주 상촌진 서호구촌 출토 한화상석: 서왕모(ⓒ최종택)

그림3-4 — 강소 서주 출토 한화상석: 서왕모(ⓒ최종택)

그림3-5 — 평안남도 대동강면 수집 옥승

그림3-6 — 산동 가상 무개명사 석실 동벽 상층석 화상(ⓒ최종택)

그림4-1 — 남포 강서구역 고구려 덕흥리벽화분 앞방 천장부 벽화: 견우·직녀와

은하수

그림4-2 ─ 섬서 수덕 출토 한화상석: 우경

그림4-3 ─ 강소 서주 출토 한화상석: 방직

그림4-4 ─ 사천 비현 한왕휘석관 화상석 탁본: 용호희벽과 견우직녀

그림4-5 ─ 강소 서주 출토 한화상석: 직녀(ⓒ최종택)

그림5-1 ─ 산동 가상 무개명사 석실 천장 동쪽 후면 화상석 탁본: 하신출행

그림5-2 ─ 산동 가상 무개명사 석실 천장 동쪽 후면 화상석(ⓒ최종택)

그림5-3 ─ 산동 입기 출토 한화상석: 어거와 용거행렬(ⓒ최종택)

그림5-4 ─ 사천 신도 출토 한화상전 탁본: 용거행렬

그림5-5 ─ 하남 남양 와룡구 한왕장묘 출토 화상석 탁본: 하신출행

그림5-6 ─ 강소 서주 출토 한화상석: 어거(ⓒ최종택)

그림6-1 ─ 산동 가상 무개명사 석실 천장 서쪽 앞면 화상석 탁본: 뇌공과 전신

그림6-2 ─ 산동 가상 무개명사 석실 천장 서쪽 앞면 화상석: 뇌공과 전신(ⓒ최종택)

그림6-3 ─ 산동 가상 무개명사 석실 천장 서쪽 앞면 화상석: 뇌공과 전신의 세부

그림6-4 ─ 하남 남양 영장묘 출토 한화상석 탁본: 천제출행

그림6-5 ─ 산동 가상 무량사 석실 서벽 화상석 탁본: 삼황오제

그림6-6 ─ 하남 남양 영장묘 출토 한화상석 탁본: 뇌공

그림7-1 ─ 호남 장사 마왕퇴1호한묘 출토 백화 부분: 복희, 해, 달

그림7-2 ─ 사천 광한 삼성퇴 출토 청동우주나무와 태양새

그림7-3 ─ 하남 남양 출토 한화상석 탁본: 사조

그림7-4 ─ 산동 거현 심유장한묘 전실 서측 중간 입주 정면 화상 탁본: 사조

그림7-5 ─ 하남 남양 신점진 영장4호한묘 출토 화상석 탁본: 양조

그림7-6 ― 강소 서주 출토 한화상석: 해

그림7-7 ― 하남 남양 서관한묘 출토 화상석 탁본: 항아분월

그림8-1 ― 산서 이석 마무장3호한묘 전실 동벽 좌측 화상석 탁본: 승선행렬과 문신

그림8-2 ― 산동 곡부 동안한리석관 화상 탁본: 문신 신다와 울루

그림8-3, 8-4 ― 하남 남양 동관 출토 한화상석 탁본: 문신 신다와 울루

그림8-5 ― 산동 가상 화림촌 출토 한화상석 탁본: 개명수

그림8-6 ― 산동 가상 화림촌 출토 한화상석: 개명수와 고매(ⓒ최종택)

그림8-7 ― 하남 남양 완성구 백탄 출토 한화상석 탁본: 진묘수

그림8-8 ― 강소 서주 출토 한화상석: 벽사 괴수(ⓒ최종택)

02. 불사의 꿈

그림1-1 ― 산동 곡부 구현촌 출토 한화상석 탁본: 저택문

그림1-2 ― 섬서 미지 관장촌2호한묘 묘문 화상석: 포수함환

그림1-3 ― 산동 임기 백장한묘 출토 화상석 탁본: 포수함환

그림1-4 ― 하남 방성 성관진 출토 한화상석 탁본: 포수함환

그림1-5 ― 사천 중경 출토 한묘 묘문 화상석: 포수함환

그림1-6 ― 산동 기남 북채1호한묘 중실 석주 주두 화상: 벽사귀면(ⓒ최종택)

그림1-7 ― 산동 기남 북채1호한묘 문주 화상: 벽사(ⓒ최종택)

그림2-1 ― 산동 가상 무개명사 석실 앞처마 화상석 탁본: 동왕공, 서왕모와 우인

그림2-2 ― 산동 가상 무개명사 석실 앞처마 화상석: 동왕공, 서왕모와 우인(ⓒ최종택)

그림2-3 ― 산동 제남 장청구 혼리진 대가촌 출토 한화상석: 우인(ⓒ최종택)

그림2-4 ― 강소 서주 출토 한화상석: 우인과 봉황(ⓒ최종택)

그림2-5 ― 산동 기남 북채1호한묘 전실 서벽 북측 화상석 탁본: 우인

그림2-6 ― 섬서 수덕 출토 한화상석: 우인과 신수

그림2-7 ― 섬서 수덕 출토 한화상석: 신수

그림3-1 ― 산동 기남 북채1호한묘 중실 석주: 우주기둥(ⓒ최종택)

그림3-2 ― 섬서 유림 고성탄한묘 묘문 우입주 화상석 탁본: 건목

그림3-3 ― 산동 임기 백장한묘 출토 화상석 탁본: 우주나무

그림3-4 ― 섬서 신목 대보당한묘 묘문 좌입주 화상석 탁본: 건목

그림3-5 ― 산서 이석 마무장3호한묘 전실 서벽 좌측 화상석 탁본: 우주나무

그림3-6 ― 섬서 수덕 출토 한화상석: 승선행렬과 곤륜산

그림4-1 ― 산동 기남 북채1호한묘 전실 서벽 남측 화상석 탁본: 하늘을 받쳐 드는 괴수와 신수

그림4-2 ― 호남 장사 마왕퇴1호한묘 출토 백화: 거대한 물고기와 용, 거북

그림4-3 ― 산동 기남 북채1호한묘 중실 팔각석주 서면 화상석 탁본: 곤륜을 받치는 거북과 서왕모

그림4-4 ― 산동 임기 출토 한화상석: 서왕모

그림4-5 ― 산동 임기 출토 한화상석: 서왕모

그림4-6 ― 산동 평음 맹장 출토 한화상석 탁본: 상금서수

그림5-1 ― 하남 영본 출토 도용: 육박

그림5-2 ― 강소 서주 동산 대상 출토 한화상석 탁본: 육박(ⓒ최종택)

그림5-3 ― 사천 신진 애묘 출토 석함 화상석 탁본: 선인육박

그림5-4 ― 사천 덕양 출토 한화상전 탁본: 선인육박

그림5-5 ― 사천 신진 출토 한화상전 탁본: 육박

그림5-6 ― 강소 서주 출토 한화상석: 육박(ⓒ최종택)

그림6-1 ― 강소 서주 사자산 서한초왕릉 출토 옥의(ⓒ최종택)

그림6-2 ― 강소 남경 출토 옥벽

그림6-3 ― 사천 노주 동빈정한 애묘 4호 석관 화상석 탁본: 쌍궐과 벽

그림6-4 ― 섬서 수덕한묘 출토 화상석: 천벽문

그림6-5 ― 강소 서주 출토 한화상석: 이룡천벽(ⓒ최종택)

그림7-1 ― 산동 등현 서호구촌 출토 한화상석: 건고

그림7-2 ― 산동 등현 서호구촌 출토 한화상석: 건고(ⓒ최종택)

그림7-3 ― 사천 신번 청백향1호한묘 출토 화상전: 서왕모 제의

그림7-4 ― 강소 서주 출토 한화상석: 건고(ⓒ최종택)

그림7-5 ― 강소 서주 출토 한화상석: 건고(ⓒ최종택)

그림8-1 ― 산동 가상 만동향 송산촌 출토 소석사 석실 서벽 화상석 탁본: 서왕모와 불사약 제조

그림8-2 ― 산동 가상 남무산한묘 출토 한화상석 탁본: 동왕공과 불사약 제조

그림8-3 ― 산동 가상 홍산촌 출토 한화상석 탁본: 서왕모와 불사약 제조

그림8-4 ― 섬서 수덕 출토 한화상석: 서왕모와 불사약 제조

그림8-5 ― 산동 등주 출토 한화상석: 선계생활(ⓒ최종택)

그림9-1 ― 산동 등주 관교진 후장대 출토 한화상석 탁본: 곤륜산과 서왕모

그림9-2 ― 산동 등주 관교진 후장대 출토 한화상석: 곤륜산과 서왕모(ⓒ최종택)

그림9-3 ― 산서 이석 마무장3호한묘 전실 서벽 우측 화상 탁본: 승선

그림9-4 ― 산서 이석 마무장2호한묘 전실 남벽 우측 화상 탁본: 승선

그림9-5 ― 강소 서주 출토 한화상석: 거마행렬(ⓒ최종택)

03 시대의 나침반

그림1-1 — 하남 남양 와룡구 기린강한묘 출토 화상석 탁본: 우인과 거북

그림1-2 — 하남 신야 출토 한화상전: 복희·여와와 현무

그림1-3 — 하남 당하 침직창한묘 남북 주실 천장 화상석 탁본: 사신

그림1-4 — 섬서 수덕 출토 한화상석: 현무와 신수

그림1-5 — 산동 곡부 동안 한리석관 화상석 탁본: 현무

그림1-6 — 섬서 수덕 후사가구 출토 한묘 묘문 화상석 탁본: 사신

그림2-1 — 산동 등주 출토 한화상석: 포수함환과 봉황(ⓒ최종택)

그림2-2 — 섬서 신목 대보당한묘 묘문 화상석: 봉황

그림2-3 — 섬서 신목 대보당한묘 묘문 화상석: 봉황

그림2-4 — 산동 기수 한가곡촌 출토 한화상석 탁본: 봉황과 우인

그림2-5 — 산동 등주 출토 한화상석 탁본: 봉황과 우인

그림2-6 — 섬서 삼원 쌍성촌 당이수묘 출토 석관 화상: 주작과 봉황

그림3-1 — 사천 낙산 애묘 석관 화상: 용호희벽

그림3-2 — 사천 낙산 애묘 석관 화상: 서왕모와 용호좌

그림3-3 — 산동 기남 북채1호한묘 전실 북벽 동측 화상석 탁본: 청룡

그림3-4 — 산동 기남 북채1호한묘 전실 북벽 서측 화상석 탁본: 백호

그림3-5 — 강소 서주 출토 한화상석: 지천괴수와 용호(ⓒ최종택)

그림3-6 — 강소 서주 사자산 출토 한화상석: 봉황과 용호(ⓒ최종택)

그림4-1 — 섬서 신목 대보당한묘 화상석: 해

그림4-2 — 사천 팽현 출토 한화상전 탁본: 월신 우인

그림4-3, 4-4 — 산동 임기 백장한묘 출토 화상석 탁본: 일신, 월신

그림4-5 — 하남 남양 출토 한화상석 탁본: 일월 합벽

그림5-1 — 강소 수녕 구주집 발견 구녀돈한묘 화상석: 명협

그림5-2 — 산동 가상 무영사 석실 감실 동벽 화상석 탁본: 명협

그림5-3 — 산동 가상 무영사 석실 감실 동벽 화상석: 명협

그림5-4 — 안휘 정원 고산향 출토 한화상석 탁본: 상서

그림5-5 — 강소 서주 출토 한화상석: 상서(ⓒ최종택)

그림6-1 — 산동 미산 양성진 출토 한화상석 탁본: 목연리

그림6-2 — 산동 등주 출토 한화상석: 양두(ⓒ최종택)

그림6-3 — 강소 서주 출토 한화상석: 연리수와 봉황(ⓒ최종택)

그림6-4 — 강소 서주 출토 한화상석: 목연리(ⓒ최종택)

그림6-5 — 산동 미산 양성진 출토 한화상석 탁본: 목연리

그림6-6 — 섬서 수덕 사십포진 출토 한화상석: 이수

04 역사의 불빛

그림1-1 — 산동 기남 북채1호한묘 묘문 횡액 화상: 호한교전(ⓒ최종택)

그림1-2 — 산동 기남 북채1호한묘 묘문 횡액 화상: 호한교전(ⓒ최종택)

그림1-3 — 산동 가상 오노애 출토 한화상석: 호한교전(ⓒ최종택)

그림1-4 — 산동 장청 효당산 석사 서벽 화상석 탁본: 호한교전

그림1-5 — 산동 서주 사자산 병마용 출토 병마용(ⓒ최종택)

그림1-6 — 산동 가상 만동향 송산촌 출토 한화상석 탁본: 호한교전

그림2-1 — 산동 가상 무개명사 석실 동벽 하층 화상석 탁본: 진시황사수승정

그림2-2 — 춘추전국시대 제사용 집기 진설 복원(하남성박물원)

그림2-3 — 섬서 건현 임평향 출토 상대 선문정

그림2-4 — 산동 등주 관교진 후장대 출토 한화상석: 승정

그림2-5 ― 강소 수녕 구주집 발견 구녀돈한묘 화상석 탁본: 신정

그림3-1 ― 섬서 서안 진시황 병마용갱 전경

그림3-2 ― 산동 가상 무개명사 석실 북벽 하층 서측 화상석 탁본: 형가자진왕

그림3-3 ― 산동 가상 무개명사 석실 북벽 하층 서측 화상석: 형가자진왕(ⓒ최종택)

그림3-4 ― 산동 기남 북채1호한묘 화상석 탁본: 형가자진왕

그림3-5 ― 산동 가상 무량사 석실 서벽 화상석 탁본: 자객열전

그림4-1 ― 산동 가상 무량사 석실 북벽 화상석 탁본: 이도살삼사

그림4-2 ― 산동 가상 무량사 석실 북벽 화상석: 이도살삼사(ⓒ최종택)

그림4-3 ― 강소 서주 출토 한화상석: 무기고(ⓒ최종택)

그림4-4 ― 하남 남양 출토 한화상석 탁본: 이도살삼사

그림4-5 ― 산동 가상 무개명사 석실 북벽 화상석 탁본: 이도살삼사

그림4-6 ― 산동 가상 무개명사 석실 북벽 화상석: 이도살삼사(ⓒ최종택)

그림5-1 ― 산동 가상 무량사 석실 후벽 화상석 탁본: 양고행 고사

그림5-2 ― 산동 가상 무개명사 석실 후벽 소감 서벽 화상석 탁본: 교훈담

그림5-3 ― 산동 가상 무량사 석실 동벽 화상석 탁본: 교훈담

그림5-4 ― 산동 가상 무량사 석실 서벽 화상석 탁본: 교훈담

그림6-1 ― 사천 성도 신룡향 출토 한화상전: 야합

그림6-2 ― 사천 성도 출토 한화상전: 야합

그림6-3 ― 사천 형경성 교외 출토 한화상전: 입맞춤

그림6-4 ― 강소 서주 출토 한화상석: 입맞춤(ⓒ최종택)

그림6-5 ― 강소 서주 출토 한화상석: 비희(ⓒ최종택)

그림7-1 ― 산동 기남 북채1호한묘 중실 남벽 횡액 서단 화상석 탁본: 사자용

그림7-2 ─ 사천 성도 출토 한화상전: 제사행렬

그림7-3 ─ 산동 기남 북채1호한묘 중실 남벽 횡액 서단 화상석 탁본: 제사

그림7-4 ─ 산동 가상 무개명사 제단석

그림7-5 ─ 강소 수녕 고비 출토 한제단석

그림7-6 ─ 산동 제남 장청구 쌍유산 제북왕릉 출토 금병

그림7-7 ─ 산동 미산 양성진 출토 영화4년명 한화상석 탁본: 부부

05. 즐거운 세상

그림1-1 ─ 호남 장사 마왕퇴1호한묘 출토 직물: 무늬 비단

그림1-2 ─ 호남 장사 마왕퇴1호한묘 출토 직물: 소사단의

그림1-3 ─ 강소 서주 동산 홍루촌 출토 한화상석 탁본: 방직

그림1-4 ─ 강소 서주 출토 한화상석: 방직

그림1-5 ─ 사천 성도 증가포한묘 후실 후벽 화상석 탁본: 생활상

그림1-6 ─ 경기도 과천과학관 소장 직기

그림2-1 ─ 산동 가상 무개명사 석실 북벽 소감 북벽 화상석 탁본: 거울을 보는 귀부인

그림2-2 ─ 하남 남양 출토 한화상석 탁본: 거울을 보는 여인

그림2-3 ─ 산동 기남 북채1호한묘 후실 남측 격장 동면 화상석 탁본: 거울걸이를 들고 가는 여인(ⓒ최종택)

그림2-4 ─ 호남 장사 마왕퇴1호한묘 출토 화장품 함

그림2-5 ─ 산동 출토 서한 성운문 동경(ⓒ최종택)

그림2-6 ─ 산동 출토 동한 장의자손(長宜子孫)명 동경(ⓒ최종택)

그림2-7 — 한대 동경의 앞면과 뒷면(절강 양주역사관)

그림3-1 — 요녕 철령 용담사산성 내 용담사 고루

그림3-2 — 사천 성도 신도 신빈진 출토 한화상전 탁본: 시장

그림3-3 — 사천 팽현 의화향 출토 한화상전 탁본: 시장

그림3-4 — 산동 임기 은작산1호한묘 출토 반량전

그림3-5 — 강소 서주 운룡산 출토 오수전 용범(ⓒ최종택)

그림3-6 — 강소 서주 납리산1호한묘 출토 상아자(ⓒ최종택)

그림3-7 — 사천 성도 신도 신농향 출토 한화상전 탁본: 시장

그림4-1 — 사천 비현 출토 한화상전: 염정

그림4-2 — 사천 비현 출토 한화상전: 염정

그림4-3 — 호북 형문 향령강 출토 전국시대 쇠솥

그림4-4 — 사천 공협 화패방 출토 한화상전 탁본: 염정

그림4-5 — 산동 지역 염전(ⓒ최종택)

그림5-1 — 산동 가상 송산촌 출토 한화상석 탁본: 부엌 풍경

그림5-2 — 사천 팽현 출토 한화상전 탁본: 음식 장만

그림5-3 — 사천 팽현 출토 한화상전 탁본: 부엌 풍경

그림5-4 — 산동 고당성 동고하 출토 부뚜막(ⓒ최종택)

그림5-5 — 산동 임기 출토 한화상석: 부엌

그림5-6 — 산동 기남 북채1호한묘 중실 남벽 횡액 동단 화상석 탁본: 부엌 풍경

그림5-7 — 산동 고당성 동고하 및 장구 보집묘장 출토 음식물 장만하는 도용(ⓒ최종택)

그림6-1 — 산동 제남 대졸장유지 출토 청동제 주기

그림6-2 — 산동 등주 대곽촌 출토 한화상석: 서왕모 제의(ⓒ최종택)

그림6-3 ― 한대 술상 재현(절강 양주역사관)

그림6-4 ― 호북 수현 증후을묘 출토 술동이와 국자(ⓒ최종택)

그림6-5 ― 사천 대읍 안인향 출토 한화상전: 주연

그림6-6 ― 사천 팽현 승평향 출토 한화상전: 주연

그림7-1 ― 사천 대읍 안인진 출토 한화상전 탁본: 재주

그림7-2 ― 사천 팽현 태평향 출토 한화상전: 재주

그림7-3 ― 사천 광한 출토 한화상전: 재주

그림7-4 ― 하남 신야 이호 출토 한화상전: 재주

그림7-5 ― 하남 신야 임영촌 채집 한화상전: 재주

그림8-1 ― 강소 서주 태람산 서한 초왕묘 출토 도용: 무용과 연주(ⓒ최종택)

그림8-2 ― 호북 수현 증후을묘 출토 편종·편경 복원품(호북성박물관)

그림8-3 ― 산동 기남 북채1호한묘 화상석 탁본: 악단과 연주와 백희

그림8-4 ― 사천 성도 소각사한묘 출토 화상전: 주연

그림8-5 ― 하남 신야 출토 한화상전: 연주

그림9-1 ― 사천 대읍 안인향 출토 한화상전: 사냥

그림9-2 ― 산동 미산 양성진 출토 한화상석: 사냥

그림9-3 ― 산동 제남 장청구 효리진 대가촌 출토 한화상석과 탁본: 사냥

그림9-4 ― 섬서 수덕 황가탑한묘 출토 화상석 탁본: 사냥

그림9-5 ― 강소 비현 육정향 광구촌한묘 출토 화상석: 사냥(ⓒ최종택)

참고 문헌

사료

『三國遺事』『楚辭』『左傳』『戰國策』『吳越春秋』『史記』『漢書』『後漢書』『魏書』
『舊唐書』『詩經』『禮記』『莊子』『列子』『管子』『韓非子』『呂氏春秋』『白虎通儀』
『東周列國志』『山海經』『論衡』『淮南子』『抱朴子』『漢武內傳』『水經注』
『列仙傳』『神仙傳』『神異經』『十洲記』『述異記』『搜神記』『搜神後記』
『說文解字』『風俗通儀』『酉陽雜俎』『西京雜記』『格致鏡原』『華陽國志』
『烈女傳』『孝子傳』『高士傳』『春秋繁露』『文選』『通典』『太平御覽』『古文眞寶』
『성경』『일리아드』

보고서 및 도록, 사전류

國家文物局 主編, 『2003中國重要考古發現』, 文物出版社, 2004.

龍騰·夏暉, 「四川浦江發現漢代鹽鐵盆」『文物』 2002年 9期.

方若, 『校碑隨筆』, 朋友書店, 1923

濮陽市文物管理委員會·濮陽市博物館·濮陽市文物工作隊, 「濮陽西水坡遺址試
　　掘簡報」『中原文物』 1988年 1期.

濮陽市文物管理委員會·濮陽市博物館·濮陽市文物工作隊, 「河南濮陽西水坡遺
　　址發掘簡報」『文物』 1988年 3期.

林仙庭·崔天勇,「山東半島出土的幾件古鹽業用器」『考古』1992年 12期.

王志杰·朱捷元,「漢茂陵及其陪葬冢附近新發現的重要文物」『文物』1976年 7
　　期.

呼林貴·孫鐵山·李恭,「西安東郊國棉五廣漢墓發掘簡報」『文博』1991年 4期.

中國美術全集編輯委員會編,『中國美術全集』繪畫編 18, 畫像石·畫像磚, 文物出
　　版社, 1989.

中國社會科學院考古研究所·河北省文物管理處,『滿城漢墓發掘報告』全2卷, 文
　　物出版社, 1980.

齊寧地區文物條·嘉祥文管所,「山東嘉祥宋山一九八0年出土的漢畵像石」『文物』
　　1982年 5期.

袁珂,『中國神話傳說辭典』, 上海辭書出版社, 1985.

湖南省博物館·中國科學院考古研究所,『長沙馬王堆1號漢墓』, 文物出版社,
　　1973.

湖南省博物館·中國社會科學院考古研究所,「長沙馬王堆2·3號漢墓發掘簡報」
　　『文物』1974年 7期.

湖南省博物館·湖南省考古文物研究所,『長沙馬王堆2·3號漢墓』全2卷, 文物出
　　版社, 2004.

湖北省博物館,『隨縣曾侯乙墓』全2卷, 文物出版社, 1980 .

논저

金秉駿,「古代中國의 西方전래문물과 崑崙山神話」『古代中國의 理解』5, 서울대
　　학교 동양사학연구실 편, 지식산업사, 2001.

李成九,「時令的 支配의 지향」『中國古代의 呪術的 思惟와 帝王統治』, 一潮閣,

1997.

李成九,「中國古代의 求雨習俗과 徙市」『古代中國의 理解』5, 서울대학교 동양사연구실 편, 지식산업사, 2001.

李成九,「四神의 形成과 玄武의 起源」『中國古中世史研究』19, 2008.

전호태,『고구려 고분벽화 연구』, 사계절, 2000.

전호태,「고구려 고분벽화의 직녀도」『역사와현실』38, 한국역사연구회, 2000.

전호태,『중국 화상석과 고분벽화 연구』, 솔, 2007.

鄭在書,『불사의 신화와 사상 – 산해경·포박자·열선전·신선전에 대한 탐구』 민음사, 1994.

鄭在書,『도교와 문학 그리고 상상력』, 푸른숲, 2000.

郭必恒等著,『中國民俗史』漢魏卷, 人民出版社, 2008.

傅擧有,「論秦漢時期的博具, 博戲兼及博局紋鏡」『考古學報』1986年 1期.

傅起鳳·傅騰龍,『中國雜技史』, 上海人民出版社, 2004.

白廣美,「中國古代鹽井考」『自然科學史研究』1985年 2期, 1985.

商志譚,「馬王堆一號漢墓非衣試探」『文物』1972年 9期, 1972.

閃修山,「南陽漢畵像石墓的門畵藝術」『中原文物』1985年 3期, 1985.

孫机,『漢代物質文化資料圖說』(增訂本), 上海古籍出版社, 2008.

楊樹達,『漢代婚喪禮俗考』, 上海商務印書館, 1933.

劉城淮,『中國上古神話』, 上海文藝出版社, 1988.

王建民·梁柱·王勝利,「曾侯乙墓出土的二十八宿青龍白虎像」『文物』1979年 7期.

장징 지음, 박해순 옮김,『공자의 식탁』, 뿌리와이파리, 2002.

陳夢家,「商代的神話與巫術」『燕京學報』20, 1936.

呼林貴·孫鐵山·李恭,「西安東郊國棉五廣漢墓發掘簡報」『文博』1991年 4期.

洪淑苓,『牛郎織女研究』,臺北:學生書局, 1988.

富谷至,『古代中國の刑罰』,中央公論社, 1995.

林巳奈夫,『石に刻まれた世界-畫像石か語る古代中國の生活と思想』,東方書店,
　　1992.

林巳奈夫,『古代中國生活史』,吉川弘文館, 1992.

中村喬,「牽牛織女私論および乞巧について-中國の年中行事に關する覺え書き」
　　『立命館文學』439·440·441, 1982.

마크 쿨란스키 지음, 이창식 옮김,『소금』,세종서적, 2003.

마이클 로이 지음, 이성규 옮김,『古代中國人의 生死觀』,지식산업사, 1986.

사라 알란 지음, 오만종 옮김,『거북의 비밀-중국인의 우주와 신화』,예문서원,
　　2002.

우홍 지음, 김병준 옮김,『순간과 영원-중국 고대의 미술과 건축』,대우학술총서
　　515, 아카넷, 2001.(Wu Hung, *MONUMENTALITY IN EARLY
　　CHINESE ART AND ARCHITECTURE*, Stanford University Press,
　　1995).

찾아보기

ㄱ

각저희(角牴戱) 330
갈홍(葛洪) 291
개명수(開明獸) 76, 77
거북 103, 111~113
견우 35, 37, 38, 39, 41, 42, 44, 277
견우직녀설화 35, 38, 41, 277
견융(犬戎) 227
경공(景公) 242, 243
계연(計然) 304
고(鼓) 335
고개지(顧愷之) 51
고매(高禖) 13, 14, 16, 17, 18, 19, 77
고야자(古冶子) 243
고행(高行) → 양고행
곤(鯤) 112
곤륜산 29, 32, 57, 96, 103, 105, 109, 113, 115, 116, 138, 146, 151, 154, 155, 157,
공공(共工) 103, 111

공손첩(公孫偼) 243
공자(孔子) 172, 316
구천(句踐) 30
「기부부(機婦賦)」 279

ㄴ

〈낙신부도(洛神賦圖)〉 51
남극노인(南極老人) 289
『논형(論衡)』 53, 56, 73, 92, 271
뇌공(雷公) 53, 54, 56, 57, 60
뇌사(雷師) 57

ㄷ

다윗 337
다이달로스 189
동왕공(東王公) 15, 22, 27, 30, 31, 35, 36, 73, 93, 94, 115, 146~148, 159, 289, 321
『동주열국지(東周列國志)』 242
동황공 → 동왕공

찾아보기
365

디오니소스 318

ㅁ
모이라이 190
무개명사 34, 46, 47, 50, 51, 53, 54, 93, 198, 226, 236, 240, 246, 247, 251, 266, 268, 284, 285
무제(武帝) 166, 221, 308, 330
무현(繆賢) 127
문왕(文王) 126
민손(閔損) 252

ㅂ
반고(盤高) 15, 16, 328
백설공주 284
백아(伯牙) 289
백호(白虎) 41, 86, 87, 163, 166, 168, 181, 185, 186, 289, 355
번어기(樊於期) 235
변화씨(卞和氏) 126, 127
복희(伏羲) 13~22, 25, 26, 63, 105, 164, 334
부주산(不周山) 103
비자(非子) 233

ㅅ
『사기(史記)』 39, 118, 121, 128, 144, 228, 233, 235, 305, 309

사마천(司馬遷) 237
사울 337
『산해경(山海經)』 27, 28, 30, 32, 36, 49, 57, 66, 73, 74, 76, 77, 103~105, 110, 113, 121, 128, 134, 154, 155, 171, 189, 199~201, 335, 338
『삼국유사(三國遺事)』 71
상희(常羲) 22, 66
『서경잡기(西京雜記)』 279
서왕모(西王母) 15, 22, 27~36, 69, 73, 74, 93, 94, 96, 105, 113~116, 137, 138, 140~142, 145~148, 150, 155, 157, 159, 183, 261, 289, 320, 321
소양왕(昭襄王) 127
소제(昭帝) 279, 308
『시경(詩經)』 41
시황제(始皇帝)→진시황
신(Sin) 190
신농(神農) 95, 300
신다(神茶) 71, 73~78
신추(辛追) 275
실크로드 160, 275

ㅇ
아테나 240
아틀라스 112

아프로디테 240
안국(安國) 265
안룡(晏龍) 335
안영(晏嬰) 242, 243, 245
안자→안영
『안자춘추(晏子春秋)』 242
양고행(梁高行) 248~251, 255
「양보음(梁甫吟)」 243, 246
『여씨춘추(呂氏春秋)』 342
여와 13~22, 25, 26, 103, 112, 164, 335
여왕(厲王) 126
연(延) 335
『열녀전(烈女傳)』 250
염제(炎帝) 335
『염철론(鹽鐵論)』 309
왕교(王喬)→왕자교
왕손만(王孫滿) 228
왕자교(王子喬) 95, 96, 123, 289
왕충(王充) 53, 92, 94
요(堯)임금 67, 198, 199, 202~225
용왕 45, 46, 49, 51, 71
우강(禺彊) 112, 113
우사(雨師) 58
우왕(禹王) 226
울루(郁壘) 71, 73~78
이빙(李氷) 305, 307
이창(利蒼) 275

이카로스 189
인상여(藺相如) 127
『일리아드』 240

ㅈ

장발(張勃) 265
장왕(莊王) 227, 228
『장자(莊子)』 173, 174, 259
적송(赤松) 95, 96, 123, 289
적송자→적송
전개강(田開疆) 243
전광(田光) 235
전모(電母) 57
제갈량(諸葛亮) 243, 245
제우스 56, 190
제준(帝俊) 335
종자기(鍾子期) 289
주왕(紂王) 62, 226
주작(朱雀) 84, 85, 87, 90, 163, 166, 168, 171, 177, 179, 180, 184~187, 261, 289, 322
직녀 35, 37, 38, 39, 41~44, 277
진무양(秦舞陽) 235
진보광(陳寶光) 279
진시황(秦始皇) 150, 216, 226, 228, 230, 234, 235, 237, 242
진왕 정(政)→진시황
진탕(陳湯) 265

ㅊ

처용 71, 77, 78
천황대제(天皇大帝) 289
청룡(靑龍) 13, 41, 86, 87, 94, 163, 166, 168, 181, 184, 186, 289
축융(祝融) 335
치우(蚩尤) 58, 134, 338

ㅌ

태자 단(丹) 235
태자장금(太子長琴) 335
태항백 74, 77
태호(太皞) 105
파에톤 190

ㅍ

『포박자(抱朴子)』 128, 144, 291
풍백(風伯) 58

ㅎ

하백 45, 50, 51
하백(河伯) 48
하우(夏禹) 18
한무제 28, 36, 151
『한무내전(漢武內傳)』 28, 36
『한비자(韓非子)』 126
항아(姮娥) 69, 70
헌강왕(憲康王) 71

헤라 240
헬레네 240
헬리오스 190
현무(玄武) 87, 90, 163, 164, 166, 167, 168, 169, 170, 184, 185, 187, 289
형가(荊軻) 232, 234~238, 242, 356
호메로스 240
황소(黃巢)의 난 309
황제(黃帝) 27, 28, 57~61, 104, 134, 150, 172, 174, 289, 335, 338
회맹(會盟) 227
『효경(孝經)』 263
『효자전(孝子傳)』 252
후토(后土) 18
희화(羲和) 22, 66, 188